LES RÉVOLTES DU CIEL

JEAN-BAPTISTE FRESSOZ
FABIEN LOCHER

LES RÉVOLTES DU CIEL

Une histoire du changement climatique (XVe-XXe siècle)

OUVRAGE PUBLIÉ AVEC LE CONCOURS
DU CENTRE NATIONAL DU LIVRE

ÉDITIONS DU SEUIL
57 rue Gaston-Tessier, Paris XIXe

Ce livre est publié dans la collection
L'UNIVERS HISTORIQUE
fondée par Jacques Julliard et Michel Winock
et dirigée par Patrick Boucheron.

COUVERTURE : Marta Zafra, *Felipe IV a caballo*, d'après Velázquez.
Peinture réalisée dans le cadre de la campagne « + 1,5 °C,
ça change tout » pour mettre en garde contre l'élévation
du niveau de la mer, 2019 © WWF Espagne/Musée du Prado

ISBN 978-2-02-105814-7

www.seuil.com

À Cecilia, Leonor et Esteban

À Faustine, Arsène et Hadrien

INTRODUCTION

Dix thèses historiques sur le changement climatique

Londres, château de Whitehall, février 1662. Le roi Charles II d'Angleterre a convoqué ses plus proches conseillers. Devant lui, un homme s'avance, s'incline et prête allégeance. Il porte un poids immense : tout son monde se joue dans cette audience royale. John Winthrop est le gouverneur de la colonie du Connecticut : le titre en impose, mais pour qui parle-t-il ? Pour quelques milliers d'hommes, de femmes, d'enfants. Un peuple sans droits : sans charte royale, pas d'existence légale. Winthrop vient chercher cette reconnaissance.

Le roi, lui, a des projets pour l'Amérique. Il désire mieux connaître, mieux administrer ces terres aux confins de son royaume. Robert Boyle le seconde dans cette tâche. C'est l'un des grands savants de son temps : le père de la physique expérimentale. Il veut mettre les sciences neuves au service de l'Angleterre et de l'Empire. En 1662, il assiste à la scène.

Charles II écoute Winthrop, puis l'interroge à son tour : il le questionne sur la température qui règne dans les colonies. Boyle le racontera : Winthrop saisit l'occasion et annonce qu'elle a changé, que les froids ont reflué avec la colonisation. Il dit, là, devant son roi, trois choses indissociables : que l'Angleterre est souveraine de ces terres ; que les colons, vertueux et opiniâtres, ont su mettre la nature au travail ; que la Providence divine sanctifie l'entreprise impériale. Ici, le changement climatique est un optimisme.

Le Connecticut aura sa charte. Winthrop intègre la Royal Society, ce saint des saints des sciences modernes dont Boyle est l'architecte. On y débat du Nouveau Monde, de la nature de la matière, du Globe, du monde animal. D'empire, de profit et de raison. Mais l'inquiétude assombrit déjà les espoirs de la conquête. De la Barbade, un voyageur prévient les savants londoniens : si l'on coupe les arbres, la colonisation pourrait, au lieu d'adoucir le climat, l'assécher jusqu'au désert.

Cela ne menace-t-il pas aussi l'Angleterre ? Une pensée du global donne sens à ces inquiétudes. Dans le grand cycle providentiel de l'eau, les arbres intercèdent entre nuages, fleuves et océans : leur perte pourrait signifier un ciel désespérément sec. Conquérir la Terre et perdre le ciel : la transformation de la nature prend un arrière-goût d'angoisse.

*

La première thèse de ce livre a une forme d'évidence : les sociétés européennes n'ont pas traversé des siècles de soubresauts climatiques ni vécu le petit âge glaciaire[1] sans se préoccuper de l'évolution du climat. Au contraire. De l'aube de l'époque moderne au début du XXe siècle, une foule compacte de savants, d'hommes d'État, de colons, d'historiens, d'agriculteurs, d'ingénieurs a débattu sans relâche du changement climatique, à la fois pour s'en réjouir et s'en inquiéter. S'ils utilisent peu le mot « climat[2] », tous évoquent des phénomènes que l'on qualifierait aujourd'hui de climatiques : des pluies taries, des vents changés, des froids et des chauds jusque-là inconnus. Ils s'interrogent : ces transformations sont-elles spontanées, ou bien – comme ils le pensent souvent – des effets de l'action humaine ?

Car c'est notre seconde thèse : la conviction en un *agir* climatique *humain* a marqué profondément, sur le long terme, les sociétés européennes. Les hommes du passé ont longtemps pensé qu'ils pouvaient changer les pluies, la chaleur et les vents. Rien à voir cependant avec le réchauffement contemporain. Ils ne se préoccupaient ni de CO_2 ni d'effet de serre : ils pensaient en revanche que déboiser, transformer le sol et le couvert végétal de la planète, modifierait le cycle de l'eau et donc le climat.

D'innombrables documents historiques nous parlent de ce pouvoir, de ses promesses et de ses dangers. Il est invoqué, partout où l'histoire marche à grands pas : par les premiers conquistadors, par les impérialistes du XIXe siècle, par les révolutionnaires français ou américains de la fin du XVIIIe.

Nous avons voulu écouter ces voix pleines d'espoir et d'inquiétude. Non pas pour y chercher « l'origine » de notre souci climatique actuel[3], mais pour écrire l'histoire d'une « réflexivité » – d'une façon de penser le rapport à l'environnement – qui a profondément marqué, pendant plus de quatre siècles, les sociétés européennes[4].

Cette empreinte profonde est à la mesure de ce que représentait alors le climat. Son importance était cruciale pour les sociétés agraires du passé. D'abord, parce que la menace d'une mauvaise saison pesait constamment sur les récoltes et la capacité à s'alimenter. Le spectre de la disette et de l'émeute faisait du climat une question politique inflammable, qui déstabilisait – et parfois renversait – les régimes politiques. Ensuite, parce que le climat n'était pas seulement affaire de grains : longtemps il a aussi été perçu comme la matrice fondamentale de la nature, comme ce qui façonne tous les êtres, humains compris, et décide de leur forme, de leur santé, de leur caractère[5]. Agir sur le climat, c'était donc la perspective vertigineuse de fabriquer de nouveaux hommes, de nouveaux peuples.

Cet agir climatique passait surtout par la modification du couvert forestier. Or les forêts jouaient un rôle central dans les sociétés. Le bois a été longtemps la première source d'énergie et un matériau irremplaçable pour la marine, le transport, la construction, l'outillage et bien d'autres choses encore. Les forêts représentaient à la fois des capitaux immenses, des lieux de vie et des moyens de subsistance ; elles occupaient une place cardinale dans les imaginaires et les sensibilités. Les arbres projetaient une énorme charge politique sur le changement climatique.

La troisième thèse de ce livre est que le changement anthropique des climats a été, sur la longue durée, un cadre de pensée et d'action au service de l'expansion impériale européenne. Dès la « découverte » de l'Amérique, l'idée s'impose que la colonisation est aussi une normalisation climatique, une manière d'améliorer le climat du continent par le défrichement et la mise en culture. C'est une promesse pour les colons, et un discours de domination : une façon de dire que les Indiens n'ont jamais vraiment possédé le Nouveau Monde. Au XVIIIe siècle, l'agir climatique sert à hiérarchiser les sociétés et leurs trajectoires historiques : peuples amérindiens restés dans l'enfance d'un climat sauvage, peuples européens producteurs du doux climat de leur continent, peuples orientaux destructeurs. Le Maghreb, l'Inde et plus tard l'Afrique noire : aux XIXe et XXe siècles, les Empires français et britanniques s'édifient en accusant le Noir et l'Arabe, l'islam, le nomadisme et la mentalité primitive, d'avoir dégradé les climats[6]. La colonisation se pense et se donne à voir comme une entreprise de restauration de la Nature. L'homme blanc doit réparer les pluies, adoucir les saisons, faire reculer le désert – et pour cela commander aux indigènes. La thèse du changement anthropique, délaissée à la fin du XIXe siècle en Europe, triomphe plus longtemps dans les empires, là où, quatre siècles plus tôt, elle avait pris racine.

Notre quatrième thèse est que la science s'est emparée, de très longue date, de la question des changements climatiques. Dès l'époque de Boyle et Winthrop, les instruments météorologiques commencent à être utilisés pour saisir de possibles transformations anthropiques du climat. La physiologie des plantes s'invente en lien avec la question des perturbations du cycle de l'eau. L'étude du changement climatique se systématise dès la fin du XVIIIe siècle : les savants analysent les vieux registres météorologiques, compulsent les sources historiques, étudient l'évolution des fleuves, de la végétation et des glaciers. Bref, ils posent les fondements de la climatologie historique contemporaine. Au XIXe siècle, ces savoirs deviennent des armes politiques à part entière. Les autorités les mobilisent pour rassurer le peuple en proie aux affres du froid et de la faim : la mauvaise saison est passagère, les pénuries locales se résorberont d'elles-mêmes si le marché est respecté. L'ordre politique peut être assuré car la nature est fondamentalement stable. La science du passé climatique joue, au même moment, un rôle central dans les luttes intenses touchant aux forêts, à la propriété et à la régulation de la nature. En France, on parle de climatologie au Parlement, dans la presse, et l'État lui-même mobilise son administration, pour comprendre la trajectoire climatique de son territoire. Météorologie, botanique, agronomie, géologie, médecine, physique, histoire, études orientalistes : ce livre exhume toute une face cachée de l'histoire des savoirs, traitant de l'évolution du climat et de la responsabilité de l'Homme dans ses transformations.

Des changements, mais à quelle échelle ? L'époque contemporaine – cinquième thèse – n'a pas le privilège du global. La question du changement climatique est abordée, dès l'époque moderne, à l'échelle de la planète et des continents. Au XVIIIe siècle, Buffon – l'un des savants les plus célèbres de son temps – décrit une terre qui se refroidit et accumule la glace aux pôles. Scientifiques et voyageurs n'hésitent pas à relier des indices de refroidissement observés sur les cinq continents au destin de la planète. Dans la théorie du cycle de l'eau aussi, on pense déjà la Terre comme un tout unifié, comme un système de flux matériels reliant le sol, l'océan, l'atmosphère et la végétation. La science expérimentale tente de son côté de saisir, par des expériences miniatures, les dynamiques de la planète et du climat. Au XIXe siècle, des théories de la dégradation climatique décrivent des mécanismes qui, des montagnes aux pôles, annoncent des catastrophes globales. Dès cette époque, chimistes et géologues identifient les principaux mécanismes autorégulateurs qui conduisent à la stabilité de la composition atmosphérique. Ces visions ne sont pas l'apanage des savants : interrogées, les élites françaises de la Restauration parlent d'influences climatiques à l'échelle de la France, de l'Europe et du monde. L'idée commune selon laquelle le changement global et les sciences contemporaines du « système-terre » sont une révolution ontologique, une transformation radicale de notre rapport à la planète, tient à l'oubli de cette histoire[7].

Notre sixième thèse a une tonalité plus historiographique. La recherche récente reste marquée par le problème de l'origine de la « prise de conscience environnementale[8] ». Dans un livre très influent, l'historien Richard Grove en a identifié un point d'émergence dans les inquiétudes climatiques de certains administrateurs coloniaux du XVIIIe siècle[9]. En élargissant l'enquête sur quatre siècles, il apparaît que la question de « la prise de conscience » n'est pas la bonne : elle produit des récits téléologiques, elle ramène toujours plus loin dans le passé et enferme dans une généalogie intellectuelle. Ce que nous documentons est différent : non pas une origine, mais la montée, au sein de conceptions climatiques anciennes, mêlant optimisme et pessimisme, d'une figure de *l'effondrement* prenant l'ascendant *du fait de la Révolution française*. Ni découverte ni invention donc, mais un processus de *politisation* et de *dramatisation* dans un espace-temps précis : la France de 1789 et des décennies politiques tourmentées du XIXe siècle. Cette figure de l'effondrement climatique circulera ensuite à l'échelle mondiale, en contexte colonial surtout. Elle finira par refluer, pour céder peu à peu place au cours du XXe siècle à d'autres figures de la menace environnementale.

On le voit : la France occupe, dans l'histoire mondiale et de longue durée du changement climatique, une place tout à fait particulière. C'est notre septième thèse. On ne retrouve dans aucun autre contexte national, autant de débats, d'inquiétudes, de réflexions suscités par une possible dégradation des climats causée par l'Homme. Ailleurs, les effets de l'agir climatique sont loin d'être aussi redoutés, quand ils ne sont pas considérés comme une bénédiction. Il ne s'agit pas d'invoquer une spécificité culturelle, ou une découverte à mettre au crédit de la science française. Cette singularité n'émerge ni de la sphère littéraire ni du cabinet d'un savant. Elle est le produit de luttes sans merci qui opposent les factions de la Révolution, de la Restauration, de la monarchie tempérée et du libéralisme économique. Dans ce livre, la dégradation climatique n'apparaît pas – ou plutôt, pas seulement – au détour d'une parole savante, d'une prose inspirée : mais par la voix de maires, de propriétaires, de députés, d'ingénieurs, de pharmaciens, de médecins et de journalistes, d'administrateurs et de forestiers. Ce n'est pas un jeu intellectuel : c'est un pays perclus d'angoisse.

Huitième thèse : cette idée d'effondrement climatique sert d'outil pour gouverner les usages populaires de la nature. Elle est d'abord la pièce maîtresse d'un discours sur l'ordre naturel, qui sert à discipliner ces usages après la fin de la féodalité. On accuse les paysans de l'an II : en ne respectant pas la propriété privée, ils ont détruit les forêts et donc le climat. Ils doivent apprendre à ne plus se tromper sur le sens de la révolution. Ce n'est pas un hasard si l'idée d'effondrement climatique et la théorie de Malthus sont contemporaines : dans les deux cas, il s'agit de mobiliser la nature dans un projet de gouvernement des masses, de leur fécondité en Angleterre, de leur appétit de terre et de bois de l'autre côté de la Manche. Et ce, d'autant que la dégradation anthropique est bientôt brandie par une technocratie forestière nantie, au XIXe siècle, d'un pouvoir immense : elle est le bras armé de l'État dans les campagnes, régulant l'accès à une ressource vitale. En France, les populations rurales sont pointées du doigt pour leurs pratiques archaïques, destructrices des forêts et donc du climat. En Algérie et dans tout le Maghreb, les forestiers sont en première ligne pour accuser l'« Arabe » d'être l'« ennemi de l'arbre ». Au nom de la conservation du climat et des forêts, ils mènent une croisade de « modernisation » des usages de la nature qui cible les modes de vie et, parfois, l'existence même des communautés.

Les débats sur la menace climatique sont aussi – neuvième thèse – intimement liés à l'essor du capitalisme libéral en France au XIXe siècle. Le problème du changement climatique, on l'a vu, interfère constamment avec la politique forestière. Il se trouve par là même lié à des questions politiques et économiques fondamentales : comment gérer le capital gigantesque que représentent les forêts ? Comment le fluidifier et le mettre à profit pour relever les finances publiques, gager des emprunts ou stimuler le commerce ? Et comment faire tout cela, sans risquer de compromettre le climat, et donc la prospérité et la stabilité politique du pays ? Les zélateurs du marché et du droit absolu de propriété se battent pour libérer la possession forestière de toute astreinte. Mais si les arbres régulent le climat, ne faut-il pas au contraire que l'État réglemente, interdise, contraigne, protège et conserve de vastes forêts sous son contrôle ? Ces questions suscitent des luttes intenses dans les arènes parlementaires, l'espace médiatique, les couloirs des ministères. En cause, la compatibilité entre société de marché et intégrité des équilibres écologiques : peut-on laisser la gestion de la nature au bon vouloir des propriétaires ? L'arbitrage fondamental entre forêt et culture, et donc entre énergie et grains n'appartient-il pas plutôt à la nation dans son ensemble ? La question de la *temporalité* est aussi centrale : pour le camp de la régulation, seul l'État peut penser le temps long et donc conserver. Les partisans d'un retour intégral à la monarchie ont la même obsession : mais eux pensent que c'est la vocation du roi, de la noblesse et du clergé d'être les garants de la pérennité de la nature. Au moment même où s'inventent les institutions modernes de la représentation politique, on y débat du futur, de la longue durée des cycles naturels et de la nécessité de sonder, avant d'agir, les ondes de choc de décisions qui engagent les hommes loin dans l'avenir.

Notre dixième et dernière thèse est que les sociétés européennes se sont rendues, à compter de la fin du XIXe siècle, peu à peu insensibles à la menace d'un changement climatique. D'abord parce qu'elles deviennent beaucoup plus résilientes face aux aléas du ciel : avec le train et la globalisation agricole, les denrées alimentaires circulent, brisant le cycle séculaire entre mauvaise saison, pénurie et troubles sociaux. La forêt, au même moment, perd de sa centralité dans les grands débats touchant à la propriété, au rôle de l'État, aux grands équilibres économiques. En retour, les transformations climatiques y perdent leur charge d'angoisse, leur intensité politique. En science, les théories de l'agir sur le climat s'étiolent peu à peu. Histoire humaine et histoire climatique avaient été pensées ensemble depuis l'époque moderne : mais la seconde n'est à présent plus que le décor – parfois changeant – où la première se joue. Cette mutation sera plus tardive dans les Empires, où la thèse de l'agir climatique alimente, pour quelques décennies encore, les rapports de domination. Cette résilience, ce ciel désormais impassible sont ceux d'un bref laps de temps – quelques décennies à peine – durant lequel le climat a pu sembler indifférent à la vie des hommes. Au bout de notre enquête, nous n'avons pas découvert l'« origine » d'une « conscience » écologique, mais plutôt l'inverse : la fabrication industrielle et scientifique d'une forme d'apathie face à l'agir climatique. La genèse de sociétés qui se plaisaient à croire qu'elles avaient enfin conjuré cette menace.

Chapitre 1
La vraie découverte de Christophe Colomb

En 1492, cela faisait presque un siècle qu'Espagnols et Portugais s'étaient lancés dans une entreprise de conquête dans l'Atlantique. La « découverte de l'Amérique », sous la plume de ses premiers chroniqueurs, n'apparaissait pas comme l'aube d'une ère nouvelle, mais comme l'étape supplémentaire d'un processus d'expansion engagé avec la conquête des Canaries, de Madère et de Porto Santo. Ces îles au large de l'Afrique appartenaient de plein droit à l'histoire du Nouveau Monde : davantage qu'un prélude, elles avaient été le laboratoire de la colonisation des Caraïbes, le modèle d'une colonisation fondée sur le sucre, la déforestation, le travail forcé des autochtones et l'importation d'esclaves africains[1].

Les réflexions sur le changement climatique émergent au moment où s'achève la colonisation des Canaries et de Madère et quand commence celle des Caraïbes. Quand, au contact d'un « nouveau nouveau monde », les explorateurs jettent un regard rétrospectif sur l'œuvre déjà accomplie, plus à l'est, par leurs prédécesseurs. Ils interprètent la colonisation comme une transformation profonde de la Création, modifiant du tout au tout les climats des îles dont ils s'emparent, en les rendant plus secs et plus tempérés. Ce projet d'une amélioration climatique est porté par les premiers conquistadors et d'abord par le plus illustre d'entre eux : Christophe Colomb.

« Les arbres génèrent nuages et pluie »

Juillet 1494. L'expédition de Christophe Colomb navigue le long des côtes de la Jamaïque sous un ciel limpide. Soudain, l'azur s'obscurcit et des trombes d'eau s'abattent sur les navires. L'expédition est en péril : l'eau envahit les cales, corrompt les provisions, et la chaleur étouffante rend impossible la conservation des aliments. À plusieurs reprises, la flotte doit se ravitailler auprès des Indiens. Dans cette situation critique, Christophe Colomb, aurait eu, au dire de son fils Fernando, la réflexion suivante : « le ciel, la disposition de l'air et du temps à ces endroits sont les mêmes que dans les environs » à savoir que « chaque jour, à l'heure des vêpres, apparaît un nuage avec de la pluie qui dure une heure, quelques fois plus, quelques fois moins ». La cause de ce phénomène étrange réside selon lui dans les « grands arbres de ce pays ». L'hypothèse d'un lien entre couvert forestier et précipitations est décrite comme personnelle : Colomb savait « par expérience » *(trovato per esperienza)*, nous dit Fernando, qu'il en avait été de même auparavant « aux Canaries, à Madère et aux Açores », mais que depuis que l'on y avait coupé les arbres « qui les encombraient (*ingombravano*) il ne se génère *(generano)* plus autant de nuages et de pluie qu'avant[2] ». Ce témoignage est indirect mais il peut être pris au sérieux. Fernando Colomb est un grand lettré, fondateur de la bibliothèque colombine de Séville. Il est aussi le premier biographe de son père qu'il a accompagné lors de son quatrième et dernier voyage. Il affirme avoir été un témoin direct du phénomène, alors extraordinaire, des pluies tropicales, ces déluges quotidiens réglés comme une horloge[3]. Surtout, le raisonnement de Christophe Colomb fait profondément sens : il s'agit de rassurer ses patrons Ferdinand et Isabelle quant à l'habitabilité de territoires situés dans la « zone torride » – supposée vide d'hommes – de la géographie antique.

En 1492, cela faisait quelques décennies à peine que la cosmographie était enseignée dans les universités. La *Géographie* de Ptolémée venait d'être redécouverte, comme les ouvrages classiques de Strabon ou Sacrobosco. Ces auteurs popularisaient deux notions : celle de « climat » et celle de « zone ». La première est fixiste : le climat est ici une notion purement géodésique, sans contenu météorologique, un simple espace de terre entre deux parallèles.

La notion de zone est plus problématique : si elle est surtout définie par la latitude, elle fait néanmoins la jonction avec les caractéristiques physiques du lieu. Les zones sont qualifiées par leur degré d'habitabilité, qui dépend de la chaleur, du froid et de l'humidité qui y règnent. Dans la cosmographie antique reprise par les lettrés et les médecins arabes puis par les humanistes, trois des cinq zones étaient jugées inhabitables : l'Arctique et l'Antarctique, du fait de l'absence de chaleur, et la zone « enflambée[4] », située entre les tropiques du Cancer et du

Capricorne. Cette zone torride était non seulement jugée inhabitable mais même considérée – suivant en cela l'autorité d'Aristote – comme infranchissable, séparant ainsi les deux zones tempérées au nord et au sud. Au final, l'écoumène, le monde connu, ne formait qu'une bande étroite au regard de la taille du Globe, contenant l'Europe, le nord de l'Afrique et une Asie très rétrécie[5].

La seconde moitié du XVe siècle est marquée par une refonte progressive des savoirs géographiques qui conçoivent désormais un écoumène élargi à la planète entière. L'enjeu est à la fois savant, commercial et théologique : l'ouverture complète du monde grâce à la technologie maritime chrétienne permettait d'envisager une rédemption universelle de l'humanité. Avant même que le Nouveau Monde ait fait intrusion dans la cosmologie européenne, l'habitabilité de la zone torride était devenue l'emblème humaniste du dépassement des savoirs de l'Antiquité. Colomb est contemporain de cette première révolution cosmographique : vers 1482, il a voyagé jusqu'à São Jorge da Mina, une forteresse portugaise sur les côtes de Guinée, en territoire akan, au-dessous du tropique du Cancer et donc en pleine zone torride. Après ce voyage, dans la marge d'un traité cosmographique, il note : « la zone torride n'est pas inhabitable, les Portugais y naviguent aujourd'hui. Elle est même très peuplée. Il y a sur la ligne de l'équateur le fort de la mine que nous avons vu[6] ».

Toujours est-il qu'en dépit des comptoirs portugais d'Afrique, l'habitabilité de la zone torride demeure problématique pour les intellectuels de la fin du XVe siècle. Par exemple, en 1507, la fameuse mappemonde de Martin Waldseemüller indique dans un cartouche que « la zone torride n'est pas désolée » mais reste cependant « habitable avec difficulté ». Christophe Colomb a donc impérativement besoin de démontrer non seulement l'habitabilité mais l'hospitalité des tropiques. Et c'est pourquoi il rapporte dans son journal de très nombreuses observations sur le climat enchanteur des lieux qu'il découvre. La température à Cuba est ainsi décrite comme celle d'une « nuit de mai en Andalousie » : « je certifie à Vos Altesses [Ferdinand et Isabelle d'Espagne] qu'il n'existe pas sous le Soleil [d'endroits] meilleurs en fertilité et en modération de froid et de chaud, et pour l'abondance d'eaux bonnes et saines, à l'inverse de celles des rivières de Guinée qui sont pestilentielles[7] ».

Si, comme c'est probable, Christophe Colomb a effectivement réfléchi au changement climatique, deux questions restent en suspens :

pourquoi s'en préoccupe-t-il et d'où lui vient cette idée, présentée par son fils comme lui étant propre ?

Pour répondre à la première question, il faut repartir du projet général de Colomb. Ce dernier, rêvant de croisades, de reconquête de Jérusalem et de conversion universelle est aussi, en pratique, un marchand[8]. Ses voyages ne sont pas seulement financés par la monarchie espagnole mais aussi par des banquiers de Séville, auprès desquels il doit justifier ses expéditions en démontrant les opportunités commerciales qu'elles offriront. À la fin du XVe siècle, deux modèles sont possibles : celui des comptoirs commerciaux portugais établis sur les côtes d'Afrique de l'Ouest, et celui des colonies de peuplement – forestières et sucrières – de Madère et des Canaries. Avant son premier voyage, Colomb favorise la première option. À l'instar des marchands de Lisbonne enrichis par le commerce d'or, d'ivoire et d'esclaves sur la côte de Guinée, Colomb compte s'insérer dans les réseaux commerciaux du Grand Khan qu'il espère rencontrer – et convertir au christianisme – de l'autre côté de l'Atlantique[9]. Conformément aux doctrines cosmographiques de l'époque, il part non seulement vers l'ouest mais aussi *vers le sud*, car il pense que les territoires tropicaux encore à découvrir seront analogues aux comptoirs de Guinée : à même zone latitudinale, mêmes influences astrales, mêmes peuples restés dans l'enfance (et que l'on peut donc réduire en esclavage) et surtout mêmes richesses naturelles. Ainsi en va-t-il de l'or : puisqu'on le trouve en quantité sur les côtes de Guinée et puisque, selon la doctrine alchimique, cet or résulte d'un processus de purification propre à la zone torride, ce métal devait également abonder à la même latitude de l'autre côté de l'océan Atlantique[10].

Mais quand, à l'automne 1492, Colomb bute sur les îles caribéennes – qu'il continue de prendre pour le Japon –, il ne découvre pas les riches villes marchandes couvertes d'or que Marco Polo, son guide, avait décrites. Il se rabat alors sur une autre interprétation : les îles des Caraïbes sont dorénavant décrites à l'aune des archipels de Madère et des Canaries, alors en plein essor économique grâce au bois et au sucre. D'où l'omniprésence, dans son journal, d'un regard marchand sur la nature tropicale. De Cuba, il vante les arbres « immenses et droits » comme « les mâts des plus grands navires espagnols »[11]. Tout est prêt pour que les marchands de Séville et la Couronne d'Espagne ramènent un fabuleux butin, non pas d'or, d'ivoire et d'épices, mais de bois et de sucre[12].

Revenons maintenant sur les côtes de la Jamaïque, sous les pluies battantes du mois de juillet 1494. Colomb décrit l'île avec emphase, comme « la plus belle qu'il eût jusqu'alors rencontrée » avec des « ports vastes et commodes » et des « abris excellents »[13]. Mais les trombes d'eau qui s'abattent sur sa flotte troublent cette image édénique. Et c'est à ce moment clé du texte que la possibilité, la certitude même, d'un changement climatique est invoquée. Ce qu'il faut comprendre, c'est que l'exploitation du bois – en elle-même très profitable – libérera les îles des forêts qui les « *encombrent*[14] » ; elle transformera leur climat, car les arbres, selon Colomb, « *génèrent* nuages et pluie ». Enfin, la mise en coupe des forêts dégagera l'espace nécessaire à la culture du sucre : en avril 1494, trois mois avant l'expérience des pluies torrentielles, le navigateur génois s'était « émerveillé » de l'extrême fertilité des sols d'Hispaniola (Saint-Domingue) et du succès extraordinaire des plants de canne qu'il avait apportés des Canaries[15]. Présenter les pluies diluviennes comme un simple artefact météorologique permettait de normaliser la nature caribéenne, de la rabattre sur le modèle canarien et donc de résorber l'obstacle climatique à la colonisation.

Deuxième question : d'où Colomb a-t-il tiré l'idée *a priori* étrange que la forêt « génère » la pluie ? La théorie climatique du navigateur génois tient à son expérience directe (Fernando parle d'*esperienza*) d'un grand « choc écologique ». Les îles de Madère et de Porto Santo – vierges d'hommes avant l'arrivée des Portugais en 1419 – connaissent en quelques décennies des changements environnementaux brutaux. Dans les années 1450, les capitaux portugais, flamands et italiens ainsi que le trafic des esclaves africains convergent vers Madère. « L'île du bois », entièrement recouverte d'arbres immenses, devient en quelques décennies le premier centre mondial de production de sucre. Or la cuisson du jus de canne nécessite énormément de bois : au pic de production vers 1505, on estime que les raffineries de Funchal (la capitale de Madère) consommaient 500 hectares de forêt par an. À cela s'ajoutaient une agriculture sur brûlis et une exploitation du bois d'œuvre. Vers 1510, un tiers de la surface de l'île avait été déboisé, en particulier le long des côtes. Faute de combustible et avec l'appauvrissement des sols, la production sucrière s'effondre : de 2 500 tonnes elle tombe à 300 tonnes en 1530. Et lorsque, dans la seconde moitié du XVIe siècle, les marchands de Madère se convertissent à la viticulture, ils sont contraints d'importer le bois de leurs tonneaux de Nouvelle-Angleterre[16].

En tant que marchand génois établi à Lisbonne dans la décennie 1470, Christophe Colomb a vécu cet essor sucrier. Une dispute commerciale dans laquelle il est impliqué nous apprend qu'il s'est rendu à Madère à plusieurs reprises pour y acquérir des cargaisons de sucre[17]. Surtout en 1478, il épouse Felipa Moniz, la fille du conquistador de Porto Santo, Bartolomeu Perestrelo, un chevalier lombard qui en 1418, avait participé à la toute première expédition vers l'archipel. Après son mariage, Colomb s'établit un temps (entre 1478 et 1481) à Porto Santo qui est alors gouverné par son beau-frère, le fils de Bartolomeu Perestrelo, puis à Funchal. Marchand de sucre, beau-fils du conquistador de Porto Santo et beau-frère du gouverneur, Colomb dispose d'un point de vue idéal pour appréhender le choc écologique produit par la colonisation.

Plusieurs récits insistent sur la brutalité des changements subis par les environnements insulaires. Par exemple, selon une chronique portugaise, Bartolomeu Perestrelo, en abordant l'île de Porto Santo en 1418, y aurait introduit des lapins qui auraient tellement dégradé la végétation que les colons auraient été contraints de fuir l'île[18]. Ou encore, selon le marchand vénitien Cadamosto, en 1419, les Portugais, afin de pouvoir cultiver Madère, décidèrent de mettre le feu à l'immense forêt qui la recouvrait. L'embrasement qui s'ensuivit « obligea le gouverneur pour éviter la furie de cette flamme de se retirer dans la mer où il demeura deux jours et deux nuits en l'eau jusqu'au col sans boire ni manger [...]. Par ce moyen ils *dépêtraient* (nous soulignons) l'île de partie de ses bois, découvrant la terre pour labourer[19] ».

L'arbre saint de l'île de Fer

Un troisième récit circulant entre conquistadors, marchands, colons et érudits espagnols a dû nourrir la réflexion climatique de Christophe Colomb : il concerne l'île de Fer (la *isla de Hierro*), à savoir l'île la plus occidentale des Canaries. Cette île symbolise alors les confins du monde connu. Ptolémée l'avait désignée comme méridien, et, dans son journal de bord, Colomb exprime la distance parcourue vers l'ouest à partir de sa position. Point zéro des navigateurs et des cosmographes espagnols, l'île de Fer était également célèbre pour abriter un arbre prodigieux, l'arbre saint *(el arbol santo),* arbre qui aurait eu la propriété d'attirer les nuages et de les condenser en pluie. Cet arbre unique soutirant l'eau des nuages aurait approvisionné en eau tous les habitants de l'île ainsi que leur bétail.

La première description de l'île de Fer remonte à une tentative de conquête par des chevaliers normands en 1402. Pierre Bontier et Jean Le Verrier, deux frères franciscains qui les accompagnent, soulignent le manque d'eau sur l'île et la présence d'arbres extraordinaires à son sommet. Ils décrivent un « pays hault et assés plain, garny de bocagez, de pyns et de loriers… au plus hault du pays sont arbres qui tousiours degoutent yaue belle et clere qui chiet en foces au près des arbres, la millier pour boire que l'en saurait trouver[20] ». Par la suite, l'île fut abordée à plusieurs reprises, mais les tentatives de conquête contre les Guanches (un peuple d'origine berbère) échouèrent faute d'eau. La légende veut que les indigènes connaissaient une source céleste, un arbre prodigieux (le « garoé » en langue guanche), attirant les nuages et les résolvant en pluie. Le secret aurait été bien gardé

1. « L'arbre saint de l'île de Fer » d'après Théodore de Bry, *Peregrinationes in Indiam orientalem et Indiam occidentalem*, Francfort, 1593, t. 6

jusqu'à ce qu'une femme guanche éprise d'un soldat espagnol le révèle aux conquistadors[21].

Les arbres dont parlent les frères franciscains se transformèrent dans les chroniques des XVe et XVIe siècles en un seul arbre miraculeux. Le prodige est rapporté par de nombreux humanistes, prêtres et voyageurs comme Gonzalo Fernandez de Oviedo (sur lequel nous reviendrons) ou le dominicain Bartolomé de Las Casas qui en fait état dans sa célèbre *Histoire des Indes*[22]. Ce dernier parle ainsi d'un « petit nuage » constamment perché au sommet de l'arbre et faisant « suer ses feuilles ». Il s'agit selon lui d'un « miracle patent, sans cause naturelle apparente[23] ».

Christophe Colomb qui ravitaille toutes ses expéditions aux Canaries (en particulier à Gomera, toute proche de l'île de Fer) a nécessairement considéré les ressources en eau offertes par les différentes îles. Il a donc très probablement eu connaissance de ce prodige célèbre à la fin du XVe siècle[24]. Et en juillet 1494, au large de la Jamaïque, il lui donne un sens nouveau, un sens impérial : la végétation, abandonnée à elle-même, y a tant proliféré que les nuages attirés par les arbres noient ces terres en déshérence. Les pluies torrentielles prouvent la non-possession des Caraïbes. Cette interprétation connaîtra une fortune extraordinaire. Parce que les Canaries constituaient une escale obligatoire vers le Nouveau Monde et aussi parce qu'elles fournirent nombre des premiers colons, leurs prodiges façonnèrent en profondeur la compréhension de la nature américaine[25]. Elles étaient comme un modèle, comme la répétition générale des transformations à réaliser.

De l'esclavage en zone tempérée

À notre connaissance, le premier témoignage d'un changement climatique en Amérique est dû à Fernandez de Oviedo, gouverneur militaire à Saint-Domingue et chroniqueur royal des Indes. Lorsqu'il écrit en 1548, l'amélioration du climat américain n'est plus un simple espoir comme chez Colomb, mais un constat avéré et largement partagé : Oviedo qui s'en est entretenu avec des « hommes doctes » et des « indigènes » explique avoir acquis la certitude que « ces terres foulées [Hispaniola] et habitées par les chrétiens depuis 1492 sont très changées et le sont chaque jour davantage [...] leur constitution est plus tempérée et il y fait moins chaud. [...] À cela, ajoute-t-il, tous les Espagnols qui vivent ici depuis quelque temps concourent[26] ». Le refroidissement est même un sujet de conversation parmi les colons : « dans tous les villages de cette île, on observe tout cela et on discute beaucoup du fait que les airs se purifient et se raffinent ». Le climat d'Hispaniola s'est refroidi au point qu'en hiver, il n'est pas « inconfortable de porter un manteau de fourrure comme en Castille ». Oviedo affirme que le même changement a eu lieu partout où les Espagnols se sont établis, y compris sur le continent, par exemple dans la ville de Santa Maria del Darién (dans l'actuelle Colombie) où il a résidé dans les années 1510[27]. Même constat à Mexico : dans les années 1560, le recteur de l'université mène une enquête auprès de vieillards indiens. Ils lui confirment que la saison des pluies s'est beaucoup raccourcie depuis l'arrivée des Espagnols[28].

Oviedo fonde sa théorie climatique sur une expérience incomparable parmi les chroniqueurs du XVIe siècle : contrairement à Pietro Martire d'Anghiera, l'inventeur de l'expression « Nouveau Monde » *(orbe novo),* qui n'a jamais traversé l'océan, Oviedo a passé la moitié de sa vie outre-Atlantique. Toute l'*Histoire générale et naturelle des Indes* promeut une épistémologie empirique, l'expérience directe et les témoignages de première main. Il donne tout de même une référence livresque pour appuyer sa théorie. Elle est tirée de *l'Histoire naturelle* de Pline l'Ancien, un auteur romain du Ier siècle omniprésent dans son œuvre[29]. La référence est intéressante, car elle souligne en fait la *discontinuité* entre les pensées antiques et modernes du changement climatique. Dans son *Histoire naturelle,* Pline rapporte la possibilité d'un changement climatique anthropique. En Thessalie, écrit-il, « dans les environs de Larissa, le dessèchement d'un lac rendit la contrée plus froide, et les oliviers, qui y poussaient autrefois, cessèrent d'y venir[30] ». Or Oviedo, ignorant peut-être ce passage en cite un autre, tiré du même ouvrage, mais portant sur le changement *astronomique* des climats dû au déplacement de la Terre ou à un changement de trajectoire du Soleil.

Selon Oviedo, les phénomènes météorologiques relèvent à la fois du miracle et de la physique. Ils sont miraculeux car Dieu agit à travers eux : par exemple, il châtie les Indiens idolâtres grâce aux ouragans. Logiquement, ces catastrophes « ont cessé depuis que le saint sacrement a été introduit dans cette île[31] ». Mais le refroidissement d'Hispaniola, lui, n'a rien à voir avec l'évangélisation. Ses causes : les labours, la multiplication du bétail « dont le souffle éclaircit les vapeurs » et enfin les raffineries de sucre qui brûlent des quantités d'arbres telles « qu'on ne peut le croire sans le voir[32] ».

Les discours espagnols du XVIe siècle sur le climat du Nouveau Monde sont presque toujours liés à des questions de souveraineté et de droit. Ils portent en fait moins sur la nature des lieux conquis que sur la légalité de leur conquête ; ils cherchent moins à décrire des natures exotiques qu'à naturaliser leur place subjuguée au sein de la géopolitique impériale espagnole[33]. Aussi, le fondement de l'amélioration climatique selon Oviedo est politique : l'assèchement et le refroidissement sont dus à « la souveraineté espagnole qui rend docile *(domar)* et adoucit *(aplacar)* ces régions et leur rigueur, tout comme elle rend dociles les indiens et les animaux qui les habitent ». Le changement climatique reflète, consacre et sanctifie le passage d'une souveraineté à l'autre : si aux premiers temps de la conquête, Hispaniola était chaude et humide c'est qu'elle avait été possédée « depuis tant de temps par des peuples sauvages », c'est que « ni foulée ni labourée [...] les forêts augmentaient sans cesse », et que « ses chemins, très rares, étaient comme des sentiers de lapins »[34]. L'absence de domination de la nature et un rapport au territoire analogue à celui des animaux invalidaient les prétentions indiennes à la souveraineté. Oviedo envisageait son histoire naturelle comme un traité providentialiste en faveur du règne global de Charles Quint : l'amélioration climatique témoignait d'un plan divin en faveur de la souveraineté espagnole sur le Nouveau Monde.

La théorie climatique d'Oviedo s'inscrit aussi dans la grande controverse sur la possession des Indes qui culmine à Valladolid en 1550-1551. Celle-ci fait suite à la dénonciation, en 1542, de la condition des Indiens par Bartolomé de Las Casas, dénonciation qui mène à l'abolition programmée du système de l'*encomienda* – une forme de travail forcé qui, dans les faits, allait perdurer. L'enjeu de la controverse est en partie climatique. Contre Bartolomé de Las Casas, le théoricien de l'impérialisme espagnol Juan Ginés de Sepulveda invoque la théorie aristotélicienne de l'esclavage pour justifier le servage des Indiens : ces derniers peuvent être considérés comme des « esclaves naturels » du fait du climat sous lequel ils sont nés, au même titre que les Noirs des marges torrides du monde habité[35]. Las Casas insiste au contraire sur le caractère tempéré du climat des Antilles : la nature, plus parfaite qu'ailleurs, y a engendré des individus libres, des peuples doux et des royaumes capables de se gouverner eux-mêmes[36].

Oviedo, allié de Sepulveda, se retrouvait du mauvais côté de la controverse : par le passé, en tant qu'inspecteur des mines, il avait activement organisé le commerce d'esclaves indiens. Il s'était opposé plusieurs fois à Las Casas sur la légalité de l'esclavage des indigènes et ce dernier parviendra à bloquer la publication de son *Histoire générale et naturelle des Indes,* l'œuvre de sa vie[37]. À la fin des années 1540, lorsqu'il dresse le portrait d'une nature améliorée par la colonisation, Hispaniola traverse en fait une crise profonde : les mines d'or s'épuisent déjà et l'effondrement démographique de la population indienne menace les plantations. Son constat d'une amélioration climatique fournissait un argument défensif contre l'accusation d'une destruction en cours des Indes.

Il permettait aussi de lever une contradiction du discours impérialiste espagnol. Les apôtres de la colonisation comme Colomb, Sepulveda ou Oviedo décrivaient en effet les îles caribéennes comme la source de richesses inouïes, comme des espaces plus tempérés et plus fertiles que la zone tempérée elle-même. Et pourtant, ces lieux avaient généré des peuples inférieurs à ceux de la zone tempérée : soit des barbares cannibales, soit des peuples doux et efféminés, restés dans l'enfance. Des peuples qui, en tout cas, ne pouvaient se gouverner eux-mêmes. Ce hiatus contredisait le précepte fondamental des doctrines hippocratiques, aristotéliciennes et ptolémaïques qui insistaient au contraire sur la relation entre la nature des zones climatiques et la « qualité » des habitants.

Oviedo tente à plusieurs reprises de résoudre cette contradiction. Dans ses premiers textes, il décrit les Indiens comme des idolâtres, des polygames, des cannibales et des sodomites. Quelle que soit la bonté du climat des Antilles, l'infériorité des Indiens est enracinée dans leurs corps : « tout comme leur crâne est épais, leur raisonnement est bestial et mal intentionné[38] ». Mais dans les années 1540 et le contexte de la controverse de Valladolid, ce racisme ordinaire est moins en vogue. L'argument d'une amélioration climatique offrait une échappatoire astucieuse : il permettait d'exonérer la parenthèse esclavagiste (étant donné le climat précolonial, les Indiens étaient alors bel et bien des esclaves naturels) de même qu'en rendant compte des progrès récents vers un climat tempéré, il donnait une justification naturelle à l'abolition progressive de l'*encomienda*[39].

*

On pourrait se dire que la « découverte du Nouveau Monde » a aussi été celle d'un nouveau climat, d'un climat malléable que l'homme chrétien, blanc et industrieux façonnerait à son avantage. Mais en fait, tout comme l'Amérique n'a évidemment pas été « découverte » par Christophe Colomb, l'idée d'un climat réactif à l'agir humain n'est pas non plus une révélation soudaine. Si Colomb, Oviedo et d'autres chroniqueurs jugent inutile de s'abriter derrière une autorité classique très lacunaire sur le sujet, c'est sans doute parce que cette idée ne devait pas paraître particulièrement surprenante à leurs contemporains. Conformément aux théories aristotéliciennes, les naturalistes de la Renaissance tenaient les météores comme étroitement liés aux phénomènes terrestres. La pluie et les fleuves par exemple faisaient partie du même système de circulation de l'eau dans le monde sublunaire. En outre, Aristote dans son traité *Météorologiques*, insistait déjà sur l'historicité des environnements, leurs mutations successives et cycliques : les fleuves qui changent de cours, les mers qui se retirent et les marais qui s'assèchent et modifient profondément l'aspect météorologique des lieux. Si, selon Aristote, l'histoire de la nature était trop lente et trop progressive pour être perçue par les habitants, *a contrario*, un changement aussi radical que la colonisation pouvait bien avoir suscité des transformations météorologiques repérables à l'échelle de la vie humaine.

De même, la notion cosmographique de zone laissait une grande place aux facteurs géographiques modifiant, parfois du tout au tout, l'habitabilité. Tout n'était pas déterminé, loin de là, par la position en latitude. Par exemple, l'Afrique subsaharienne (« l'Éthiopie ») et l'Inde tombaient certes dans les marges hostiles de la zone torride, mais les géographes imaginaient que le Nil ou le Gange les rendaient habitables : dans ces enclaves, la rencontre de l'humidité et de la chaleur générait merveilles et prodiges tels les éléphants, les dragons, les hippopotames et les crocodiles. La théorie classique des zones s'émancipait donc de la notion strictement astronomique de climat : les caractéristiques météorologiques des lieux étaient pensées comme largement tributaires du sol, du relief, et surtout de l'eau circulant entre ciel et terre[40].

Dans la lignée de ces théories, les chroniqueurs espagnols insistaient sur les déterminants géographiques de la météorologie du Nouveau Monde : comment expliquer sinon qu'un espace situé dans la zone torride puisse se révéler si humide et si fertile ? Ce paradoxe tient, dira Oviedo, à ses hautes montagnes et ses fleuves immenses, ces instruments de Dieu : « cette terre est naturellement chaude, et par la Providence divine, elle est tempérée[41] ». L'idée d'un changement climatique par la transformation coloniale s'inscrivait dans la continuité de la Création divine. L'expression de « Nouveau Monde » signifiait aussi que l'œuvre de la Création n'y était pas achevée et qu'il incombait aux chrétiens de l'améliorer.

Chapitre 2
Améliorer le monde ?

Que faire de l'Amérique ? Au XVIIe siècle, c'est un formidable défi lancé cette fois aux élites politiques, savantes, économiques de France et d'Angleterre. Comment en exploiter le sol, les ressources, les environnements ? Quels sujets, quels travailleurs pour peupler ces terres lointaines ? Et comment rendre manifeste une souveraineté sur des territoires immenses et très mal connus ? L'Amérique semble s'offrir comme un continent d'avant la civilisation, comme un passé d'où partir pour tracer un nouveau chemin. Mais lequel ?

Les réponses abondent. On cherche des signes. On veut lire une sanctification de l'Empire dans l'évolution du climat. On rêve d'améliorer la Création en défrichant, en cultivant la terre, en civilisant la nature du Nouveau Monde. Penser le climat ce sera tout cela à la fois : justifier la conquête, prétendre restaurer l'empire d'Adam, se poser en sculpteur d'une nature façonnée par la raison, la force et la quête du profit. Mais un halo d'anxiété troublera bientôt cette volonté de puissance.

Propagande coloniale

Décennie 1600 : la France tente de prendre pied au Canada. Henri IV soutient les expéditions des soldats et navigateurs Pierre Dugua de Mons et Samuel de Champlain, qui fondent les villes de Port-Royal et de Québec. Cet élan colonisateur suscite la parution de récits en métropole : la première *Histoire* de la colonie, de l'avocat Marc Lescarbot compagnon de Champlain et la *Relation* du père Biard – le premier d'une longue série de témoignages jésuites qui façonneront l'image du Canada[1]. Ces écrits plaident pour la colonisation et cherchent à contrer la légende noire du pays, que certains décrivent comme une terre hostile en proie au démon[2].

Le climat y occupe une place importante[3]. Les auteurs soulignent d'abord que la France et le Canada se situent aux mêmes latitudes, donc sous le même climat au sens cosmographique[4]. Pour Biard, cela contribue à justifier la souveraineté française, contestée par l'Angleterre. Celle-ci découlerait, d'une part, de l'antériorité de la découverte et, d'autre part, de la correspondance de deux territoires se trouvant, comme l'écrivait déjà Jacques Cartier, le premier explorateur du golfe du Saint-Laurent, sous « les climats et parrallèles [des] pays et royaume » de France[5]. C'est ce que Biard qualifie, lui, d'« équité naturelle » en faveur d'une souveraineté française parce que « ces terres-là sont parralleles à nostre France et non point à l'Angleterre »[6].

Mais l'argument excède l'idée d'une continuité spatiale : car à même climat, mêmes étoiles et mêmes durées des jours, mais aussi mêmes températures et mêmes saisons : même climat au sens physique du terme[7]. Cette idée sous-tend, chez Lescarbot, un autre argument justifiant la colonisation. Son récit rapproche les climats français et canadien, mais les oppose aussi implicitement avec celui du Brésil équatorial qui a vu la débâcle de la colonie de la « France antarctique » en 1555-1560[8]. Il est influencé par les théories de Jean Bodin sur la correspondance entre nature des lieux et mœurs des peuples[9]. Si les efforts de colonisation ont échoué au Brésil, ils seront fructueux au Canada, argumente Lescarbot, car les mœurs des Français et des Indiens sont analogues (ou peuvent le devenir), comme leurs lieux de vie.

Mais un élément, massif, vient déstabiliser les discours sur l'homologie des climats de part et d'autre de l'Atlantique : les hivers longs et glacés du Canada[10]. Au XVIIe siècle, la description de ces froids est un passage obligé des récits traitant de la Nouvelle-France[11]. En plus de marquer un hiatus avec les climats français[12], cet hiver, « dont on parle tant en Europe, pour sa violence et sa durée[13] », écrit le jésuite Lalemant, est préjudiciable à la cause de la colonisation. C'est pour résoudre cette tension que la thèse d'une transformation anthropique des climats se structure, dans les premières décennies du XVIIe siècle, comme un discours apologétique de la mise en valeur des terres canadiennes.

Pour Lescarbot, deux raisons expliquent la durée hors norme des hivers d'outre-Atlantique : le caractère intrinsèquement froid de l'Amérique, mais aussi l'immensité des forêts canadiennes, qui empêchent le soleil d'échauffer la terre[14]. Biard va dans le même sens en évoquant la « forest infinie » qui empêche la chaleur solaire de parvenir au sol[15]. Or, avance-t-il, cela changerait si la terre était habitée et cultivée. Trois ans plus tôt, Champlain affichait la même conviction. « Ie croy, soulignait-il, [que la neige] se concerue [conserve] beaucoup plus qu'elle ne feroit si le païs estoit labouré[16]. »

Comme sur Hispaniola, l'idée d'amélioration climatique appuie un projet de colonisation de peuplement, sédentaire et agricole[17]. Elle condamne aussi implicitement, en retour, deux formes alternatives d'usage des terres. La première est celle des Indiens. Les forêts infinies, les grands hivers sont le signe de l'état de vacance d'espaces qu'ils n'ont pas su mettre en valeur. On retrouve cet argument à l'identique dans les discours affirmant la souveraineté britannique sur la Nouvelle-Angleterre[18]. L'autre modèle dont il s'agit de se distinguer, c'est celui de l'économie de pêche et de traite des fourrures, qui passe par une présence dispersée dans l'intérieur et saisonnière sur le littoral. L'idée d'une amélioration climatique plaide, elle, pour une mise en culture des espaces canadiens. Cette voie agricole, en plus de ses vertus économiques, morales et spirituelles, civilisera le climat, puis, en un cercle vertueux, les hivers plus cléments permettront de meilleures récoltes. Et ce processus renforcera par la double homologie des climats et des mœurs, la légitimité française sur ces terres.

Cette vision est aussi profondément religieuse : le changement climatique né de la colonisation agricole (qui est également une œuvre de conversion) montre que ces entreprises sont sanctifiées par Dieu. Le climat s'améliorera : un signe de plus de la légitimité de la France à s'emparer de ces terres, au nom du roi et de la foi chrétienne. Les premiers témoignages d'une amélioration climatique concrète du Canada apparaissent à partir des années 1630, au départ sous la plume d'auteurs jésuites[19].

L'argument de l'amélioration climatique sert surtout, et plus concrètement, à recruter des colons. Prenons, par exemple, *La Description de l'Amérique septentrionale* que l'entrepreneur Nicolas Denys fait paraître en 1672, dans le sillage de la politique coloniale impulsée par Colbert[20]. Denys a passé plus de quarante ans au Canada, à la tête d'une compagnie de pêche et de traite opérant en Acadie. Il y a aussi fait venir des colons pour cultiver les terres. S'il choisit de se faire entendre en métropole, c'est pour combattre le grief du froid des hivers qui décourage les vocations : le changement climatique est une pièce maîtresse de son plaidoyer. Il compare les hivers français et québécois, en attribuant la longueur et la dureté de ces derniers à l'accumulation des neiges sous l'immense couvert forestier. Et il poursuit : « cela ce peut [...] prouver par Kebec qui a deux mois d'Hyver moins qu'il n'avoit avant que les terres y fussent défricheés [...] par consequent l'on n'a plus de raison de décrier ce païs-là, pour les grands froids & les grandes neges [...] la nouvelle France peut tout produire aussi bien que l'ancienne, mais il faudroit du monde pour travailler au défrichement[21] ». Bref, l'action délibérée des colons a déjà rectifié le climat en certains endroits et cela ouvre des perspectives immenses à ceux qui voudraient s'y établir.

Les mêmes espoirs prévalent au même moment en Nouvelle-Angleterre[22]. À partir des années 1620, la littérature coloniale souligne la possibilité d'améliorer son climat grâce à la déforestation, l'assèchement des marais et l'agriculture[23]. Ce discours participe de l'idéologie de l'*improvement* – « l'amélioration » prise en son sens le plus fort – centrale en Angleterre et qui s'insinue dans tous les domaines : de la morale personnelle à l'agriculture en passant par l'armée ou l'air de Londres. Dans un monde saturé par la Providence, comment imaginer que les efforts du protestant industrieux ne soient pas récompensés par Dieu ? La nature est pensée comme offrant des potentialités d'amélioration presque infinies, si l'on se donne la peine de la travailler[24]. En Amérique, l'*improvement* commence par le climat qu'il s'agit à la fois de purifier de ses miasmes, d'assécher et de réchauffer[25].

Comme en France, ce discours est porté par des marchands et des entrepreneurs à la recherche de nouveaux colons. Dans les années 1630, l'entrepreneur William Wood affirme que le climat de la Nouvelle-Angleterre s'est déjà amélioré et qu'il serait même, ose-t-il, meilleur que celui de la mère patrie, avec moins d'humidité sans pour autant être trop sec[26]. Dans la littérature coloniale, le changement climatique est souvent évoqué au même chapitre que le *« seasoning »* – la confrontation des corps, parfois fatale, aux contrastes climatiques – et en même temps que le *« commodious weather »,* ce temps idéal qui régnerait de l'autre côté de l'Atlantique, un temps idéal à la fois pour les corps européens *et* pour la production de marchandises *(« commodities »).*

À partir des années 1670, c'est la colonie de Virginie qui devient l'exemple même d'un climat adouci, où s'est amoindrie l'adaptation si redoutée des corps au Nouveau Monde : « *the seasoning was formerly more violent and dangerous here to the English at their first landing*[27] », écrit ainsi le *Speed's Theatre of the Empire of Great Britain*. Ce n'est pas seulement promettre la prospérité : c'est tout simplement rassurer les candidats au voyage, sur leurs chances de survie[28]. De façon significative, le discours sur le climat de la Virginie refluera lorsque, à la suite de la révolte de Nathaniel Bacon, la colonisation de peuplement est abandonnée au profit d'une main-d'œuvre servile, qui, elle, ne nécessite pas qu'on la convainque de quoi que ce soit[29].

Soupçons cosmiques

La thèse d'un changement climatique nord-américain se diffuse rapidement, en Angleterre, de la littérature de voyage et d'apologie de la colonisation au monde savant. Dans les années 1660, ce dernier s'organise autour de la Royal Society et en relation étroite avec les milieux du commerce colonial[30]. Les colonies acquises depuis peu par l'Angleterre (Irlande, Jamaïque, Barbade, Nouvelle-Angleterre) sont en effet une source importante de revenus pour les savants. Robert Boyle, par exemple, figure fondatrice de la Royal Society, doit sa fortune à la colonisation de l'Irlande. Il est aussi gouverneur de la New England Company, membre du conseil des Plantations étrangères, et il possède des parts dans l'Hudson Bay Company. Outre ces intérêts bien compris, les colonies fournissent des terrains d'expérimentation pour la philosophie baconienne de contrôle de la nature et pour un gouvernement piloté par l'arithmétique politique. Les relations très étroites entre les administrateurs coloniaux et la Royal Society permettent d'espérer appliquer les préceptes de l'empirisme sur de vastes territoires. Guidée par la philosophie expérimentale, la colonisation doit à la fois prouver la validité de cette dernière et restaurer l'empire d'Adam sur la Création[31].

C'est dans ce contexte où se mêlent science, empire et religion qu'en 1671 Robert Boyle aborde la question du changement climatique[32]. Dans ses *Cosmical Suspicions*, un texte un peu à part dans son œuvre, il appréhende une classe de phénomènes qui échappe encore aux investigations de la philosophie expérimentale, et en particulier aux interprétations mécanistes : les états atmosphériques, les inondations, les épidémies, le changement des climats.

Pour caractériser ce dernier, Boyle mobilise deux types de preuves. Tout d'abord, la littérature de promotion coloniale : il cite les passages du *New Englands Prospect* de Wood décrivant la modération des saisons consécutive à l'action des colons. Ensuite, des témoignages directs. Boyle explique avoir interrogé lui-même un *gentleman* de Nouvelle-Angleterre, qui lui a attesté que le climat y était devenu plus doux. Surtout, il a assisté en personne à la réception par le roi Charles II du gouverneur du Connecticut, John Winthrop, au château de Whitehall en février 1662. Ce dernier était venu prêter allégeance et solliciter l'octroi d'une charte pour sa colonie. En effet, celle-ci s'était créée au départ sans l'accord des pouvoirs métropolitains et se trouvait, en ces premières années de la Restauration, sur la sellette en raison des sympathies supposées de ses habitants pour Cromwell et les régicides[33].

Or, lors de cette entrevue, Charles II aurait questionné expressément Winthrop sur la « température de l'air ». La réponse du gouverneur, donnée comme une citation littérale, aurait été que le climat a changé et perdu beaucoup de son froid depuis l'installation des Anglais. Il est impossible d'attester de la teneur de l'échange, mais le projet intellectuel de Boyle, tout entier fondé sur la production de témoignages fiables engageant l'honneur aristocratique des acteurs, lui confère un poids certain[34]. Quoi qu'il en soit, l'évocation du changement climatique au plus haut niveau est frappante. Et confiant dans la réalité du phénomène – dont on découvrira peu à peu, écrit-il, l'intensité et la durée –, Boyle ouvre un espace d'interrogation sur sa nature : est-il le produit de forces non humaines, émanant des astres ou de l'intérieur de la Terre ? Ou bien est-il le fait de l'action humaine ?

C'est à cette question qu'Henry Nicholson, un ancien étudiant du Trinity College qui s'intéresse aux sciences naturelles, cherche à répondre dans une lettre probablement envoyée à Boyle et publiée par la Royal Society en 1676[35]. Nicholson réagit à l'idée, décrite comme commune chez les colons américains, d'une amélioration climatique en cours sous l'effet du peuplement, du défrichement et de la mise en culture. Mais son propos vise un autre terrain de l'expansion coloniale anglaise : l'Irlande. Celle-ci, explique-t-il, est moins peuplée et moins bien cultivée qu'elle ne l'était auparavant. Or, de l'avis de ses habitants, l'île s'est réchauffée et asséchée. L'argument contredit le discours colonial sur les *causes* du changement, mais sans remettre en cause son *existence*. Nicholson décrit dans la foulée les observations météorologiques qu'il a entreprises, et dont il transmet les premiers résultats afin qu'ils puissent servir à quantifier cette évolution, comme Boyle le préconisait. Les instruments météorologiques sont à peine en train de se fixer sous leur forme moderne qu'on cherche déjà à les utiliser afin de documenter, de mesurer même, les changements climatiques.

L'intervention de Nicholson, au-delà des interrogations sur l'ampleur et les causes du changement, est porteuse d'un message sans cesse affleurant : l'interprétation du réchauffement comme un signe providentiel venant sanctifier la colonisation anglaise. Sa lettre paraît à une période critique de l'histoire de l'Irlande[36]. La répression de la révolte de 1641 par Cromwell, les famines et les épidémies ont conduit à un effondrement démographique. Dans la foulée, les confiscations foncières au profit des colons se sont intensifiées. Il faut comprendre la référence de Nicholson à la dépopulation irlandaise et celle – plus ambiguë – à une moins bonne exploitation agricole, à l'aune de ces éléments. Mais justement, malgré ces destructions, la colonisation de l'île apparaît sous sa plume comme bénie par la Providence, par un jugement moral du réchauffement qui s'applique aussi aux colonies d'outre-Atlantique.

Le choix d'adresser cette missive à Boyle est loin d'être anodin. Le père du philosophe, Richard Boyle, a été une figure essentielle de la colonisation de l'Irlande, dont il a été lord trésorier et où il s'est taillé un immense domaine. Robert Boyle y est né, il y possède de vastes terres et quand paraissent les *Cosmical Suspicions*, son frère Richard y assure le même poste stratégique de grand argentier. C'est dire à quel point la sanction providentielle du changement climatique peut intéresser Boyle, d'un point de vue à la fois intellectuel et personnel. L'intervention de Nicholson conforte aussi d'autres personnages influents en Irlande et au sein de la Royal Society, et notamment William Petty, membre fondateur de la société, chantre de l'*improvement* de l'île par la colonisation, et lui-même grand propriétaire foncier[37].

En France, l'intérêt des savants pour la thèse du changement anthropique paraît plus tardif. C'est seulement au mitan de la décennie 1740 qu'elle est discutée, à l'Académie des sciences, par le naturaliste et physicien Duhamel du Monceau[38]. Son intervention répond à la parution récente d'un livre du jésuite Charlevoix sur la colonisation de la

Nouvelle-France[39]. Ce dernier y défend après bien d'autres la thèse d'une amélioration climatique par le déboisement[40]. Charlevoix a été directement mêlé à la politique canadienne de la France, comme envoyé du régent Philippe d'Orléans, chargé d'évaluer la pertinence d'une initiative française à l'Ouest[41]. Dans son livre, il décrit les arguments des opposants à la colonisation : le bilan économique est déficitaire, « le climat y est trop dur[42] ». C'est faux, assène Charlevoix : « le climat de la Nouvelle France s'adouciroit à mesure que le pays se découvriroit ».

Duhamel soutient cette thèse pro-colonisation. Mieux, il dispose d'un correspondant sur place en la personne de Jean-François Gaultier, médecin du roi établi à Québec[43]. Grâce à lui, il rapporte des témoignages de réchauffement pour l'année 1745, très clémente[44] : des « anciens du pays » ont certifié au médecin que les moissons de blé étaient autrefois plus tardives et moins bonnes[45]. Cette conviction semble être partagée : au même moment, le naturaliste suédois Pehr Kalm recueille les paroles d'un vieillard et de prêtres de la Nouvelle-France qui se disent eux aussi convaincus que les hivers durent moins longtemps et/ou sont moins froids que ceux du passé[46].

Duhamel veut objectiver le phénomène par l'usage des instruments météorologiques, dont il est un grand promoteur[47]. À partir de 1744, il rend régulièrement compte, devant l'Académie, des mesures que Gaultier prend sur place[48]. Ces premières données quantitatives entraînent une disqualification croissante des preuves mémorielles. On en a un exemple quelques années plus tard, lorsqu'un ingénieur militaire officiant à Québec présente à l'Académie un travail sur les causes du froid au Canada[49]. Revenant sur le changement climatique, il insiste : pour juger d'une évolution, il faut un « terme de comparaison », une perspective temporelle sur les choses. Or « ceci, poursuit-il, ne peut se transmettre que par des observations [instrumentales], comme tout phénomène qui a des degrés d'augmentations & de diminutions. [...] Ce n'est pas sur le dire d'un vieillard, qu'on peut sur de pareils objets établir un fait », conclut l'officier.

L'arbre saint et le cycle global de l'eau

Les conquêtes européennes dans l'Atlantique plantèrent simultanément les germes de l'optimisme et de l'inquiétude climatiques modernes. La crainte d'une catastrophe a été largement occultée par les affirmations tonitruantes des élites impériales sur l'amélioration du climat en cours en Amérique. Elle est pourtant présente dès les années 1660 dans les écrits des philosophes naturels anglais. Pour pister cette anxiété, il faut revenir à notre point de départ : l'arbre saint de l'île de Fer. Alors que les apologistes de l'Empire – espagnols, britanniques ou français – avaient interverti le sens du prodige pour présenter le déboisement et l'économie de plantation comme une opération positive sur la Création, dans la philosophie naturelle anglaise, l'arbre saint est le point de départ d'une réflexion sur un assèchement dramatique causé par l'Homme. Ces réflexions sont furtives, mais elles pointent très tôt l'effet catastrophique de l'action humaine sur le climat, et ce d'emblée à l'échelle globale.

La célébrité de l'arbre saint tient à la place cardinale qu'occupent les Canaries dans l'imaginaire des philosophes empiristes anglais. Le voyage transatlantique symbolise le dépassement des savoirs de l'Antiquité. L'une des figurations les plus célèbres de la philosophie empirique, le frontispice du *Novum Organum* (1620) de Francis Bacon, montre ainsi un navire traversant les colonnes d'Hercule. Or cette image est plagiée d'un traité espagnol de navigation de 1606 qui mentionne naturellement l'île de Fer[50]. Bacon lui-même traite la question de l'arbre saint dans son livre[51]. Dans les récits de voyage, dans les livres de botanique et de philosophie naturelle, les références au prodige abondent. Les botanistes anglais en font même une espèce particulière et lui donnent le nom hautement significatif de *fountain-tree*[52].

La Royal Society commence à s'intéresser de plus près à cet arbre. En avril 1665, elle établit une liste de soixante-dix questions sur la végétation, adressées aux voyageurs et aux colons. Une des questions porte sur l'arbre de l'île de Fer et vise à vérifier la véracité du prodige[53]. L'année suivante, alors qu'une sécheresse s'est abattue sur l'Angleterre, les *Philosophical Transactions*, l'organe de la Royal Society, publient une observation tout à fait remarquable du Dr Henry Stubbe, médecin à la Jamaïque. Contrairement à l'optimisme climatique impérial qui règne à l'époque, Stubbe, lui, souligne la *dégradation* du climat des Caraïbes du fait de la colonisation. Il généralise le prodige de l'arbre saint en faisant l'hypothèse que « certains arbres attirent la pluie ». Et donc, en déduit-il, « si vous détruisez les forêts, vous réduisez ou détruisez *(destroy)* les pluies ». La connotation est nettement négative. Stubbe assure qu'à la Barbade et à la Jamaïque, les pluies ont été divisées par deux[54]. Cette idée est ensuite reprise par

John Evelyn, le grand spécialiste anglais des forêts. « Chaque année », écrit-il, « la Barbade devient plus torride. À la Jamaïque on observe que les pluies diminuent au fur et à mesure que les plantations s'étendent. » Et Evelyn ajoute même : « je pourrais vous dire la même chose d'ici peu de temps de certaines parties de l'Angleterre »[55].

Comme on l'a dit, ces anxiétés pour le changement climatique s'expriment d'emblée dans une perspective *globale*. D'une part, parce que, comme le laisse entendre Evelyn, le processus d'assèchement par déforestation peut avoir lieu partout sur le Globe, là où les forêts reculent. D'autre part, parce que cette déforestation est appréhendée au travers d'une pensée globale de la Terre : la théologie naturelle du cycle de l'eau.

Ce schéma intellectuel très puissant est fondamental pour comprendre les anxiétés climatiques modernes et un petit rappel est ici nécessaire[56]. La grande question de la théologie naturelle est d'illustrer la « sagesse du Créateur » en montrant à la fois l'interconnexion des phénomènes naturels et l'économie merveilleuse des moyens qui préside à l'ordre du monde. Cette pensée est aussi radicalement anthropocentrique : Dieu a organisé le monde pour l'Homme. L'utilité sert donc de point de départ aux raisonnements. Par exemple, comment expliquer que le Créateur ait consacré tant d'espace aux océans alors même que l'Homme a besoin de terre ferme pour les cultures et pour prospérer ? « Où est la sagesse du Créateur en faisant autant de mers inutiles ? », se demande le grand théologien naturel John Ray. La réponse est liée au cycle global de l'eau : « s'il n'y avait que la moitié des mers, il n'y aurait que la moitié des vapeurs et il n'y aurait par conséquent que la moitié des rivières que nous avons à présent »[57]. Dieu s'est assuré que les océans soient assez grands pour humidifier la Terre. Autre question : à quoi peuvent bien servir les montagnes incultes et infranchissables ? Selon l'astronome Edmund Halley : « les chaînes de montagnes sont placées au milieu des continents pour servir comme d'alambic distillant l'eau douce[58] ». Et ce n'est pas tout : en capturant plus d'eau que n'en absorbe leur sol, les montagnes génèrent des sources et des rivières qui transportent du limon fertile vers les plaines. Bref, la théologie naturelle anglaise pense la circulation de l'eau à l'échelle *globale*, avec des connexions entre océans et continents, entre zones tropicales et zones tempérées, entre montagnes et plaines, entre pluie et fertilité des sols. L'eau s'évapore des mers, pénètre dans l'atmosphère, les vents la poussent vers les continents, elle se répand sur terre sous forme de pluie, se condense sur les montagnes et retourne à l'océan par les sources et les rivières.

C'est dans ce schéma global puissant que s'insère l'arbre saint. John Ray y voit un élément clé : le prodige de l'île de Fer n'est pas une curiosité, c'est le révélateur d'un phénomène beaucoup plus général lié à la végétation, à laquelle échoit le rôle de « distiller » ou de condenser les vapeurs d'eau circulant dans l'atmosphère[59]. « Nous devons une partie de nos pluies, de nos sources, de nos rivières à cette opération de distillation sans laquelle la Terre deviendrait inhabitable[60]. » Et Ray ajoute : « certains philosophes imaginent que la Terre est un grand animal [...] maintenant je pense que si cette doctrine était vraie nous

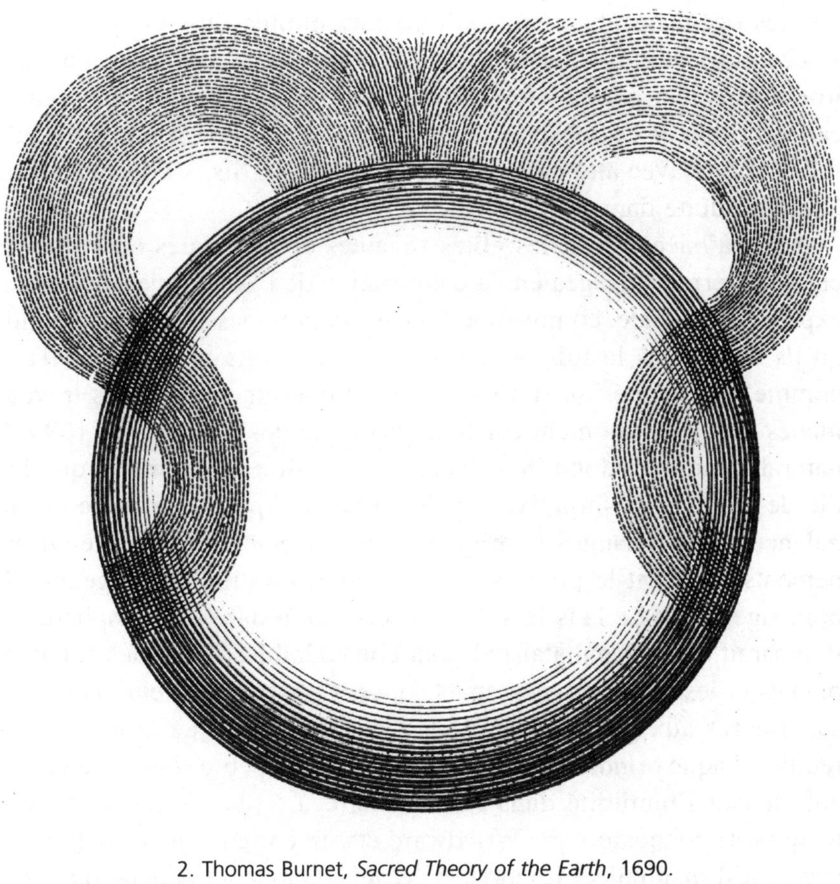

2. Thomas Burnet, *Sacred Theory of the Earth*, 1690.
L'auteur explique comment la Terre, lisse et dépourvue de montagnes à l'époque édénique était arrosée grâce à un cycle de l'eau reliant les tropiques aux climats tempérés

avons découvert la circulation de son sang[61] ». On ne saurait surestimer l'importance de l'arbre saint pour l'histoire du climat et au-delà pour l'idée d'une planète réactive et fragile face à l'action humaine. Dès la fin du XVIIe siècle, il ouvre la voie à l'hypothèse dérangeante que l'Homme pourrait détraquer le circuit global de l'eau et perturber les équilibres providentiels de la Terre, « ce grand animal ».

*

En 1957, les physiciens américains Roger Revelle et Hans Suess décrivaient le réchauffement global comme « une expérience géophysique menée à grande échelle ». Cette citation, devenue l'une des plus célèbres de la science du XXe siècle, concluait un article décisif pour la théorie du changement climatique. Les auteurs démontraient que les océans n'absorbant qu'une part limitée du CO_2, ce dernier s'accumulerait inexorablement dans l'atmosphère. Il n'y avait aucune ironie dans leur phrase : Revelle et Suess considéraient froidement la carbonisation de l'atmosphère comme une expérience scientifique qu'il fallait suivre avec attention parce que, ajoutaient-ils, « elle ne pourrait être reproduite dans le futur[62] ».

Au XVIIe siècle déjà, les élites savantes et impériales en France et en Angleterre envisageaient la colonisation de l'Amérique comme une expérience globale, comme une transformation massive de la Création qu'ils devaient à la fois guider et observer. Cette vision de la Terre comme objet expérimental ressort aussi clairement dans les travaux menés au même moment sur la physiologie des plantes. En 1699, le naturaliste anglais John Woodward fait paraître un mémoire qui étudie de manière quantitative – grâce à des récipients de verre et une balance – les échanges hydriques entre les plantes et leurs environnements. Il décrit le processus d'évapotranspiration des végétaux, le pompage de l'eau dans le sol et sa restitution dans l'atmosphère. Or il apparaît que ces exhalaisons sont considérables, variables selon les plantes et les circonstances, mais souvent plus de cent cinquante fois supérieures aux gains de poids des végétaux. Chaque arbre, chaque feuille, chaque brindille deviennent comme une petite source de vapeur entretenant l'humidité dans l'atmosphère. Le plus frappant dans ce texte est la connexion que Woodward établit entre les petits ballons de verre qu'il manipule à Londres et ce qui se passe à l'échelle du continent américain. Car, affirme-t-il, « cette émission continuelle d'eau en si grande quantité [...] nous donne la raison manifeste pour laquelle les pays qui abondent en arbres [...] ont des pluies plus fréquentes ». Et d'ajouter à propos de l'Amérique : « au fur et à mesure que les plantes y étaient brûlées et détruites pour faire place aux habitations et à la culture, l'air s'est amélioré [...] devenant plus sec et serein qu'auparavant[63] ». Woodward pensait avoir prouvé expérimentalement la thèse du changement climatique. Le rapport au monde très particulier de Revelle, Suess – et des physiciens de la guerre froide en général –, le détachement avec lequel ils pouvaient considérer le réchauffement climatique comme « une expérience de géophysique », hérite décidément d'un long passé. Dès ses premiers pas, la science occidentale a envisagé le Globe comme l'un de ses instruments et l'action de l'Homme sur celui-ci comme l'occasion de la plus formidable des expériences.

Chapitre 3

Le climat de l'histoire

Les hommes du XVIIIe siècle vivent dans un anthropocène : pour eux, les temporalités de la Terre et des sociétés ne font qu'une. L'agir climatique humain est une modalité de cet entrelacement, un indice de cette concordance des temps.

Le naturaliste Buffon, l'un des savants les plus célèbres de son époque, est le héraut d'une histoire de la Terre qui fait de l'humanité une force planétaire capable de façonner les climats. Sa vision est aussi porteuse d'une métrique de civilisation : les peuples peuvent être hiérarchisés, suggère-t-il, en fonction de leur agir climatique, volontaire ou involontaire, bienfaisant ou délétère. Un nouveau partage entre « eux » et « nous » se dessine ainsi à l'aune du changement climatique.

La voix de Buffon n'est pas isolée. Dans toute l'Europe du XVIIIe siècle, l'écriture de l'histoire est inextricablement liée à des théories climatiques, dont certaines s'articulent autour d'un changement anthropique des climats. On cherche ainsi à expliquer les flux et reflux de la grandeur artistique ; à élucider l'origine et l'histoire des nations et des monarchies européennes. Et à ce moment où l'histoire des « peuples » (Romains, Celtes, Germains…) commence à s'écrire, elle bruit des interrogations sur les trajectoires mêlées des populations et des climats, qui se façonnent mutuellement sans répit.

Dans un article intitulé « Le climat de l'histoire[1] », l'historien Dipesh Chakrabarty a livré l'analyse sans doute la plus influente de l'impact du changement climatique contemporain sur notre vision et notre écriture de l'histoire. Il expliquait que le grand partage entre « histoire des sociétés » et « histoire de la nature » s'était construit à l'époque moderne, en prenant pour acquises les limites de l'agir humain sur les structures naturelles. L'humanité ayant récemment pris conscience de sa force climatique et même géologique, il serait devenu impératif de repenser et dépasser ce hiatus périmé. La discipline historique est ainsi questionnée à partir d'un nouveau « récit des origines » fondé sur le grand partage entre temps de la nature et temps des sociétés – partage dont nous commencerions à peine à nous affranchir. Et si l'idée d'une concordance des temporalités s'enracinait au contraire dans la trame culturelle de la modernité ?

Pourquoi les Romains ont-ils dégénéré ?

L'importance du climat pour les historiens du XVIIIe siècle tient d'abord à une évidence, à une sorte de lieu commun dans la République des lettres et au-delà : l'idée qu'il « influence » les corps, les productions de l'esprit, les mœurs et les institutions politiques. Cette conception hérite d'une très longue histoire, bien étudiée pour le Moyen Âge et l'époque moderne[2]. Mais la notion d'un *agir* humain sur le climat, elle, prend vraiment pied dans les réflexions historiques avec la parution, en 1719, d'un livre très influent de Jean-Baptiste Dubos sur la poésie et la peinture pensées entre Antiquité et temps présent[3].

La réflexion esthétique, telle qu'elle prend forme à la fin du XVIIe siècle dans la « la Querelle des Anciens et des Modernes », mobilisait déjà des arguments climatiques[4]. Utilisée par les deux camps, la notion d'une influence du climat était cependant à double tranchant. Orthogonale à l'idée de progrès chère aux partisans des modernes, elle était aussi problématique pour les défenseurs des anciens : *via* le climat, elle tendait en effet à faire rejaillir sur l'Antiquité la médiocre réputation artistique de l'Italie et de la Grèce du XVIIIe siècle.

C'est précisément le défi que veut relever Dubos : expliquer comment les « grands siècles » – ces périodes de l'histoire marquées par une formidable fécondité artistique – ont pu exister sous des climats aujourd'hui défavorables aux arts. Avant lui, cette interrogation donnait lieu à des thèses composites : aux causes physiques – climatiques –, la disparité spatiale des arts ; aux causes morales – l'éducation, les institutions –, leur disparité temporelle[5].

L'explication de Dubos mêle au contraire intimement lieux de vie et vie des sociétés, en faisant de l'agir humain sur l'air et la température, la clé de l'énigme[6]. Ainsi pour Rome, à propos de laquelle Dubos décrit les « grands changements dans l'air » causés par des événements (ruine des égouts de la ville, abandon des cultures, dessèchements de marais, essor des mines d'alun) eux-mêmes induits par la chute de l'Empire[7]. Au-delà de la nature de l'air, c'est aussi, selon Dubos, la température de l'Italie qui a changé : « le climat » (au sens ici de région), soutient-il en effet, « y [est] moins froid qu'il ne l'étoit du temps des premiers Cesars[8] ». Il argumente à partir de ses lectures de la littérature classique – Juvénal, Horace, les *Annales de Rome* – où le gel du Tibre, par exemple, est décrit comme fréquent.

Nul besoin de ruser pour expliquer le hiatus entre les artistes de l'Antiquité et ceux de l'Italie d'aujourd'hui : le climat a tout simplement décliné avec les mœurs des habitants, faisant refluer le génie. Une façon pour Dubos de renvoyer dos à dos anciens et modernes, en niant le progrès des arts tout en affirmant la relativité historique du bon goût.

L'argumentaire de Dubos est imprégné d'un matérialisme empiriste[9] (c'est un admirateur de Locke), mais résonne aussi de l'écho discret des thèses sur le changement américain. La région de Rome s'est réchauffée, note-t-il en effet, « *quoique* le pays fût alors plus habité et mieux cultivé qu'il ne l'est à présent[10] » [nous soulignons]. Ses *Réflexions* allaient gagner rapidement une audience très vaste – au prix d'une réception controversée[11] – et propager la notion de changement anthropique des climats dans toute l'Europe de la République des lettres. Ce qui se révèle aussi ici, c'est un sous-texte essentiel des réflexions modernes sur les climats : la question – lancinante – de la décadence des grandes civilisations antiques lue à l'aune de la nature de leurs lieux de vie.

On sait que Dubos est l'une des principales sources de Montesquieu en matière de climat[12]. Celui-ci lit les *Réflexions* avant son voyage en Italie de 1728-1729, et ces thèses vont imprégner sa vision de la campagne romaine. Dans ses notes de voyage, Montesquieu souligne la faible mise en valeur agricole de la région : « Voilà donc un désert ! » écrit-il avant de poursuivre : « Le défaut de culture produisit le mauvais air, et le mauvais air a depuis empêché le repeuplement. »[13] On ne trouve trace de changement climatique ni dans l'*Esprit des lois* ni dans l'« Essai sur les causes », un manuscrit écrit dans les années 1730 et qui servit de « laboratoire » à ses conceptions climatiques[14]. Mais il faut mesurer à quel point cette option procède d'un choix. Car, au début de la décennie, Montesquieu n'hésitait pas à présenter devant l'Académie de Bordeaux un mémoire où, dans le droit fil de Dubos, il étudiait l'évolution des mœurs des Romains en mobilisant, en plus de causes morales (l'habitude des bains, la richesse de la ville), l'argument d'un changement de l'air produit par le croupissement de l'eau dans les ruines antiques[15]. C'est ainsi délibérément qu'il choisira, dans l'*Esprit des lois*, de décrire, *a contrario*, les causes morales comme seul moteur d'*évolution* des sociétés et des régimes politiques. Entre-temps ses convictions se sont recentrées autour de la nécessité, pour chaque peuple, de « faire avec » le climat de son lieu de vie, vu comme immuable.

L'histoire climatique des peuples européens

Si elle est absente de l'*Esprit des lois*, la thèse d'un changement climatique anthropique alimente, jusqu'à la fin du XVIIIe siècle, les recherches de plus en plus nombreuses qui portent sur l'histoire longue des *peuples* européens. C'est là un genre historique nouveau, qui met en scène non pas des entités politiques (l'Empire, l'Église ou les monarchies), mais bien des « peuples », c'est-à-dire des entités biologiques agissant sur des territoires par prolifération et migration.

Simon Pelloutier, un pasteur huguenot membre de l'Académie de Berlin, est l'un des premiers à s'engager dans cette voie. Il ambitionne, avec ses recherches, d'élucider l'origine de tous les peuples européens. Sa thèse : l'existence d'un groupe originel, celte, issu des parages du Danube, et qui se serait disséminé à l'échelle du continent avant de se différencier, au fil du temps, en nations gauloise, germaine, anglaise, espagnole, irlandaise et même romaine par contact avec les Grecs[16]. Pelloutier décrit les Celtes comme un peuple guerrier, endurci au contact d'une nature sauvage. Et notamment d'un climat froid, bien plus que celui de l'Europe du XVIIIe siècle. Il reprend le constat d'un réchauffement climatique présent chez Dubos, mais pour l'étendre au continent entier et l'appuyer par de nombreux indices tirés d'auteurs antiques : Diodore de Sicile, Strabon, Virgile, Ovide (gel des fleuves gaulois, présence d'ours dans les forêts de Thrace)[17].

Son interprétation lie changement climatique et processus de civilisation. Au fil du temps, les Celtes, délaissant l'épée pour le travail de la terre, se seraient enracinés, assagis, changeant en retour le visage des pays où ils fondèrent les nations d'Europe. Le défrichement et la culture des terres, en permettant aux rayons du soleil de se réverbérer, au sol de transpirer, auraient réchauffé le climat. Pour saisir l'argument de Pelloutier, il faut revenir aux racines de son projet : analyser la trajectoire des Européens de la sauvagerie à la civilisation, par une mise en rapport avec le cas des populations autochtones d'*Amérique*[18]. Il décrit Celtes et Amérindiens comme des peuples jumeaux, d'une égale sauvagerie, et peut-être d'une même origine si – comme il pense – ces derniers sont issus de migrations venues d'Eurasie[19]. Le changement climatique américain, provoqué par la mise en culture des terres, sert ici à penser le processus de civilisation social/naturel originel de l'Europe. Mais il permet aussi d'opposer deux grandes trajectoires historiques : celle des Européens entrés dès l'Antiquité dans le cycle vertueux de l'agriculture, de la sédentarité et de l'adoucissement climatique ; celle des Amérindiens, restés au seuil de l'agir sur la nature. Sa caractérisation de la « trajectoire européenne » donne à Pelloutier, protégé du roi de Prusse, l'occasion d'une critique à peine voilée du rôle historique de la noblesse, dont l'amour de la guerre aurait retardé l'essor de l'agriculture[20].

C'est le même type d'interrogation qui mobilise Paul-Henri Mallet, un Genevois protégé de la Couronne danoise, lorsqu'il publie, en 1755, son *Introduction à l'histoire de Dannemarc*[21]. Il y décrit les migrations successives des peuples nordiques, du nord au sud, comme le moteur de l'histoire longue du continent. Mallet, après Montesquieu, insiste sur le caractère libre et sauvage des Septentrionaux et l'explique par le climat[22]. Mais comment comprendre, alors, l'état actuel des nations scandinaves et l'absolutisme danois, dont il est un porte-parole ? D'abord par l'action des causes morales. Ensuite en mobilisant la thèse d'un changement climatique causé par l'Homme et ayant civilisé ces contrées, en se référant aux thèses de Dubos et Pelloutier, et aux écrits de Charlevoix sur les hivers adoucis du Canada[23].

Ces histoires ont toutes une trame commune. À la manière de Pelloutier à Berlin et de Mallet au Danemark, le pasteur écossais Robert Henry décrit une *Histoire de la Grande-Bretagne* où la conquête romaine civilise à la fois les peuples, la nature et le climat[24]. Et le prêtre catholique Michael Ignaz Schmidt, célèbre pour avoir rédigé la première *Histoire des Allemands* considérés comme un seul peuple, déplore que l'essor de l'agriculture et l'adoucissement climatique aient été freinés, pour eux, par les grandes migrations des premiers siècles[25]. En soulageant la pression démographique, ces dernières les auraient fait stagner au stade de la chasse et du nomadisme, avant que la religion chrétienne et la monarchie franque ne les libèrent de la barbarie et du froid. Même les philosophes des « Lumières écossaises » (John Millar, Adam Ferguson et Lord Kames), pourtant très critiques du déterminisme climatique, reconnaissent au climat un certain rôle dans les premières phases de développement des sociétés. Pour eux, le stade agricole est précisément le moment de sortie du déterminisme climatique, en partie parce qu'il améliore les climats[26].

Mais si l'agir climatique est la marque de la sortie de la sauvagerie, cette émergence de l'ordre peut porter en germe sa propre destruction. C'est du moins ce que suggère l'un des ouvrages d'histoire les plus célèbres de la fin du XVIIIe siècle : l'*Histoire de la décadence et de la chute de l'Empire romain* d'Edward Gibbon. Gibbon, au fait des débats climatiques, cite Dubos, Charlevoix et Pelloutier pour affirmer qu'à l'époque des invasions barbares, la Germanie était beaucoup plus boisée et son climat très rigoureux. D'où la fabrique d'un peuple qui, surpassant les Romains par sa vigueur physique, allait mettre à bas l'Empire. La comparaison transatlantique est toujours en arrière-plan : selon Gibbon, « le Canada nous présente maintenant une peinture exacte de l'ancienne Germanie[27] ».

Hiérarchiser les hommes

Des discours sur la colonisation de l'Amérique du Nord aux récits sur l'histoire de l'Europe, c'est ainsi une thèse fondamentale sur les liens entre nature et civilisation qui se cristallise autour de l'idée d'agir climatique. Cette thèse est double.

D'abord, elle célèbre la puissance de l'humanité qui façonne la nature à son image. Une fois dépassé le stade barbare, une fois que les peuples européens abandonnent la guerre, le pillage et les migrations pour s'adonner au travail de leur terre, ils enclenchent un cercle climatico-civilisationnel vertueux. Pour les historiens, cette thèse permet de mettre en valeur les institutions pour lesquelles ils travaillent, les monarchies absolues ou l'Église catholique. De plus elle s'intègre bien dans le discours caméraliste et populationniste de la seconde moitié du XVIIIe siècle, ce cercle vertueux pouvant être accéléré par les princes soucieux d'accroître leur population. L'argument du changement climatique est très lié à des réflexions démographiques. Par exemple, David Hume invoque le réchauffement climatique pour prouver que l'Europe du XVIIIe siècle est plus peuplée que durant l'Antiquité[28]. Et Moheau et Montyon, en 1778, dans leurs *Recherches et Considérations sur la population de la France,* identifient les ressorts politiques de l'accroissement démographique. Or, après avoir exposé les principes d'économie politique, ils concluent par un programme climatique à l'intention du roi : la monarchie doit saisir tout « l'ordre physique » de son domaine car « un climat différent forme une espèce nouvelle »[29].

Corrélativement, la thèse du changement climatique anthropique, produit de la matrice culturelle transatlantique, fonctionne aussi en tant qu'opérateur de *hiérarchisation* des sociétés et des trajectoires de civilisation. Son émergence marque une redéfinition des critères du sauvage et du civilisé, où les critères religieux et moraux s'effacent au profit de la capacité à façonner la nature et, partant, à s'autoproduire en tant qu'entité biologique, être sensible, sujet pensant. Produit des bouleversements suscités, dans la pensée occidentale, par la globalisation impériale, l'essor des pensées matérialistes, de l'histoire civile, de la philosophie et de l'histoire naturelle, l'agir climatique s'impose au temps des Lumières comme une nouvelle aune, sécularisée, de la grande division, sans cesse renégociée, entre « eux » et « nous ».

Ce double paradigme liant action sur la nature et civilisation a son manifeste : les *Époques de la nature* de Buffon, l'un des points culminants de l'*hubris* climatique de l'époque moderne. Ce texte est partie prenante de l'immense *Histoire naturelle* publiée, sur plusieurs décennies, par le naturaliste. Ce véritable « best-seller » du siècle des Lumières, incontournable dans les bibliothèques des princes, des savants et de la bourgeoisie éclairée de la fin du XVIIIe siècle, est émaillé de références au changement anthropique des climats[30]. C'est l'Amérique et l'exemple du Canada en particulier (chap. 2) qui sont au cœur de ces réflexions qui comparent, comme souvent chez Buffon, la nature de l'« ancien » et du « nouveau » monde[31].

Mais dans les *Époques*, il va encore plus loin en livrant un récit total de l'histoire du globe terrestre depuis sa formation. Il distingue sept époques. La dernière est celle qui a vu l'avènement de l'humanité comme une force globale : « la face entière de la terre porte aujourd'hui l'empreinte de la puissance de l'homme[32] », écrit-il. Cette septième époque buffonnienne est un anthropocène, où agir humain et processus naturels s'interpénètrent pour créer une nouvelle nature, à l'échelle de la planète. Deux processus surtout sous-tendent cette vision : la domestication, l'acclimatation, la sélection des espèces animales d'une part, et la transformation du climat par l'Homme de l'autre. Fort des preuves d'un réchauffement de l'Amérique et de l'Europe, Buffon se fait le champion d'une véritable utopie climatique : si elles renoncent à s'entre-déchirer, les nations civilisées peuvent transformer rationnellement la planète. Car en boisant et déboisant judicieusement, l'Homme pourra « modifier les influences du climat qu'il habite et en fixer pour ainsi dire la température au point qui lui convient[33] ». Et parce que, pour Buffon, ce sont les températures terrestres qui décident de l'émergence, au fil du temps, de nouvelles espèces vivantes[34], cette géo-ingénierie conduira à la naissance d'un nouveau monde végétal et animal modelé par l'Homme.

Le propos de Buffon a une tonalité morale et optimiste : l'humanité a le devoir de seconder, d'embellir et de fertiliser la Nature[35]. Mais cette humanité est clivée. Aux nations européennes s'opposent d'abord les « petites nations sauvages de l'Amérique » et celles demi-civilisées d'Afrique : « vous jugerez aisément, proclame Buffon, du peu de valeur de ces hommes par le peu d'impression que leurs mains ont faites sur le sol ». Ces nations, dénonce-t-il, « ne font que peser sur le globe sans soulager la Terre, l'affamer sans la féconder, détruire sans édifier, tout user sans rien renouveler »[36]. Encore le « Sauvage » a-t-il pour lui sa faiblesse, là où des « nations au quart policées », comme les « barbares » du Moyen Âge ou les peuples moyen-orientaux, provoquent ravage de la Terre et ruine des nations. D'un continent et d'un temps à l'autre, la capacité à façonner la nature et le climat place les hommes sur une échelle de civilisation.

Contrer le froid qui gagne

Au XVIIIe siècle, les interrogations sur le changement climatique ne se déclinent pas seulement à l'échelle historique. Au cours du siècle, un ensemble d'observations naturalistes suscitent la perplexité des savants. En fouillant les sols européens, ils ont exhumé des empreintes de végétaux, des fossiles d'animaux et des os de mammifères (comme les éléphants), tous connus pour vivre sous des climats tropicaux. La multiplication de telles découvertes à travers l'Europe, parallèlement au développement des mines de charbon, le fait que les plantes fossiles varient de région en région à l'instar de la flore actuelle et enfin la préservation parfaite de ces empreintes conduisent les naturalistes à rejeter l'explication initiale – diluvienne – de leur présence. Les plantes fossiles n'ont pas été transportées par des vagues immenses, elles sont indigènes, et ceci implique que les climats locaux ont drastiquement changé au cours du temps[37].

Mais comment expliquer ces changements climatiques ? C'est pour répondre à ce défi que Buffon va élaborer la thèse cosmogonique la plus influente de l'époque. Sous l'influence de Leibniz, il décrit l'histoire de la Terre comme celle d'un refroidissement progressif, depuis un état initial qui était celui d'une boule en fusion[38]. Ce refroidissement se serait traduit, à sa surface, par *un changement climatique à l'échelle des temps géologiques*, à l'origine de vagues d'apparition et de disparition des espèces[39]. Buffon s'appuie sur des expérimentations au cours desquelles il a cherché à évaluer le temps de refroidissement de sphères de différentes tailles et compositions pour en induire une règle transposable au globe terrestre[40]. Il décrit alors l'histoire de la terre comme celle d'un refroidissement progressif s'étendant sur soixante-dix mille ans. Sa thèse est que la chaleur ressentie à la surface du sol vient presque intégralement de l'intérieur du Globe, et non du Soleil. Ce foyer interne, résidu du processus de formation planétaire, est « le trésor de la Nature, le vrai fonds du feu qui nous anime, ainsi que tous les êtres[41] ». Mais ce trésor s'étiole lentement.

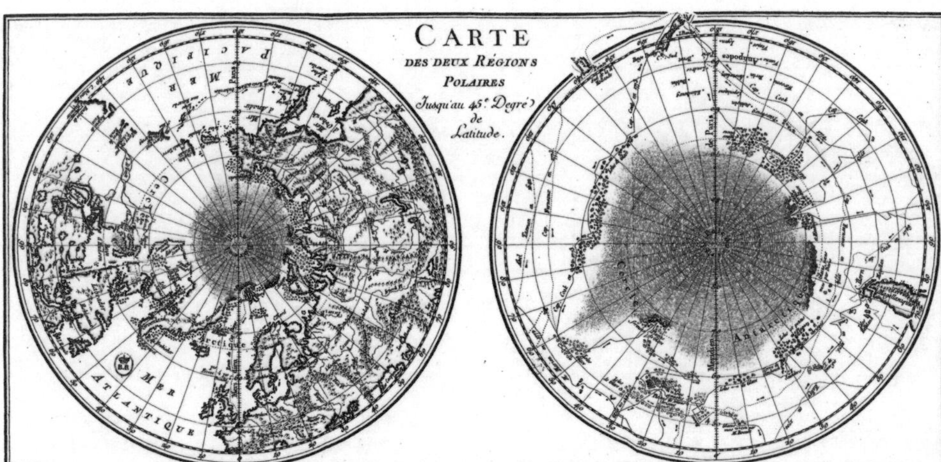

3. Les régions polaires intéressent particulièrement Buffon qui y guette des signes de l'avancée du froid sur le Globe. « Carte des deux régions polaires jusqu'au 45e degré de latitude. » Buffon, *Histoire naturelle, générale et particulière*, supplément, t. 5 (*Des Époques de la Nature*), Paris, Imprimerie royale, 1778, p. 614

Cette grande thèse du refroidissement sous-tend la succession des « Époques de la nature » décrite par Buffon : grâce à elle, il peut proposer un récit unitaire embrassant, dans un même mouvement, formation et évolution géologique du Globe ; histoire des espèces ; transformation des climats et solution au mystère des espèces tropicales fossiles. La planète au bout de ce chemin court à la mort thermique. Mais cette fin sera peut-être repoussée à l'infini : « Rien ne paroît plus difficile, pour ne pas dire impossible, que de s'opposer au refroidissement successif de la Terre et de réchauffer la température d'un climat ; cependant l'homme le peut faire et l'a fait[42]. » Le réchauffement anthropique et la civilisation ne sont pas une option : ils sont les seules armes contre le froid qui gagne.

Comme le montre admirablement l'œuvre de Buffon, l'époque moderne ne saurait être décrite comme celle d'un partage des temps, d'un gouffre entre temporalités planétaires et temporalités sociales. Elle est, au contraire, une époque où est pensée, avec effroi mais surtout exaltation, la puissance de l'Homme sur la nature, et sa capacité à en divertir le cours. L'histoire des hommes mêle à ses récits le climat, les fleuves gelés de la Gaule antique et le défrichement de l'Amérique, et elle continuera à le faire jusque loin dans le XIXe siècle.

Chapitre 4

Naissance de la climatologie historique

Les bulletins météorologiques qui paraissent dans les journaux à la fin du XVIIIe siècle semblent embrasser tout le cosmos du temps : épidémies, état des récoltes, cours d'eau gelés qui mettent les usines au chômage, fleuves asséchés qui perturbent l'approvisionnement des villes et bien sûr froids, grêles et sécheresses qui annoncent les chertés[1]. Le climat est perçu comme intimement lié à la plupart des activités humaines, à l'agriculture et aux transports, et à travers eux à l'ensemble du commerce, mais aussi à la santé *via* le paradigme néo-hippocratique dominant en médecine. Bien plus que pour nous, le climat constitue à ce moment un « fait social total ». Détecter, mesurer et anticiper son changement revêt une importance cruciale.

Dans les années 1770, une approche véritablement historienne du climat émerge. L'objectif est désormais de fabriquer des séries temporelles de longue durée, permettant de dégager une tendance ou de démontrer la fixité du climat. Les registres d'observation sont analysés, les sources sont compulsées pour en extraire des informations météorologiques – grands froids, sécheresses ou tempêtes –, celles-ci sont tabulées par type d'événement, comparées et critiquées pour estimer leur signification climatique. Les savants étudient aussi la hauteur des fleuves, la nature changeante de la végétation et le mouvement des glaciers. Analyse des sources historiques et recours aux « proxys[2] » : les savants des années 1770 posent les bases d'une investigation du passé climatique. Au XIXe siècle, ces méthodes seront reprises, critiquées et perfectionnées par plusieurs générations de savants (chap. 14). La science de la climatologie historique, ainsi, ne naît pas avec les grandes figures – Emmanuel Le Roy Ladurie, l'Anglais Hubert Lamb – qui l'ont incarnée au XXe siècle. Elle émerge d'une histoire longue où s'entremêlent angoisse climatique, volonté d'anticiper l'avenir, désir d'écrire l'histoire enchevêtrée des peuples, du vivant et de la Terre.

Les météorologues à l'assaut du passé

Il arrive parfois que de grandes innovations se nichent dans les objets les plus triviaux. C'est exactement ce qui se passe en météorologie à la fin du XVIIe siècle, avec l'introduction du *registre d'observations*. Ces simples cahiers complétés jour après jour représentent une transformation majeure dans la démarche des savants. L'observateur ne sélectionne plus les phénomènes, mais s'astreint à enregistrer l'état de l'atmosphère, même quand il ne présente rien de notable. L'extraordinaire s'efface derrière le normal, la curiosité derrière la régularité[3]. L'assiduité, la persévérance, l'effacement du jugement personnel que requiert la tenue des registres, la ritualisation des prises de mesure – à horaires fixes – doivent conduire à la révélation des lois de la nature. Les institutions savantes encouragent cette discipline personnelle nouvelle. En Angleterre, Robert Hooke, l'ancien assistant de Boyle qui s'occupe des instruments de la Royal Society, publie en 1667 un protocole décrivant les bons modes d'observation. En France, des observations météorologiques régulières sont organisées à l'observatoire de Paris, créé la même année[4].

La météorologie quantitative conduit à une nouvelle acception du terme « climat » : celui-ci ne désigne plus seulement un espace entre deux latitudes mais recouvre de plus en plus la notion antique de zone, avec pour différence que les oppositions binaires (froid/chaud, sec/humide) peuvent dorénavant être objectivées par les instruments. Au cours du XVIIIe siècle, la littérature savante commence ainsi à utiliser le mot « climat » dans son sens contemporain, pour désigner une certaine régularité des paramètres météorologiques. L'*Encyclopédie*, par exemple, comporte deux entrées pour climat, la première en géographie, qui reprend la définition astronomique, la deuxième en médecine qui explique que « *climat,* dans ce sens, est exactement synonyme à *température*[5] » (d'autres y incluront l'humidité ou les vents). Le climat renvoie à une régularité cachée derrière les variations erratiques du temps, et sa définition par la météorologie quantitative passe par le calcul de *moyennes*, engageant le plus grand nombre possible d'observations et d'années de recul.

Mais au milieu des années 1770, il apparaît que ce climat-là semble lui-même changer selon des tendances lentes, repérables à l'échelle de quelques décennies. Grâce à l'accumulation de registres météorologiques depuis un siècle, la météorologie peut partir à l'assaut du passé.

Les météorologues les plus en vue de l'époque (Giuseppe Toaldo à Padoue, Louis Cotte à Montmorency, Van Swinden en Hollande ou Théodore Mann à Bruxelles) font du changement climatique une question importante de leur discipline. Et le changement devient mesurable parce que les météorologues ne se contentent plus de faire la moyenne générale de leurs données mais les reconsidèrent de manière diachronique. « En un mot, écrit Louis Cotte, l'observateur météorologiste doit être *l'historiographe* de la nature[6]. »

Ce nouveau regard sur les registres tient à un projet scientifique très en vogue dans les années 1770 : l'*astrométéorologie*. Son but : corréler l'état de l'atmosphère aux positions respectives de la Terre, de la Lune et du Soleil. L'enjeu est de réduire la météorologie à l'astronomie afin de donner à la première la puissance prédictive de la seconde. Ce projet prend soin de se distinguer de l'astrologie. Nul besoin de faire l'hypothèse d'une influence mystérieuse : c'est l'attraction des astres et leur chaleur qui relient leurs courses à l'atmosphère terrestre. À l'instar des marées, les configurations luni-solaires déterminent des « marées atmosphériques ».

L'astronome Giuseppe Toaldo est la figure de proue de ce mouvement. En 1768, il hérite des observations météorologiques du marquis de Poleni, mathématicien et astronome à l'observatoire de Padoue. Celles-ci couvrent une période d'une longueur exceptionnelle : 1725-1768[7]. Toaldo se lance alors dans l'analyse minutieuse de ces registres météorologiques afin de découvrir des relations entre les positions astronomiques et le temps qu'il fait. Son but est d'identifier le « retour des saisons », de repérer dans le chaos numérique des structures temporelles fixes ramenant les mêmes conditions atmosphériques dans le temps. Calculateur aguerri (il est notamment l'auteur de tables trigonométriques), Toaldo est bien armé pour faire face à ce défi. La découverte de telles périodes serait extraordinairement avantageuse : elle rendrait la météorologie parfaitement prédictive, lui conférant un immense intérêt pratique[8]. Toaldo obtient ainsi des subsides du Sénat vénitien, car son travail permettrait d'anticiper les mauvaises récoltes et de constituer des réserves en conséquence[9]. Il explique aussi avoir collaboré avec des propriétaires terriens du Frioul et des financiers en les aidant à prévoir le prix futur des grains[10]. Selon un médecin fasciné, l'astrométéorologie pourrait permettre, à terme, de « prédire le retour des épidémies, comme on prédit celui d'une comète[11] ». Les écrits de Toaldo sont diffusés, traduits et ont un retentissement européen[12]. Et lorsque sont lancées, dans les années 1770, les premières grandes campagnes d'observation orchestrées par des sociétés savantes (la Societas meteorologica palatina à Mannheim, les Sociétés royales de médecine et d'agriculture à Paris), un de leurs objectifs est précisément d'enregistrer les phénomènes sur la longue durée pour résoudre le mystère des récurrences météorologiques[13].

Mais le point qui nous importe est le suivant : c'est au sein de ce paradigme astrométéorologique qu'apparaît la première caractérisation quantitative d'un changement climatique. Pour découvrir les cycles, Toaldo utilise un outil appelé à un grand avenir dans l'étude du climat : l'écart à la moyenne. En 1770, il compare ainsi les moyennes thermométriques annuelles à Padoue avec la moyenne calculée sur quarante ans et note en passant que les premières ont diminué depuis une vingtaine d'années[14]. Louis Cotte, qui fait un compte rendu élogieux de cet ouvrage, accrédite aussi l'idée d'un récent « refroidissement des saisons[15] ». En 1774, Toaldo publie une nouvelle table montrant un refroidissement considérable (5 °C) à Padoue entre 1725 et 1774[16]. Pour la première fois, les météorologues ont produit une vision diachronique d'un climat local sur plusieurs décennies.

Les écueils de la thermométrie historique

Le travail de Toaldo repose sur l'exploitation d'une grande masse de données. Il reconnaît « qu'il peut s'être glissé quelque inattention dans les observations, dans les thermomètres, dans la situation du lieu, dans l'heure… mais on ne sera, je crois, jamais assez osé pour tout nier[17] ». Il cherche ici à parer aux critiques qui émergent du décalage entre ses méthodes « statistiques » et la culture expérimentale de la précision, alors en plein essor dans le monde savant[18]. Peut-on réellement faire confiance aux thermomètres – et même à de vieux thermomètres – pour mesurer le changement climatique ?

À Paris, un lieu cristallise ce doute : les caves profondes de l'observatoire. Depuis la fin du XVIIe siècle, l'opinion des savants est que leur température est constante, à 10° Réaumur. Ils s'en servent même comme point fixe pour graduer leurs thermomètres[19]. Or, en 1774, deux astronomes constatent, en utilisant de vieux instruments qui avaient été gradués sur place, que les caves se seraient refroidies de 1° Réaumur en quarante ans[20]. Ces résultats interpellent car ils confortent la théorie buffonienne de refroidissement du Globe. Toaldo s'empresse aussi de les commenter car il y voit une confirmation de la baisse des températures mesurée à Padoue[21].

La question est relancée par le grand hiver de 1775-1776, qui fait lui-même suite à une série de mauvaises saisons ayant conduit à de très graves troubles frumentaires : la fameuse guerre des farines de 1775[22]. Pendant cet hiver glacial, la météorologie passionne. L'astronome Charles Messier – qui tient un journal météorologique – se plaint d'être importuné chaque matin par « une foule de Parisiens désireux de connaître la température[23] ». À l'Académie des sciences, une commission composée de grands expérimentateurs (dont Lavoisier) est chargée d'établir la comparaison entre le froid de 1775 et celui de 1709, un autre hiver terrible. Selon l'académicien Baumé, ce sont « les gens du monde » qui désiraient ardemment qu'on les mette en regard[24]. Outre la curiosité pour le phénomène extrême, la question posée est celle de la fréquence des « grands hivers » et donc celle de l'évolution du climat. Le froid exceptionnel suscite des inquiétudes quant à la stabilité même de l'ordre naturel. Il peut être une confirmation de la mort thermique du Globe ou bien le signe d'un « dérangement des saisons ». Pour un journaliste, le climat européen a changé depuis le tremblement de terre de Lisbonne car « tout est lié, explique-t-il, dans la grande machine physique du globe. La moindre altération dans une de ses parties doit en produire de successives dans toutes les autres[25] ».

Mais ces débats vont surtout semer le doute sur la fiabilité des thermomètres anciens. L'augmentation du froid détectée à Padoue ou dans les caves de l'observatoire semble trop rapide, même pour les défenseurs de Buffon. Selon Louis Cotte, l'écart mesuré dans les caves parisiennes s'explique plus probablement par l'altération du liquide des thermomètres[26]. Selon Charles Messier, c'est surtout qu'avant les années 1770 on descendait dans les caves avec des flambeaux qui perturbaient les instruments[27]. La commission de l'Académie chargée du froid de 1775-1776 découvre avec stupeur que les thermomètres sont en général mal calibrés[28]. Trente-huit thermomètres « jugés excellents » mesurent tous des températures différentes. « Il faut convenir, avoue Baumé, que les savants... induits en erreur depuis plus de cinquante ans... ont été pris au dépourvu[29]. »

L'essor, dans le dernier tiers du XVIIIe siècle, d'une exigence de précision conduit à jeter le doute sur les mesures thermométriques anciennes. Alors comment œuvrer, malgré tout, et sans l'aide d'instruments, à la reconstitution historique du climat ?

Aux sources de la climatologie historique

La première solution, la plus évidente, est d'extraire des chroniques historiques les informations météorologiques qu'elles contiennent : « grands hivers », « froids extraordinaires », sécheresses, inondations, etc. C'est ce que Giuseppe Toaldo et Charles Meissier font dès 1776 à la suite des controverses thermométriques[30]. En prenant Toaldo comme guide, le jésuite et astronome viennois, Anton Pilgram, publie en 1788 une énorme somme sur l'histoire du climat : il mobilise pas moins de 108 sources dont il présente les informations météorologiques sous forme de tables : hivers froids et doux, années humides et sèches, vents violents ainsi que les bonnes et les mauvaises années pour le vin[31]. Enfin, en 1792, l'abbé Théodore Mann de l'Académie de Bruxelles fait paraître un important *Mémoire sur les grandes gelées*[32]. Son but général est de réfuter la théorie de Buffon. Il répartit les grands hivers en sept catégories d'intensité, et en tire deux conclusions. D'abord, les hivers rigoureux étaient plus nombreux dans les périodes reculées, ce qui indiquerait que la Terre se réchauffe. Deuxièmement, l'étude historique ne décèle aucun retour périodique des grands hivers, ce qui condamne les théories astrométéorologiques[33].

Mais le problème qui se pose d'emblée est, une fois encore, la fiabilité des témoignages passés. Selon le physicien hollandais Van Swinden, il faut se méfier de l'exagération des chroniqueurs ou, à l'inverse, prendre en compte le changement des sensibilités : un hiver doux pour un auteur de l'Antiquité pourrait bien être glacial au sens du XVIIIe siècle. La climatologie historique nécessite un *aggiornamento* des méthodes : « la critique n'est pas moins nécessaire en physique qu'en littérature[34] ». Charles Meissier souligne aussi la difficulté de l'entreprise. Après avoir dressé un tableau des gels de la Seine recensés depuis 1392 dans la *Chronique de Saint-Denis*, il questionne immédiatement le sens de son travail : en comparant ces données aux mesures thermométriques des années 1760-1770, il note qu'il n'y a pas de relation simple entre la température de l'air et le gel du fleuve. Interviennent entre autres choses le niveau des eaux, le débit, l'humidité de l'air et d'autres facteurs inconnus[35].

Malgré ces incertitudes, les fleuves deviennent bien des proxys climatiques – au moins pour ce qui concerne les précipitations. C'est que les données sont disponibles : les étiages ont une telle importance pour l'approvisionnement des villes qu'ils font l'objet d'une surveillance minutieuse depuis longtemps. Ainsi, dès 1732, le niveau de la Seine est mesuré quotidiennement par le Bureau de la ville de Paris. C'est donc sur un corpus solide que sont écrites des « histoires des inondations[36] » ou bien que le météorologue Louis Cotte peut affirmer que la sécheresse de 1800 à Paris fut sans doute la plus sévère du XVIIIe siècle[37].

Le règne végétal fournit un second proxy. À la fin du XVIIIe siècle, les naturalistes s'intéressent beaucoup aux relations plantes-climat. Ils

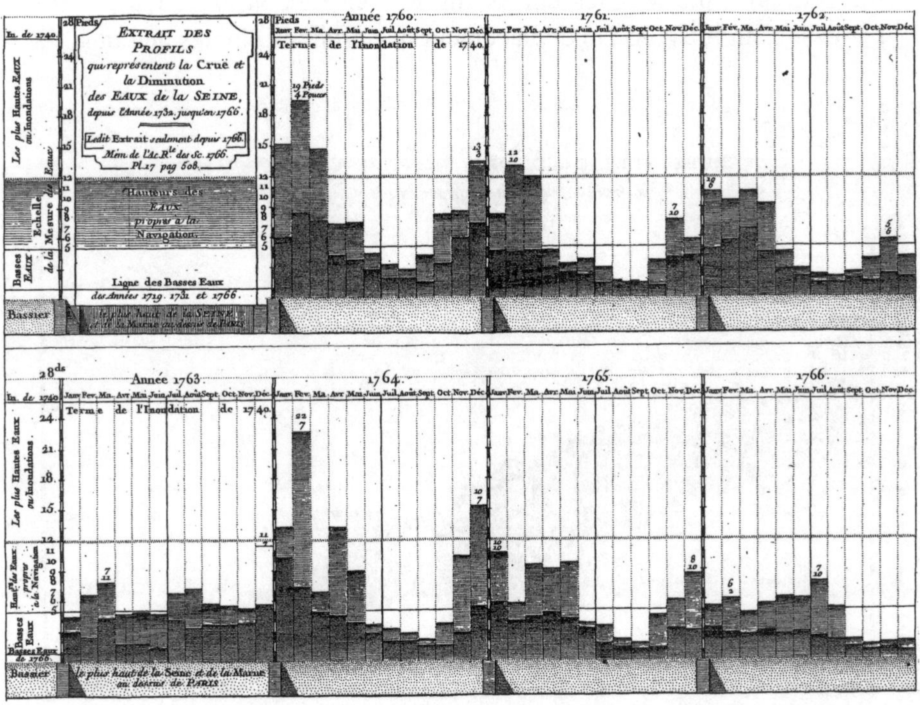

4. En 1766, Paris commande à Philippe Buache, premier géographe du roi, une étude historique de la Seine.
Buache, « Exposé des divers objets de la géographie physique, concernant les bassins terrestres des fleuves et rivières qui arrosent la France, et en particulier celui de la Seine », *Mémoires de l'Académie des sciences,* année 1767, p. 508

acceptent avec dépit qu'ils ne pourront pas acclimater le riz ou le palmier en Europe du Nord – comme l'espérait Carl von Linné au milieu du siècle. Au contraire : l'expérience des serres montre la grande sensibilité des phénomènes végétatifs aux écarts climatiques. De même, les premières études de géographie botanique sont centrées sur l'étagement de la végétation. Un des pionniers du domaine, le père Jean-Louis Giraud Soulavie, définit les « climats » – au sens de région – en fonction des plantes qui dominent à certaines altitudes[38]. Les météorologues cherchent aussi à se rendre utiles aux agriculteurs : Cotte, par exemple, mesure la somme des températures estivales nécessaire à la maturation du raisin[39].

Le point important est que tous ces savoirs croisant météorologie et botanique transforment les informations sur la végétation passée en autant d'indications sur le changement climatique. Par exemple, si au XVIe siècle les vendanges avaient lieu un mois plus tôt cela pourrait indiquer que les étés européens se sont raccourcis[40]. Un phénomène surtout intrigue : le déplacement de certaines plantes au cours du

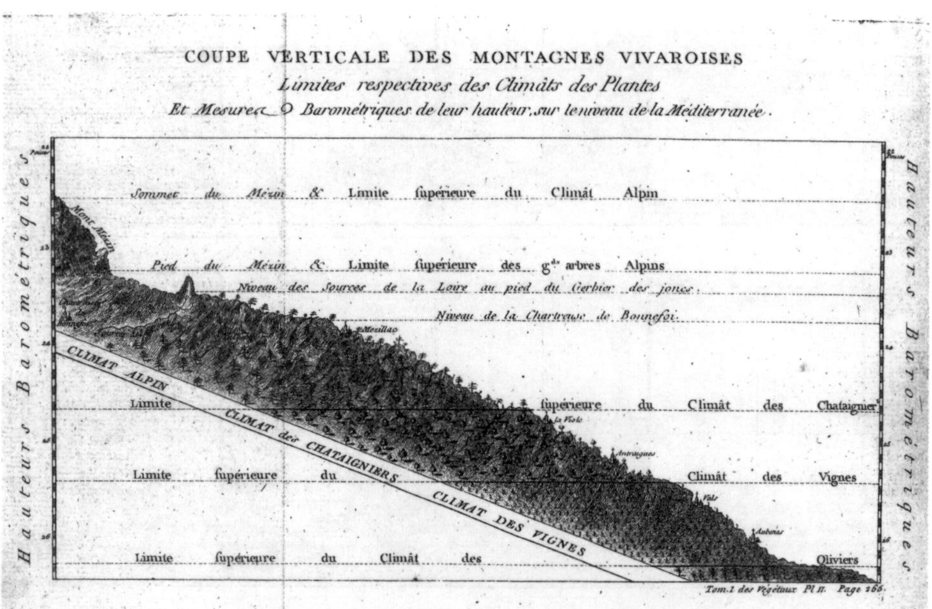

5. La définition botanique des climats. « Coupe verticale des montagnes vivaroises avec les limites respectives et les mesures barométriques de leur hauteur ». Jean-Louis Giraud Soulavie, *Histoire naturelle de la France méridionale*, t. 2, *Les Végétaux*, Paris, 1783, p. 265

temps. En Suisse, des botanistes constatent avec beaucoup d'inquiétude que par le passé des arbres ont prospéré au-dessus de la limite actuelle supérieure des forêts[41]. Est-ce la preuve du froid qui gagne ? Soulavie s'étonne de payer une censive en vin sur certaines de ses propriétés où la culture de la vigne est impossible. Intrigué, il sollicite l'aide d'un feudiste : il apparaît qu'au XIVe siècle la vigne y était présente, ce qui suggère que le climat s'est beaucoup refroidi[42]. Les droits seigneuriaux payables en nature et ne correspondant plus au terroir local témoignent à tout un chacun de l'historicité du climat. On retrouve les mêmes interrogations en Angleterre à propos de l'existence de la viticulture au XIIe siècle[43].

Troisième et dernier proxy climatique : les glaciers. Ces derniers possèdent alors une grande visibilité culturelle : partis pour accomplir leur Grand Tour, sur le chemin de l'Italie, les jeunes aristocrates rencontrent la chaîne des Alpes, ses pics vertigineux, ses panoramas immenses et ses glaciers impressionnants. Les glaciers incarnent parfaitement le sublime théorisé par Edmund Burke : une nature grandiose, implacable et terrifiante. D'innombrables tableaux et gravures font vivre cette expérience par procuration[44].

Mais à la fin du XVIIIe siècle, en lien avec la théorie de la Terre de Buffon, les glaciers symbolisent la fragilité de tout être face au refroidissement inexorable de la Terre. Marc-Théodore Bourrit, un graveur et alpiniste suisse, qui plus que tout autre contribua à l'engouement européen pour les glaciers, explique que *l'accroissement des glaces* est de toutes les questions celle qui intéresse le plus les visiteurs[45]. L'avance glaciaire est un chapitre obligé de tous les récits alpins. Arpenter la vallée de Chamonix et la constater de visu revient à assister aux prodromes de la mort thermique du Globe. Selon Buffon, « l'agrandissement de ces contrées de glace est déjà et sera dans la suite la preuve la plus palpable du refroidissement successif de la Terre[46] ». Alors que les récits, peintures et gravures de glaciers deviennent des objets de consommation culturelle, la théorie du refroidissement du Globe leur confère un sens eschatologique. Ce sont les *memento mori* de la nature tout entière.

À côté ou contre cette esthétique de fin du monde, des érudits suisses posent les bases de la glaciologie. Leur terrain d'étude est la vallée du Grindelwald, non loin de Berne. En puisant à de multiples sources (témoignages oraux, chartes, cartes, observations de terrain), ils parviennent à reconstituer avec une précision remarquable l'histoire climatique de la vallée. Ils décrivent une phase de croissance rapide des glaciers à la fin du XVIIe siècle : à cette époque, écrit l'un d'eux, « les habitants furent alertés par une évolution extraordinaire... la nature sortit de son cours normal[47] ». S'ensuit un recul temporaire jusqu'en 1750, puis une nouvelle expansion. La démarche est purement historique : les glaciers sont bien des proxys d'une variabilité climatique complexe n'obéissant à aucune théorie de la Terre préétablie. Cette chronologie glaciaire heurtée contredit la thèse d'un refroidissement progressif. À cela s'ajoute que le lien entre climat et glaciers est tout sauf clair. Leur augmentation pourrait n'être qu'apparente, n'être qu'un effet de leur masse qui les ferait s'écouler lentement « comme de la cire d'abeille amollie[48] ». À l'Académie des sciences de Paris, où la théorie de Buffon a ses ennemis, certains souscrivent aussi à cette thèse : la marche des glaciers serait en fait due à leur *fonte* et au glissement que provoque cette dernière[49].

*

En 2006, durant l'élaboration collective du quatrième rapport du GIEC[50], le climatologue Stefan Brönnimann proposa d'y intégrer les travaux des savants de l'époque moderne, notamment ceux de l'abbé Mann. Le GIEC rejeta cet ajout au motif qu'il ne s'agissait « pas vraiment de science moderne[51] ». En un sens, notre enquête donne raison au GIEC : ce n'est pas l'influence des émissions de gaz à effet de serre qui pousse les savants des XVIIe et XVIIIe siècles à s'intéresser au changement climatique, mais mille autres motifs : coloniser l'Amérique du Nord ; percer le secret des cycles météorologiques ; prévoir l'avenir thermique de la Terre et comprendre les effets de l'action humaine sur le monde végétal, le cycle de l'eau, et, par son entremise, sur le climat. Pourtant, ce geste de coupure semble par trop absolu. La pensée et les savoirs contemporains du changement climatique héritent d'une longue histoire. L'émergence de la climatologie historique s'enracine dans un moment intellectuel où s'entremêlait l'agir humain et le destin de la planète Terre.

Chapitre 5
Un arsenal dans l'océan Indien

Jusqu'à la fin du XVIIIe siècle, l'expérience coloniale nord-américaine structure la réflexion sur le changement climatique : par la hache et le soc, les colons adoucissent le climat. L'idée qui domine est celle d'un cercle vertueux reliant culture, climat et processus de civilisation. Un grand récit à la fois historique, naturel et moral, présente l'Amérique du Nord comme un espace boisé, froid et humide, analogue à l'Europe septentrionale d'avant la conquête romaine. En ce sens, le voyage vers l'Amérique était aussi un voyage dans le temps, vers les origines de la civilisation. Ce grand récit climatique est conforté par les avancées de la physiologie végétale. Les recherches sur la « transpiration des plantes » initiées par John Woodward (chap. 2) sont poursuivies par Stephen Hales en Angleterre et par l'agronome et expert forestier Duhamel du Monceau en France. Elles renforcent l'idée d'un effet humidifiant et refroidissant de la végétation[1].

Résultat, en Europe, au milieu du XVIIIe siècle, la forêt est encore perçue comme un facteur climatique plutôt négatif. Dans les années 1760, les paysans des contreforts alpins accusent les noyers « d'attirer la foudre, de fixer l'humidité[2] ». Même les plaidoyers pour la conservation forestière ne mobilisent guère l'argument climatique, ou bien alors le réchauffement est présenté comme une petite consolation pour la perte des forêts et des ressources en bois[3]. Dans leurs « topographies médicales », les médecins considèrent aussi les forêts avec méfiance parce qu'elles bloqueraient la circulation de l'air[4]. En 1774 encore, l'article « pluie » de l'*Encyclopédie* réitère cette vision péjorative. On y apprend que les « immenses forêts de Suède causent des pluies si abondantes qu'elles [...] y détruisent la fertilité ». La situation, ajoute l'auteur, était la même dans les îles caribéennes avant l'arrivée des Espagnols. On retrouve à près de trois siècles d'écart et appliqué à la Scandinavie l'argument climatique colombien en faveur de la colonisation[5].

Une nature pour la guerre

L'inversion du discours climatique sur les forêts s'est produite principalement en France, à la fin du XVIIIe siècle. Elle tient à plusieurs causes qu'explorent ce chapitre et le suivant. La première est l'importance nouvelle de l'île tropicale dans la culture naturaliste. La réflexion climatique change de direction car elle change de lieu cardinal : des frimas de l'Amérique du Nord, les spéculations savantes se tournent dorénavant vers les espaces tropicaux où menace la sécheresse. La décennie 1760 est cruciale. On sait que les explorations anglaises et françaises dans l'océan Pacifique font de l'île tropicale la matrice des utopies morales, sociales, sexuelles, mais aussi celle des utopies *environnementales*. De même que le « sauvage » sert de modèle pour une humanité non contaminée par les lois et l'éducation, l'île devient le lieu clé qui permet de penser l'état de la nature avant l'action de l'Homme civilisé[6]. Dans la culture savante, littéraire et au-delà, s'ancre l'idée d'une nature paradisiaque préservée, là-bas, de l'autre côté de la Terre.

L'historien Richard Grove, dans son livre *Green Imperialism*, défend l'idée d'une genèse coloniale et insulaire de l'environnementalisme. Les naturalistes du XVIIIe siècle officiant dans les colonies auraient, pour la première fois, envisagé les effets délétères à grande échelle de l'action humaine sur la nature. Et ce, grâce au point de vue singulier sur le monde que permettent les espaces insulaires : dans un lieu restreint, isolé de l'extérieur, l'effet de la déforestation sur l'environnement aurait été immédiatement visible. La sensibilité écologique serait née là, de la rencontre de cette expérience grandeur nature avec une culture naturaliste mâtinée de rousseauisme, de mythe du bon sauvage et de physiocratie[7].

Un personnage occupe une place cruciale dans cette thèse : Pierre Poivre, un missionnaire et naturaliste français qui fut aussi l'intendant de l'île de France (actuelle île Maurice) de 1767 à 1772. C'est lui qui aurait formulé la toute première alerte climatique de l'histoire. L'événement serait d'importance puisque Grove l'érige, peu ou prou, en acte de naissance de l'environnementalisme. À Maurice, Poivre aurait inventé une nouvelle vision holistique de la nature, en connectant la quasi-disparition des pluies de l'île à la déforestation. Un pas décisif par rapport aux conceptions, plus anciennes, de conservation forestière voyant les forêts comme de simples stocks de bois à faire durer pour mieux les exploiter. Cette théorie aurait ensuite essaimé dans les colonies anglaises et hollandaises grâce aux réseaux botanistes, et plus tard jusqu'en Europe et en Amérique du Nord.

Grove fait ainsi de Poivre un héros de l'histoire écologique de l'Occident, le parant de mille vertus : antiesclavagiste, rousseauiste, sinophile et sinisant, fin connaisseur de l'agriculture chinoise ou des politiques forestières de l'Inde moghol. Fort de ce bagage, Poivre aurait, en combinant la physiologie végétale européenne (Woodward, Hales, Duhamel) et les savoirs forestiers orientaux, élaboré la première politique environnementale de l'histoire : protéger le climat en défendant les forêts. Dans le contexte intellectuel des années 1990, marqué par l'essor de l'histoire globale et environnementale, on comprend le succès de la thèse.

Celle-ci est pourtant problématique : d'un point de vue météorologique, le rôle des arbres dans la pluviométrie est plus faible en climat insulaire qu'en climat continental, l'essentiel de l'humidité provenant de l'évaporation des océans. L'île n'est donc pas *naturellement* un « laboratoire » de la réflexion climatique, mais plutôt le contraire. Ensuite et surtout, une étude plus précise de l'action de Pierre Poivre[8] nous conduit à une interprétation très différente de ses préoccupations climatiques. Selon les ordres qu'il a reçus de Versailles, Poivre devait œuvrer à une transformation radicale de l'île de France : d'une économie de plantation, il devait la convertir en un puissant arsenal destiné à chasser les Anglais d'Inde. C'est pour justifier cette conversion brutale que Poivre mobilise, on va le voir, le catastrophisme climatique.

Reprenons les éléments du dossier. Au sortir de la guerre de Sept Ans (1756-1763) perdue contre l'Angleterre, la Compagnie des Indes orientales qui administrait les îles de France et de Bourbon (la Réunion) est en faillite. La Couronne décide de reprendre le contrôle de ces territoires. Le choix de Poivre comme intendant – un poste éminemment stratégique dans le contexte de la rivalité franco-britannique dans l'océan Indien – est logique : en tant qu'agent de la Compagnie des Indes, il connaît bien les problèmes de la colonie. Et, surtout, il est proche du duc de Choiseul – *de facto* le chef du gouvernement de

Louis XV – ainsi que de son cousin Choiseul-Praslin, ministre de la Marine.

Dès son arrivée sur l'île de France, en juillet 1766, Pierre Poivre prononce un discours retentissant où il expose aux colons les griefs du roi : corruption, concubinage avec les esclaves, culture du sucre et du café au détriment des céréales, absentéisme des propriétaires... l'île de France serait, par la faute des colons, au bord d'une catastrophe morale et économique. Dans ce réquisitoire sévère, le déboisement figure en bonne place. À propos des colons, il parle « d'hommes avides et ignorants [qui] ont ravagé l'île en détruisant les bois, empressés de faire aux dépens de la colonie une fortune rapide ». Résultat : « ils n'ont laissé à leurs successeurs que des terres arides, abandonnées par les pluies. La nature a tout fait pour l'île de France : les hommes y ont tout détruit. Les forêts magnifiques qui couvraient le sol, ébranlaient autrefois par leurs mouvements les nuages passagers et les déterminaient à se résoudre en une pluie féconde[9] ». En 1769, un « règlement économique » édicte d'impressionnantes mesures de conservation forestière : autorisation préalable de défrichement, interdiction de bâtir des maisons en bois, de porter « des tisons dans les champs même sous prétexte d'allumer une pipe » ; de défricher les coteaux, les bords de rivières et de sentiers, ainsi que les rivages de l'île ; obligation enfin de laisser boisées au moins un quart des terres concédées et de reboiser si nécessaire. Le préambule justifiant ces mesures rappelle la fonction météorologique de la forêt qui « protège les récoltes contre la violence des vents, l'ardeur du soleil et les sécheresses[10] ».

Comment interpréter cette attention climatique et forestière originale à l'époque ? S'agit-il vraiment de prévenir une catastrophe imminente ? En fait, de manière paradoxale, si Poivre invoque le climat, c'est précisément qu'aucune pénurie de bois, présente ou à venir, ne justifiait ces mesures. Dans un mémoire envoyé en 1767 au ministre Praslin, il indique que sur les 400 000 arpents de terres cultivables que compte l'île, 350 000 sont encore couverts de forêts[11]. « Quand on ne réserverait que 100 000 arpents de bois, c'est-à-dire le quart de la superficie totale, cette réserve serait suffisante[12]. » En clair, Poivre dresse un portrait apocalyptique de la déforestation devant les colons, alors même que dans sa correspondance avec le ministre il estime possible d'abattre les deux tiers des forêts restantes ! Ce n'est donc pas parce que l'île de France frôle la catastrophe qu'il lance l'alerte, mais précisément l'inverse : il lui faut, en dépit de forêts abondantes, freiner l'appétit de terre de colons désireux d'étendre leurs plantations.

Car, et c'est le nœud de l'affaire, le gouvernement a chargé Poivre d'une mission géostratégique : transformer l'île de France en « un arsenal formidable[13] » destiné à prendre la revanche sur les Anglais et à leur ravir le contrôle de l'Inde[14]. Poivre fait même miroiter au ministre la possibilité de conquérir la Chine depuis l'île de France[15] !

Vingt ans auparavant, aux premiers temps de la colonie, Mahé de La Bourdonnais, le premier gouverneur de l'île de France, avait eu, à la suite d'une sécheresse et faute de céréales, les pires difficultés pour armer une escadre contre les Anglais. Or, Poivre admire La Bourdonnais, vainqueur face aux Britanniques à la bataille navale de Négapatam (1746), véritable héros et martyr des impérialistes français du XVIIIe siècle. L'année même de Négapatam, c'est avec La Bourdonnais revenant de son expédition victorieuse sur Madras que Poivre découvre l'île de France pour la première fois[16].

Il veut accomplir ce que son modèle n'a pu réaliser. L'île de France est le grand atout de la monarchie française dans l'océan Indien : elle menace les Anglais en Inde et elle doit aussi, grâce à l'acclimatation des girofliers, ruiner le monopole des Hollandais sur le commerce des épices. Toute l'action de Poivre renvoie à cette volonté de puissance. En 1772, lorsqu'il quitte l'île de France, il se vante de laisser un véritable arsenal : une tannerie, des forges et des fours à chaux (grands consommateurs de bois), de la poudre, des greniers, une boulangerie… de quoi ravitailler amplement les « escadres les plus fortes[17] ».

Quel rapport entre la fonction géostratégique dévolue à l'île de France et son climat ? Premièrement, en invoquant un assèchement désastreux de la colonie, Poivre cherchait à contenir l'appétit de terre des colons et à les détourner de la culture du sucre et du café, consommatrice d'espace et de bois : cela lui permettait aussi de justifier les réserves forestières considérables destinées à la marine royale. Un climat tempéré et abrité des tempêtes constituait aussi un préalable à la culture des girofliers ainsi qu'à celle du blé. Enfin, la tempérance du climat devait favoriser le peuplement par des Français. En 1767, on compte à peine 2 342 Blancs pour 18 100 esclaves. Or, au-delà des denrées, de la poudre et du bois, l'île de France devait produire des paysans-patriotes prêts à défendre leurs terres et, le cas échéant, à en conquérir d'autres au nom du roi. Le plus frappant dans l'éloquent discours de Poivre aux colons de juillet 1767, c'est qu'il relie dans un même mouvement climat, critique de l'esclavagisme, colonie de peuplement et force militaire : « L'Isle de France, *située sous un ciel tempéré* [...] devait n'être cultivée que par des mains libres. Ses Colons devaient être des citoyens tirés de la classe des laboureurs de la Métropole ; ils eussent été ses défenseurs redoutables[18]. » L'inquiétude climatique de Poivre est le miroir de son anxiété raciale et de sa volonté de conquête.

Mais qu'en est-il des origines de la pensée climatique de Poivre ? Grove la présente comme une innovation radicale : Poivre aurait eu l'originalité de mêler des influences variées : l'utopie insulaire, la pensée physiocratique, la physiologie végétale de Hales et même d'énigmatiques « systèmes de savoirs indiens, zoroastriens et chinois[19] » découverts lors de sa jeunesse missionnaire en Chine.

Si Poivre a l'originalité de légiférer sur les forêts de l'île de France au nom du climat, cette justification n'est en soi guère originale. Dès la fin du XVIIe siècle, John Evelyn, par exemple, interprète le prodige de l'arbre saint dans un sens catastrophiste (chap. 2). Au siècle suivant, le prodige est suffisamment connu pour que l'abbé Prévost, le célèbre auteur de *Manon Lescaut,* y fasse allusion dans un roman de 1744, où il écrit même : « à mesure qu'on rase les forêts les nuées, et par conséquent les pluies deviennent plus rares et moins épaisses[20] ». Poivre connaît aussi l'histoire célèbre de l'abattage des girofliers dans les Moluques – ordonné en 1652 par des Hollandais désireux de préserver leur monopole – et son effet climatique désastreux[21].

De plus, en 1763, au moment précis où Poivre parle pour la première fois du changement climatique, paraît une réédition d'un texte important du jésuite Louis-Bertrand Castel : « De l'action des hommes sur la nature[22] ». Castel propose une vision de la Terre où tout, absolument tout, et surtout les catastrophes climatiques, est conditionné par l'action humaine. Par exemple, à force « d'attendrir la surface extérieure de la Terre (par les labours) nous donnons lieu [...] à des volcans, des tremblements de terre, des orages extraordinaires, des dérangements de saison ». Le cycle global de l'eau relie tous les peuples dans un jeu à somme nulle : « une fontaine nouvelle en France peut en faire tarir une ancienne en Chine ». Ou encore : qu'un roi d'Éthiopie décide de bâtir une retenue en amont du Nil « et peut-être verrez-vous changer de climat toute l'Afrique ». L'action de l'Homme sur « l'organisation et la circulation de tout le globe » perturbe l'équilibre de l'eau et donc le climat : « Que de brouillards, de vents, de pluies, de neiges [...] d'inondations, de sécheresses toutes accidentelles et uniquement introduites dans la nature par la libre action des hommes. » Et de conclure : « il n'y a peut être point d'événements naturels »[23].

Il est donc probable que Poivre ait puisé son inspiration à l'une ou l'autre de ces sources. Inutile de faire l'hypothèse de mystérieuses influences orientales et cela d'autant plus qu'il n'a que mépris pour la cosmologie animiste chinoise. Un épisode en particulier est révélateur. En 1749, alors qu'il séjourne en Cochinchine, il remarque que l'or, abondant dans les montagnes du nord du pays, n'est pas exploité. Il se moque alors des « sots Cochinchinois » qui refusent de l'extraire de la terre : « fondés sur une folle croyance [le culte des esprits des forêts et des rivières] les Roys ont défendu de troubler dans leurs solitudes ces habitants invisibles en abattant les arbres dans la crainte de violer le mystérieux silence qui y règne et que leur superstition adore[24] ». Comme beaucoup d'intellectuels du milieu du XVIIIe siècle, Poivre admire la Chine. Mais c'est pour l'exploitation méticuleuse de son territoire et certainement pas pour sa politique forestière ou ses systèmes philosophiques. Bref, on le voit, l'hypothèse de Grove d'un Poivre sensibilisé aux questions environnementales par sa connaissance et son amour de la Chine n'est guère convaincante.

Qu'en est-il enfin de la postérité de Poivre ? Quelle est la portée de son alerte dans le débat climatique métropolitain ? Après son retour en France, il s'installe au château de la Fréta, non loin de Lyon. Il n'abordera plus la question du climat, hormis dans sa correspondance avec son ami Jean-Nicolas Céré à qui il a confié les plantations de girofliers de l'île de France. À Paris, il fréquente le salon de La Rochefoucauld, un aristocrate qui est aussi une figure centrale des milieux agronomiques et philanthropiques. On peut supposer que Poivre a sensibilisé certains agronomes français à la question climatique. Par exemple, en 1786, La Rochefoucauld lit devant la Société royale d'agriculture un mémoire de Céré sur le dessèchement climatique de l'île de France[25]. Mais force est de constater que l'influence de Poivre est ténue : les naturalistes, les forestiers et les politiciens qui, à partir des années 1800, feront du changement climatique leur cheval de bataille ne le mentionnent pour ainsi dire jamais.

Bernardin de Saint-Pierre ou l'éloge absolu de l'arbre

L'influence de Poivre existe mais elle est indirecte. Elle s'exerce en fait surtout, si ce n'est exclusivement, à travers l'écrivain et naturaliste Bernardin de Saint-Pierre. Bernardin est infiniment plus célèbre que lui, grâce à son roman exotique *Paul et Virginie,* l'un des grands best-sellers de l'époque[26]. Ce livre ainsi que l'essentiel de son œuvre reposent sur un séjour de deux ans à l'île de France entre 1768 et 1770[27]. Bernardin est envoyé sur l'île en qualité d'ingénieur, pour travailler à sa fortification. En conflit avec le gouverneur militaire, il se réfugie dans la compagnie de Pierre Poivre et de son épouse[28]. Poivre l'initie à la botanique : « c'est à lui, écrit Bernardin, que je suis redevable du goût que j'ai pris pour cette étude[29] ». Il ne fait aucun doute que Bernardin a fait siennes les théories climatiques de l'intendant. Tous ses ouvrages feront par la suite mention des influences que les arbres exercent sur les pluies et les vents. C'est vrai de *Paul et Virginie* mais aussi de ses ouvrages de théologie naturelle, qui sont eux aussi très lus et lui valent une certaine reconnaissance dans le monde savant[30].

C'est en 1784, dans ses *Études de la nature,* que Bernardin de Saint-Pierre présente sa théorie climatique de façon approfondie. Le but du livre est de réfuter l'athéisme, en dévoilant la présence d'un ordre divin décelable dans les « harmonies naturelles ». Selon Bernardin, chaque élément de la nature doit être interprété en lien avec l'ensemble de la Création, de la Terre comprise comme un grand organisme. D'où son rejet des pensées analytiques qui oblitèrent les connexions. Filant une métaphore de la nature comme texte, il moque « ceux qui recueillent les plantes, sans marquer leurs relations entre elles et avec les éléments ; ils en conservent la lettre, et ils en suppriment le sens[31] ». Le clergé voit en Bernardin un antidote à Buffon et à son matérialisme. Sa religion simple et naturelle inspire les sermons de l'époque[32].

Le onzième chapitre des *Études de la nature* porte sur le cycle de l'eau et le rôle qu'y jouent les montagnes – un thème classique depuis les écrits de théologie naturelle de Halley et Ray au siècle précédent. Bernardin y ajoute une tonalité empruntée à sa culture d'ingénieur : les montagnes sont comme « l'architecture hydraulique de la nature[33] ». Mais c'est sur un autre point qu'il innove vraiment : ses observations botaniques l'ont convaincu que le port des arbres, la forme et la texture de leurs feuilles sont spécifiques à chaque type de précipitation. Par exemple, « les pins des monts sablonneux de Norvège recueillent les vapeurs qui flottent dans l'air avec leurs folioles disposées en pinceaux[34] ». Et il va plus loin : les végétaux ne sont pas de simples réceptacles passifs des météores. Certaines plantes, surtout en montagne, ont la capacité « d'*attirer* l'eau qui nage dans l'air en vapeur insensible » (nous soulignons). Pour prouver cette hypothèse, il mobilise deux indices. Le premier n'est autre que l'arbre saint de l'île de Fer. Bernardin admet que le phénomène a été « peut-être un peu exagéré, mais, ajoute-t-il, je le crois vrai au fond[35] ». Le deuxième est tiré de son voyage à l'île de France et à Bourbon, où il a pu observer comment les pitons rocheux attirent les nuages avant que les arbres ne les fassent se vider en pluie.

La théorie du changement climatique de Bernardin est bien plus développée que les quelques mentions laconiques qu'y consacre Poivre. Elle apporte trois nouveautés décisives pour la suite de notre histoire. Premièrement, il insiste sur le rôle des *forêts de montagne*. C'est l'assemblage montagnes *et* arbres qui est important : les premières attirent « électriquement » les nuées que les seconds condensent ensuite en pluie.

Deuxièmement, il envisage l'assèchement de l'île de France comme révélateur d'un phénomène beaucoup plus grave touchant l'Europe et l'Asie tout entière : « je rapporte à la même imprudence [*ie* le déboisement des montagnes] la diminution sensible des rivières et des fleuves dans une grande partie de l'Europe comme on le peut voir à leur ancien lit qui est beaucoup plus large et plus profond que le volume d'eau qu'ils contiennent aujourd'hui ». Pour Bernardin, l'île est une Création en miniature, un modèle réduit du monde, où se jouent en accéléré des processus lents, imperceptibles à l'échelle globale.

Enfin et surtout, Bernardin rompt avec la conception strictement « dessicationniste » ou asséchante du déboisement qui prévalait jusqu'alors. Chez Buffon, par exemple, comme l'arbre humidifie et refroidit l'atmosphère, dans un climat froid la déforestation peut être positive. Selon Bernardin, l'arbre est au contraire *toujours* bénéfique et la déforestation est *toujours* un mal : « les forêts mettent à l'abri du froid dans le Nord, mais ce qu'il y a d'admirable c'est qu'elles mettent à l'abri de la chaleur, dans les pays chauds ». Pour expliquer ces effets en apparence contradictoires, il se reporte encore à la conformation des plantes : dans les pays du Nord, où dominent les conifères, les aiguilles des sapins sont « lustrées et vernissées [...] et réfléchissent la chaleur autour d'elles en mille manières : elles produisent les mêmes effets que les poils des animaux ». Dans les pays chauds « au contraire, les palmiers, les talipots, les cocotiers portent de grandes feuilles qui du côté de la terre sont plutôt mates que lustrées[36] ». Fourrure ou ombrelle, l'arbre est toujours bénéfique.

Cet éloge absolu de l'arbre est nouveau. Il est aussi fondamental pour comprendre le succès ultérieur du catastrophisme climatique. La forêt n'étant plus un facteur simplement refroidissant mais une puissance *modératrice* du climat – des températures, de l'humidité et des vents –, l'alerte peut dorénavant prospérer après tout type d'événement météorologique hors norme.

Une crise énergétique

L'influence des thèses de Bernardin ne tient pas seulement à ses talents d'écrivain ou au soutien du clergé. La parution des *Études de la nature* coïncide en effet avec une intense crise énergétique. Le prix du bois, orienté à la hausse depuis les années 1770, est multiplié par quatre durant l'hiver 1783-1784. Cette crise paraît confirmer les prédictions d'un épuisement des forêts françaises. Un discours savant et prospectif pointe une pénurie de bois à venir, absolue et à l'échelle du royaume. Le gouvernement lance de grandes enquêtes nationales sur les forêts, sur les mines et sur la consommation industrielle de bois. L'idée d'une « transition » à mener vers le charbon apparaît[37].

C'est précisément dans ce moment d'inquiétude quant au futur énergétique de la France que le catastrophisme climatique de Bernardin se diffuse dans les cénacles académiques et les sociétés savantes. En janvier 1786, la Société littéraire de Grenoble décide de consacrer son tout premier concours à la question du « dépérissement des bois ». Plusieurs mémoires mobilisent déjà les thèses de Bernardin : le déboisement accroît les tempêtes – car les vents ne sont plus « amortis » – ainsi que les sécheresses[38]. L'argument climatique sert aussi à mettre en garde contre les illusions et même les dangers d'une « transition » vers la houille. En effet, selon certains – Condorcet, par exemple –, l'intérêt du charbon de terre n'est pas du tout de préserver les forêts, mais au contraire de pouvoir réduire leurs surfaces, le bois de chauffe devenant moins utile[39]. C'est contre ce raisonnement que s'élève André Thouin. Naturaliste au jardin du Roi, il connaît à la fois Poivre et Bernardin. La houille, explique-t-il, peut certes remédier à la disette de bois mais certainement pas aux désastres environnementaux causés par la déforestation : l'érosion des sols, la perte des sources et la disparition des pluies. Il propose un vaste plan de reboisement des *montagnes* (on voit encore l'influence de Bernardin) visant à restaurer les climats et l'hydrologie des vallées[40].

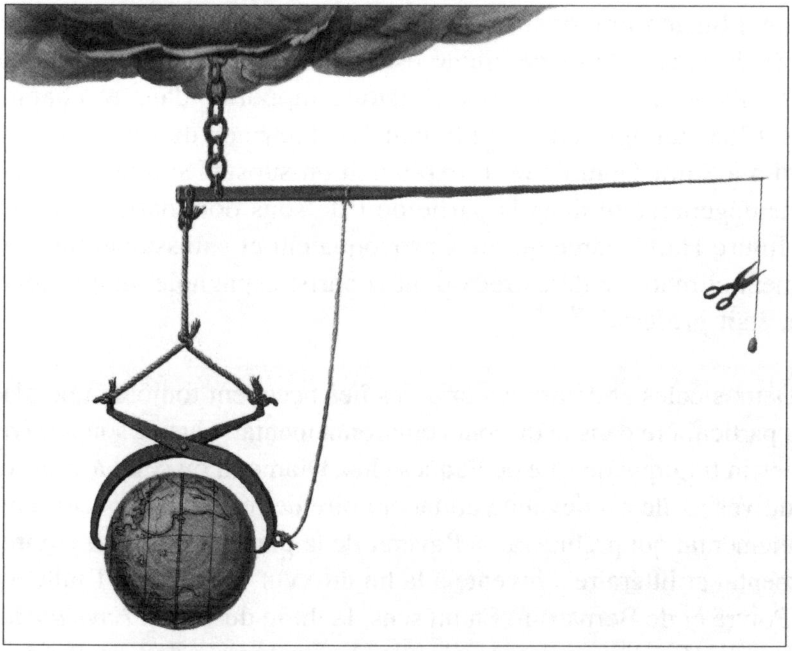

6. Concours de la Société agronomique de Lyon
sur la construction de cheminées efficaces, 1784.
Ce frontispice semble relier la question du concours à la question forestière
et à celle de l'équilibre du Globe.
Bibliothèque municipale de Lyon, Ms 5568
(Fonds de la Société d'agriculture de Lyon)

*

D'un côté, du vert : la République dominicaine couverte d'épaisses forêts. De l'autre, de l'ocre, du jaune et du rouge : Haïti, déboisée, asséchée, ravagée. La frontière vue du ciel comme un trait sinueux délimitant deux plages de couleur. Cette photo publiée en 1987 par le *National Geographic* a fait couler beaucoup d'encre. Elle a fourni matière à de sombres et innombrables commentaires sur la démographie, la pauvreté, la déforestation, avec, comme ligne d'horizon, l'effondrement. Dans son livre éponyme, Jared Diamond consacre ainsi un chapitre entier à cette photo. On y retrouve cité le chiffre d'un couvert forestier haïtien de 1 % – alors même que des géographes l'ont récemment évalué à 32 %, à peu près autant qu'en France, deux fois plus qu'au Royaume-Uni[41]. Que Haïti, la première colonie noire à avoir brisé ses chaînes, soit aussi, dans le discours néomalthusien américain, une catastrophe environnementale n'est guère étonnant. Mais ce cliché est en fait plus ancien que le malthusianisme. Il a pour origine l'histoire rapportée dans ce chapitre. Dès 1784, un agronome appliquait les doctrines de Poivre et Bernardin à Saint-Domingue. Il expliquait en substance que les plantations dégénéraient dans la partie de l'île sous domination française (la future Haïti) parce qu'elles provoquaient et subissaient un changement climatique désastreux dont la partie espagnole, moins déboisée, était préservée[42].

Deux siècles et demi plus tard, les îles occupent toujours une place très particulière dans le discours environnemental. Que ce soit à travers le destin tragique de l'île de Pâques chez Diamond ou celui à venir des Maldives : l'île est devenue un laboratoire de récits, le huis clos environnemental qui préluderait à l'avenir de la planète. Ce motif environnemental et littéraire s'invente à la fin du XVIIIe siècle sous l'influence de Poivre et de Bernardin. En un sens, la thèse du *Green Environmentalism,* l'idée d'une naissance insulaire et coloniale de l'écologie, est encore un reflet – plus académique et plus subtil – de ce *topos.* Car, ainsi que l'a montré ce chapitre, l'île de France sous l'administration de Poivre fut moins le laboratoire de l'environnementalisme décrit par Grove, que la construction d'un arsenal et le lieu de naissance de ce trope sous la plume de Bernardin de Saint-Pierre : l'île comme sentinelle de l'effondrement.

1789. La révolution éclate à Paris. De Saint-Domingue, les colons font parvenir une dénonciation à l'Assemblée nationale qui vise à révoquer La Luzerne, le ministre des Colonies et ancien gouverneur de l'île. De quoi est-il accusé ? Entre autres choses, d'avoir, par l'octroi de concessions en montagne, « changé totalement le climat par la destruction subite des forêts[43] ». Le reste de l'accusation est comme un décalque des *Études de la nature.* Si l'île a indiscutablement joué un rôle dans la formation de l'alerte climatique, c'est seulement pendant la Révolution et du fait de celle-ci que cette alerte s'échappe des cercles savants lorsque, dans la fournaise des assemblées révolutionnaires, le climat devient un champ de bataille, un moyen de blâmer l'adversaire politique pour les dérèglements de la nature.

Chapitre 6
Le climat de la Révolution

La Révolution française fut aussi une révolution climatique. Lors des événements révolutionnaires et du fait de ceux-ci, les alertes sur le climat sortent des cercles naturalistes et deviennent un enjeu politique, traité dans les arènes du pouvoir, à l'Assemblée nationale et dans les bureaux ministériels. Des savants qui occupent les sommets du pouvoir, des députés, des propriétaires terriens, des agronomes prestigieux, des ministres sont convaincus de la réalité de la menace.

Comment expliquer que le changement climatique soit au cœur des préoccupations politiques ? La conjoncture a certainement sa part : la météorologie épouvantable de 1788 et 1794 provoque des pénuries de grains et des émeutes frumentaires. L'augmentation du prix du bois et les besoins d'une économie en guerre renforcent la crainte d'un épuisement des forêts françaises. Mais cette expérience des limites naturelles, typique d'une économie organique, est partagée par bien d'autres régions d'Europe occidentale. Elle ne suffit pas à rendre compte des particularités du débat climatique français.

Trois grands enjeux révolutionnaires expliquent la politisation précoce et radicale du climat en France. Premièrement : Comment régénérer un sol et une nation dégradés par la féodalité ? Et, question corrélative, quelles seront les conséquences de la Révolution sur la nature de la France ? Deuxièmement : Que faire de l'immense domaine forestier national hérité des biens du clergé ? Comment utiliser ce capital gigantesque pour renforcer le crédit de l'État, stabiliser l'assignat, financer les guerres ? Enfin et peut-être surtout : Comment gouverner les masses rurales révolutionnaires ? Comment inculquer à un peuple de paysans devenus citoyens le respect des forêts mais aussi de la propriété et de l'ordre ?

« Réparer le climat »

« Existe-t-il un moyen de réparer un pays, un climat[1] ? » Cette question posée en 1790 illustre parfaitement la manière dont le discours révolutionnaire se saisit du climat : à la fois comme un moyen de régénération et, la réparation faisant suite à un dommage, comme un acte d'accusation dirigé contre le passé. L'originalité du débat climatique français tient à son lien avec l'affrontement politique : de 1789 aux années 1820, chaque régime a prétendu réparer les désordres climatiques provoqués par l'incurie de ses prédécesseurs. Au début de la Révolution, le discours climatique sert à dénoncer les effets environnementaux du despotisme et de la féodalité. Selon le député jacobin Jacques-Michel Coupé, le dérèglement des climats a pour cause la « longue incurie [qui] a régné sur le territoire français [...]. Il y a beaucoup à *réparer* sur sa surface[2] ».

Si la féodalité a dégradé jusqu'au climat de la France, c'est que, selon les révolutionnaires, elle n'est pas seulement injuste, elle est contre nature. Elle ne fait pas qu'entraver une nature potentiellement généreuse, elle la détruit. Deux catastrophes immenses en fournissent la preuve : la multiplication des marécages et des étangs d'une part, et le déboisement de l'autre.

L'offensive révolutionnaire contre les eaux stagnantes – avec les décrets d'assèchement du 26 décembre 1790 pour les marais et du 4 décembre 1793 pour les étangs – hérite de théories et de constats médicaux anciens[3]. Mais après 1789, l'accusation prend une gravité extraordinaire : la monarchie, en laissant l'eau croupir, a dégradé à la fois le climat et le peuple de la France. Les Français « sortis du même moule gaulois[4] » présentent maintenant différents degrés de dégénérescence physique. Marais et étangs ne sont pas seulement générateurs de miasmes, ils altèrent aussi le climat au sens météorologique. Selon un député jacobin, ils produisent « des trombes d'eau » et deviennent ainsi « les foyers des grêles et des gelées tardives[5] ». Les moulins seigneuriaux avec leurs retenues d'eau et les étangs piscicoles – un privilège des ordres monastiques et des seigneurs – tombent sous le coup de la même accusation climatique[6]. En 1790, la Société royale d'agriculture propose même de remplacer les moulins hydrauliques par des moulins à bras ou des manèges à chevaux pour préserver les climats locaux[7]. Le discours révolutionnaire oppose ainsi un régime féodal qui barre les cours d'eau, multiplie les marécages, laisse les plantes pourrir et la population dégénérer, à une république qui fluidifie, draine, met en culture, réchauffe et rend salubres les climats.

Le déboisement est le second grand dommage que le despotisme a infligé au climat français. L'accusation est elle aussi d'une extrême gravité : le peuple a froid, la marine, les forges et les ateliers manquent du bois nécessaire à la défense de la nation ; l'humus glisse des pentes déboisées causant érosion, torrents et inondations ; les montagnes dégarnies n'arrêtent pas les tempêtes ; les nuages passent sans se changer en pluie. D'où la récurrence des sécheresses, des ouragans, des grêles, des gelées. L'accusation porte d'autant plus qu'elle intervient après une série de désastres météorologiques. La sécheresse de l'été 1788 est suivie de pluies torrentielles. Puis survient le grand hiver 1788-1789 (86 jours de gel à Paris). Le prix du pain double dans la capitale et les classes populaires y consacrent les trois quarts de leurs revenus[8]. Les cahiers de doléances résonnent de plaintes contre l'inconstance du climat, avec souvent des demandes de remises fiscales[9]. La question frumentaire qui est en arrière-plan de la Révolution est, elle-même, lue comme un événement climatique aux causes politiques[10].

Là encore, l'accusation permet une critique des fondements mêmes de l'Ancien Régime. Premièrement, l'Administration des eaux et forêts aurait été gangrenée par la vénalité des charges, source d'incompétence et de corruption[11]. Deuxièmement, la logique du règne personnel et la recherche de la gloire militaire seraient contradictoires avec une gestion forestière de long terme : Louis XIV aurait « absorbé pour le temps et la gloire de son règne les ressources des autres générations[12] ». Troisièmement, en attisant le goût du luxe, la Cour aurait accru la consommation nationale de bois. Des cahiers de doléances demandent même un retour aux lois somptuaires ou bien des taxes pour réprimer « la consommation superflue de bois » des nobles et des bourgeois[13]. À cela s'ajoute l'obsession des économistes physiocrates, conseillers de Louis XV et Louis XVI pour les grains. « Leur fureur *économiste* des défrichements » a détruit les forêts, « ces instruments physiques et conservateurs de la température du pays »[14], elle aurait même enclenché un cercle vicieux à la fois malthusien et climatique : à chaque crise frumentaire, le pouvoir encourage le déboisement ; grâce à l'augmentation de la surface cultivée, la population s'accroît mais aussi le risque climatique et donc celui de disette, qui survient inévitablement, incitant à de nouveaux déboisements, etc.[15].

« Obliger le temps à relâcher sa proie »

L'idée d'une nature française au bord du gouffre permet tout à la fois d'accuser le passé et de glorifier l'œuvre réparatrice révolutionnaire. Le thème clé de la « régénération[16] » possède ainsi un important domaine d'application environnemental. Un forestier explique que « ce n'est pas assez d'avoir régénéré le Français, il faut régénérer son territoire[17] ». L'un des aspects frappants du discours climatique révolutionnaire est son historicisme radical. Baignant dans la vision d'une histoire humaine de la nature (chap. 3), les révolutionnaires tiennent l'environnement de la France comme le produit de processus contingents, de l'influence d'un mauvais régime politique. Par exemple, selon les députés Coupé et Boudin promoteurs de la politique d'assèchement, *toutes* les eaux stagnantes sont l'œuvre de l'Homme : les marécages ne sont que des étangs plus anciens dont l'origine se perd dans la nuit des temps[18]. De même, l'absence de forêt est nécessairement le signe d'un déboisement préalable. Le processus est plus ou moins avancé selon l'ancienneté de la civilisation : son terme est le Moyen-Orient, là où naît la civilisation et aussi où elle s'éteint à cause de l'assèchement. Selon Coupé, le Sahara lui-même est le résultat du despotisme oriental. La Grèce et l'Espagne, de même que les Cévennes en France sont déjà très avancées sur la pente du déclin. Selon le chimiste Berthollet, ce qui guette la France ce sont les « déserts brûlants de l'Asie, de cette Grèce… qui jouiraient encore d'une heureuse température si la tyrannie et l'ignorance la plus barbare n'en avaient pas fait disparaître les bois[19] ».

Heureusement, la Révolution signe une bifurcation. Événement total, elle embrasse toute l'étendue de la nature. En prenant conscience d'elle-même, la souveraineté du peuple va pouvoir accomplir le rêve buffonnien de contrôle climatique, elle « donnera à voir un État faire le premier essai de sa puissance sur la nature[20] ». Selon François-Antoine Rauch, un ingénieur des Ponts et chaussées sur lequel nous reviendrons (chap. 10), « le Français va sentir sa puissance[21] ». « La France », ajoute-t-il, peut devenir « le paradis terrestre de l'Europe » parce qu'elle « compte à elle seule autant de savants que tout le reste de cette partie du globe ». « Une si haute mission [régénérer, acclimater, etc.] métamorphoserait nos savants en demi-dieux et rendrait la science sensible et chère aux humains[22]. »

Si la régénération climatique est guidée par des savants « demi-dieux », elle doit, en pratique, être réalisée à coups de pelle et de pioche par des pauvres qu'elle occupera utilement. Pierre-François Boncerf, dont l'idée de « réparation climatique » ouvrait ce chapitre, est un agronome réputé, administrateur des travaux publics de Paris[23]. C'est en cette dernière qualité qu'il propose à l'Assemblée nationale d'employer « les gros ouvriers » parisiens, mis au chômage par la Révolution, pour assécher et reboiser la France. L'intérêt est double : d'une part « réparer le climat », de l'autre éloigner de Paris des ouvriers désœuvrés menaçant l'ordre public. Boncerf voit grand, très grand : le territoire national doit être découpé en carrés de 10 000 arpents de côté qu'il faudra irriguer, assécher ou reboiser. Le processus serait itératif et progressif, chaque forêt plantée améliorant le climat de la parcelle adjacente. Le but de ces travaux gigantesques : « changer le climat, remettre la terre en commerce avec le ciel, remettre en action les météores et les multiplier[24] ».

Ce projet est repris par le député Pierre Laureau de Saint André : ce sont cette fois des brigades d'enfants trouvés et de mendiants qui seraient envoyées dans les montagnes pour les reboiser, les terrasser afin de prévenir l'érosion, restaurer les pluies et le climat[25]. La Révolution devait réparer les dommages de la féodalité et, mieux encore : arrêter jusqu'à l'effet du temps qui érode la nature : « il est une grande vérité, c'est que l'homme use la terre [...] la nature dans sa marche est comme un sable qui s'écoule dans la main du temps. Je propose d'opposer aux entreprises du temps sur notre sol, les bras de la mendicité ». La Révolution évitera à la France le sort de l'Égypte et de ses déserts. Elle obligera « le temps à relâcher sa proie[26] ».

« L'hypothèque forestière »

Le 2 novembre 1789, l'Assemblée constituante vote la nationalisation des biens du clergé. Or parmi ces biens se trouve une immense masse de bois évaluée à plus d'un million d'hectares[27]. À l'Assemblée nationale, au printemps 1792, les débats sont houleux : faut-il vendre ces bois pour désendetter l'État et armer la France contre ses ennemis ? La réponse des députés fut négative : ils acceptèrent la privatisation des « boqueteaux » de moins de 100 arpents (environ 40 hectares)[28], dont la surveillance n'était guère rentable, mais les grands massifs furent déclarés inaliénables.

Pourtant, sur un plan strictement comptable, l'intérêt de la privatisation paraît inattaquable. Selon le député du Jura Simon Vuillier, les forêts nationales rapportent à l'État sept fois moins que leur valeur placée en rentes. C'est aussi un actif facile à vendre : le prix du bois orienté à la hausse garantit sa valeur. À ces arguments, Vuillier en ajoute un autre : l'Administration gère mal les forêts qui requièrent des soins particuliers que seul un propriétaire peut apporter. Il déclare même préférer une distribution gratuite des forêts nationales aux citoyens plutôt qu'elles soient conservées sous la coupe de fonctionnaires incompétents[29].

Le discours de Vuillier devant les députés (le 2 mars 1792) provoque un tollé. On l'accuse d'être le suppôt de « compagnies noires » de financiers avides d'accaparer les forêts françaises, voire d'être un agent de l'étranger. La guerre qui s'annonce (déclarée le 20 avril) confère en effet aux forêts une valeur stratégique : elles pourvoiront aux besoins de la marine, elles serviront « d'hypothèque » permettant de s'endetter pour subvenir aux dépenses militaires. Une question surtout inquiète les parlementaires : Qu'adviendra-t-il des assignats si l'on vend les forêts nationales ? Ils craignent déjà qu'avec la baisse de leur valeur, les puissances européennes ne puissent acquérir pour trois fois rien le bois nécessaire pour combattre la France. En outre, l'assignat de 1789 avait la particularité d'être fondé non pas sur des réserves de métaux précieux, mais sur la *richesse territoriale* de la nation. En faisant des forêts un bien national particulier, inaliénable, les députés souhaitaient lui garantir un sous-jacent infrangible[30].

À côté de ces questions financières déterminantes dans le refus de la vente, le destin des bois nationaux suscite aussi des interrogations sur le futur de la France, de son économie et de son climat. Faut-il, par exemple, faire confiance aux promesses du charbon ? Selon les partisans de l'aliénation, les craintes de pénurie de bois qui se sont exprimées à l'Assemblée sont futiles car la houille est en passe de le remplacer. Ce à quoi les opposants rétorquent : « charbons et tourbes ne sont ni renouvelables ni abondants, ce sont des talismans qui fascinent les esprits[31] ». Le Comité d'agriculture de l'Assemblée confirme : à long terme, le bois demeurera bien le principal combustible car les mines de houille « ne sont pas aussi communes qu'on le pense. On s'aperçoit que celles d'Auvergne s'épuisent[32] ». En 1792, l'exploitation du charbon ne paraît à beaucoup qu'une solution temporaire, un pis-aller, en attendant la reconstitution des forêts françaises.

C'est aussi à l'occasion de ces débats que l'argument du changement climatique fait son entrée à l'Assemblée nationale. La Société royale d'agriculture met en garde les députés contre les effets climatiques du déboisement – qui déjà se font sentir en Provence[33]. Un député explique que la vente des forêts nationales est la première étape d'une privatisation complète de la nature : « on vous proposera bientôt de vendre nos fleuves, nos rivières, nos ruisseaux, jusqu'à l'air que nous respirons. On n'a pas assez réfléchi que la pureté de l'air, l'existence même de l'eau est due à nos forêts[34] ». Surtout, c'est lors de ce débat que deux figures clés des luttes climatiques et forestières du début du XIXe siècle s'expriment pour la première fois sur ces questions : l'ingénieur François-Antoine Rauch (chap. 10) et Jean-Baptiste Rougier. Ce dernier est un personnage important, riche propriétaire dans l'Yonne, député, membre de la Société royale d'agriculture. En mars 1792, il lance l'alerte et va jusqu'à présenter le sort des forêts nationales comme le point de bascule vers la régénération ou la décadence de la France. L'histoire de l'Égypte, de la Perse, de l'Arabie doit mettre la représentation nationale sur ses gardes : « des millions d'hommes ont disparu avec l'épuisement et le dessèchement de la terre[35] ».

La nationalisation des forêts du clergé est un tournant de notre histoire, car elle a étroitement lié la question du changement climatique avec celle du crédit de l'État. L'Assemblée nationale résonnera longtemps des échos du débat de mars 1792 quand les députés refusèrent une privatisation pour des raisons en partie climatiques.

« Arrêtez, arrêtez donc la fatale cognée ! »

Quand en 1789 les députés révolutionnaires accusaient la monarchie d'avoir dégradé le climat de la France, peut-être pouvaient-ils imaginer que cette accusation se retournerait rapidement contre eux. Un mois après la nuit du 4 août, les conséquences environnementales de l'abolition des privilèges sont déjà discutées à l'Assemblée. Les députés sont affolés par les prélèvements paysans, le braconnage, la pêche et surtout « la dilapidation des bois ». Le discours de l'effondrement change alors d'objectif : il ne s'agit plus d'accuser l'Ancien Régime, mais de chercher à contrôler les masses rurales dans leur rapport à la nature.

Dès l'été 1789, un flot de rapports de police, de procès-verbaux et de pétitions submerge l'Assemblée et en particulier son Comité d'agriculture, avertissant d'un désastre en cours dans les forêts. Ces rapports et ces plaintes décrivent un brigandage généralisé, des vols de bois en bande, des défrichements sauvages, y compris sur les pentes des montagnes, ou encore un pâturage massif dans les bois nationaux. L'argument environnemental permet d'amplifier les enjeux : il ne s'agit pas simplement de vol et de manque à gagner pour un propriétaire, mais d'érosion et de changement climatique. Dans le Gard, la vigne semble vouée à ne plus produire à cause du froid et du vent causés par le déboisement des coteaux. Une pétition signée par trois cents citoyens de Béziers rapporte le gel des oliviers au déboisement qui laisserait les vents du nord déferler sur la Méditerranée. En Lozère, c'est le défrichement des monts d'Auvergne qui ferait dépérir les châtaigniers des Cévennes, etc.[36]. Ces discours alarmistes compilés par Rougier de La Bergerie donneront naissance à la légende noire qui entoure la Révolution : celle d'une « dévastation des bois ». Michelet l'a fixée dans des pages célèbres : « à la Révolution, toute barrière tomba : la population pauvre commença cette œuvre de destruction… Les arbres furent sacrifiés aux moindres usages ; on abattait deux pins pour faire une paire de sabots[37] ».

Pourquoi les paysans ont-ils pris pour cible les arbres ? Ou, plutôt, pourquoi certains arbres sont-ils devenus, au même titre que les étangs, emblématiques du pouvoir seigneurial[38] ? Pour le comprendre, il faut remonter à cette décennie 1760, quand dans un contexte de hausse du prix du bois, les seigneurs et les grands propriétaires se constituent des domaines forestiers d'un genre nouveau, voués aux marchés du bois d'œuvre ou du charbon de bois et dégrevés des droits d'usage. Les forêts changent de nature : aux espaces ouverts façonnés par le silvopastoralisme – alternant des friches, des parcours boisés pour les bêtes et des baliveaux pour la régénération de la forêt – se substituent des monocultures forestières défendues par des gardes et souvent ceintes de murs. Des droits féodaux permettent aux seigneurs de supprimer les droits d'usage des communautés ou de s'approprier une partie des terrains communaux à condition de les arborer[39]. Le résultat est qu'à la fin du XVIIIe siècle, dans de nombreuses régions, ceux-ci monopolisent la ressource en bois[40]. Cette privatisation de la forêt est un formidable assaut contre les modes de vie paysans, tant l'accès aux bois est d'une importance vitale pour ces derniers : pour nourrir les animaux, faire des fagots, fabriquer des outils, ramasser de l'engrais, etc.

Dès juillet 1789, partout en France, les paysans prennent acte de la Révolution en restaurant les droits d'usage sur les forêts : ils expulsent les gardes forestiers, chassent, font leur bois et envoient paître leur bétail – surtout dans les forêts ecclésiastiques et royales devenues « propriétés nationales ». Il s'agit de répondre à des besoins concrets mais aussi de lutter, par la pratique, contre l'usurpation de leurs prérogatives et de leurs terres communales. Cette réaction procède d'actes politiques se réalisant parfois de manière solennelle et collective par des coupes d'arbres en processions dirigées par le conseil municipal[41].

Le problème est que les députés de 1789 sont farouchement opposés à la restauration des droits d'usage et défendent au contraire la propriété pleine et entière des espaces forestiers. Le peuple aurait mal compris l'idée de « nationalisation ». Les anciens droits d'usage deviennent, dans le langage des parlementaires, des délits forestiers, du brigandage, du pillage. La révolution paysanne – après la nuit du 4 août 1789 qui représente sa grande victoire – se heurte de front au nouveau pouvoir. Un décret du 11 décembre 1789 interdit aux communautés « de se mettre en possession d'aucun des bois, pâturages, terres vagues dont elles n'auraient point eu la possession le 4 août dernier ». En 1791, une « loi rurale correctionnelle » prévoit des peines sévères – jusqu'à un an de prison – pour le vol de bois. Le pâturage dans les forêts nationales est puni de lourdes amendes. Cette législation qui criminalise les usages les rend furtifs, non régulés et donc plus dommageables[42].

La troupe est parfois envoyée pour monter la garde dans les forêts. Dans l'Aude, étudiée par Peter McPhee, les combats sont violents[43]. À Montereau, des paysans refusent de se disperser devant les gardes nationaux, « affirmant qu'ils étaient sur leur terre, qu'ils coupaient des arbres qui leur appartenaient et qu'ils avaient le droit de le faire[44] ». Alors que les députés s'en remettent au droit de propriété pour mieux conserver, c'est justement la propriété pleine et entière sur les espaces forestiers qui paraît intolérable aux paysans, aussi intolérables que les privilèges abolis la nuit du 4 août. Quand une propriétaire de la Nièvre menace de poursuites ses voisins qui se ravitaillent dans ses bois, ces derniers rétorquent : « Crois-tu que nous ayons fait la révolution pour rien[45] ? »

Quel est le lien entre la révolution paysanne et le changement climatique ? Si la répression est sévère, avec des peines de prison souvent prononcées contre « les meneurs », le constat, largement partagé, est que, pour protéger les forêts, le contrôle et la répression ne suffiront pas : les gardes forestiers ne peuvent empêcher des prélèvements en bois à la fois massifs et ordinaires[46].

En outre, après la loi forestière très importante du 28 septembre 1791, les quatre millions d'hectares de forêts privées (au bas mot) sur les sept que compterait la France – ne sont plus soumis à *aucune régulation*[47]. Le propriétaire est désormais libre de gérer son bois « comme bon lui semblera », de décider des coupes et même, s'il le souhaite, de défricher.

Pas d'échappatoire donc : il faut convaincre toute la population, qu'elle possède ou pas des forêts, de respecter les bois. Et donc gouverner de manière indirecte, par l'instruction, en inculquant au citoyen l'idée que les arbres jouent un rôle essentiel dans l'ordre naturel et providentiel. D'où l'émergence d'un discours semi-savant à destination des masses paysannes et des propriétaires, discours portant sur l'importance climatique cruciale des forêts.

À l'automne 1794, les récoltes s'annoncent catastrophiques[48]. Durant l'été, orages et grêles ont détruit les moissons. À cela s'ajoutent le blocus naval, les réquisitions militaires et le refus des gros fermiers de vendre leurs grains au prix fixé par l'État. Le nouveau pouvoir thermidorien doit faire face à des émeutes frumentaires. C'est dans ce contexte troublé que Rougier de La Bergerie est dépêché dans la Creuse. Membre de la Commission d'agriculture, il est chargé d'évaluer l'ampleur des dégâts causés par une tempête de grêle qui s'est abattue sur le département. Sa tournée lui donne aussi l'occasion de tenir des « conférences fraternelles et agricoles » – fort peu fraternelles en vérité. Rougier explique aux paysans, probablement médusés, qu'ils sont *responsables de leurs malheurs climatiques* : « c'est à la dévastation de vos bois que vous devez [...] la fréquence des intempéries et des orages[49] ». Le rôle culpabilisant du climat est clair : « Opposons tout notre travail à ces *effets* malheureux, qui nous désolent, mais que nous *méritons* par notre imprévoyance à défricher nos bois de montagnes[50]. » Les catastrophes climatiques ne sont plus une cause, mais un *effet,* un effet de l'avidité et de l'ignorance des paysans. Trompé par une fausse idée de liberté, le peuple des campagnes a cru pouvoir s'affranchir des règles forestières qui étaient aussi des règles naturelles : « la nature toujours bienfaisante, toujours sage, avait couvert d'arbres vos plus hautes montagnes donc ils étaient nécessaires ». Rougier conclut par une injonction : « Arrêtez, arrêtez donc la fatale cognée[51]. » En pleine disette, alors même que les paysans s'opposent aux réquisitions militaires, le changement climatique permet de retourner la responsabilité de la faim. Les victimes sont leurs propres bourreaux.

La même année, l'abbé Grégoire – une grande figure de la Révolution qui est aussi un agronome chevronné – propose à la Convention d'établir dans chaque district « une maison d'économie rurale » chargée d'enseigner aux paysans les méthodes agricoles modernes[52]. Ces écoles d'agriculture doivent aussi leur apprendre à respecter les arbres car, écrit-il, ils « arrêtent les nuages et les résolvent en pluies fécondantes[53] ». Son projet d'école agricole ne voit pas le jour, mais l'abbé Grégoire contribue activement à l'élaboration d'une culture républicaine de l'arbre. La Révolution a d'abord connu les « mais de liberté », des mâts ou des arbres dont on avait conservé le bouquet, simplement fichés dans la terre : leur silhouette dressée vers le ciel rappelait la potence, on leur accrochait les symboles des privilèges seigneuriaux, ils représentaient la révolution paysanne. Mais ce qui triomphe, avec Grégoire ou Rougier, c'est bien autre chose : la célébration des « arbres de liberté », sagement plantés, qui alimentent une imagerie républicaine institutionnelle insistant sur la longévité et la fertilité du régime[54].

En 1797, sous le Directoire, le rituel des arbres de la Liberté se métamorphose en programme gouvernemental de création de pépinières visant, entre autres, à restaurer les climats de la France. François de Neufchâteau, ministre de l'Intérieur et agronome, crée des primes pour encourager les plantations. « On s'est borné, explique sa circulaire, à planter dans chaque commune un arbre de la Liberté. Un arbre seul est triste. Semons des bois entiers ; plantons des forêts vastes, élevons à la Liberté des temples naturels. » La sylviculture républicaine doit inculquer aux citoyens (et en particulier aux enfants) un véritable amour de l'arbre. Et pour cela, les administrations locales doivent brandir la menace climatique : « montrez l'influence des grandes plantations sur les variations de l'atmosphère [et] combien de communes dont le sol [a été] stérilisé par de longues sécheresses[55] ».

L'alerte climatique est aussi relayée par *La Feuille du cultivateur* et *La Feuille villageoise*, deux journaux qui portent la parole gouvernementale dans les campagnes. Leurs articles semblent toucher à des objets très divers allant de l'agronomie aux nouvelles politiques en passant par les désordres climatiques produits par la déforestation[56], mais ils ont généralement un but précis : éclairer « le paysan enhardi par la révolution[57] » (c'est le slogan de *La Feuille villageoise*), infléchir les conduites des ruraux pour rendre compatibles la régénération nationale et l'individualisme agraire. Le discours climatique fut au fond un des aspects du projet plus global de restauration de l'ordre rural après la grande révolte paysanne de 1789. « Nous avons triomphé de toutes les tyrannies, il faut maintenant conjurer tous les orages, les intempéries[58] », explique Rougier de La Bergerie. L'enjeu est ici comme ailleurs de terminer la Révolution.

Napoléon et le cycle de l'eau

Après le 18 Brumaire, ce programme prend un relief tout particulier : l'arrivée de Bonaparte doit mettre fin aux désordres ruraux en général et permettre en particulier de reprendre la main sur les forêts. L'été 1799, celui qui précède le coup d'État donc, est marqué par une grande sécheresse[59]. Le changement climatique fait même la une des journaux officiels. *Le Moniteur universel* publie ainsi deux articles catastrophistes signés par Cadet de Vaux, un chimiste célèbre à l'époque. Cadet s'alarme de la disparition des sources et de la diminution des rivières : « nous sommes dévorés de sécheresse et la science dit : il ne faut pas accuser la nature mais l'Homme, qui, en altérant la surface de la Terre, a changé le cours de l'atmosphère et conséquemment l'influence des saisons[60] ». C'est aussi à ce moment que Rougier, qui est devenu préfet de l'Yonne à la faveur du Consulat, prononce un discours retentissant à Auxerre[61]. Il met en garde contre le caractère *irréversible* du changement climatique : « sans arbre on n'a point d'eau et sans eau on n'a point d'arbre ». « Il est un terme, ajoute-t-il, où la nature se refuse à tout rétablissement[62]. »

Bien entendu, exagérer la menace sert aussi à glorifier l'individu qui saura la conjurer. Rougier en appelle ainsi, sans le nommer, à Napoléon, au « héros » et au « philosophe » qui en Égypte a pu constater de visu le sort de la nature quand elle est soumise à un mauvais gouvernement. À la gloire des armes doit se substituer celle de la régénération[63]. Ces interventions préparent le terrain aux réformes forestières du Consulat, en particulier la loi du 9 floréal an XI (29 avril 1803) qui (ré)instaure une autorisation administrative de défrichement et annule ainsi en partie la dérégulation des bois privés décidée en 1791. Le climat est l'un des arguments justifiant la fin de la parenthèse libérale : en avril 1803, le baron Delpierre déclare ainsi au Tribunat que la Révolution a été « l'occasion d'une extirpation insensée », qu'elle aurait provoqué un changement climatique désastreux, atteint jusqu'à la santé de notre planète car, explique-t-il : « les bois sont un organe essentiel dans la constitution de la terre »[64].

Parmi les Cassandres du Consulat, un auteur se distingue par la qualité de son intervention. Il s'agit d'Eusèbe de Salverte. Issu d'une famille de financiers, il fera par la suite une importante carrière littéraire et politique. À l'occasion de la sécheresse de l'été 1799, il publie des *Conjectures sur la baisse apparente des eaux sur notre globe*[65]. Le point de départ de sa réflexion est le même que celui de Cadet de Vaux, à savoir que les fleuves diminuent, mais il pousse le raisonnement plus loin. L'eau ne peut pas disparaître : si elle paraît se raréfier, c'est parce que sa *circulation* est ralentie. Salverte fait une comparaison économique : tout comme un pays est plus pauvre quand la monnaie circule mal, de même il est plus sec quand l'eau circule moins vite. Pour expliquer ce phénomène, il tente une simulation de l'atmosphère du Globe : dans une bouteille sphérique remplie d'eau, tournant sur elle-même, il place des copeaux de cire figurant les nuages. Ces derniers, plus légers, se concentrent aux pôles sous l'effet de la force centrifuge. Cela explique selon lui l'accroissement des calottes glaciaires qui provoque à la fois des hivers rigoureux en Europe et des sécheresses car l'eau est retenue aux pôles. La complexité de l'économie de la nature chez Salverte n'est plus prétexte à des envolées lyriques sur l'infinie sagesse du Créateur. Il s'agit d'un problème de mécanique qu'il essaie d'appréhender par un modèle réduit de la Terre, par une expérience mimétique visant à représenter l'atmosphère globale.

*

Une idée, répandue en philosophie politique, est que les démocraties représentatives se sont constituées en externalisant les questions environnementales, en déclarant hors champ la question de la nature pour mieux se concentrer sur la régulation des relations humaines. La crise environnementale serait aussi une crise de la représentation politique. Éviscérée des « non-humains », la représentation moderne nous aurait rendus aveugles à leur destruction. Cette hypothèse ne résiste guère à l'examen historique : en France, c'est précisément au moment où se construit le système représentatif que la question climatique est devenue politique.

C'est bien la Révolution française qui opère le basculement fondamental de l'optimisme colonisateur à l'angoisse de l'effondrement environnemental. C'est bien dans les débats révolutionnaires que l'alerte climatique sort des cercles naturalistes et devient un élément structurant, en France, du discours sur la propriété, sur la nature et sur le rôle de l'État dans leur gestion. L'alerte climatique constitua la pierre angulaire d'un discours portant sur l'ordre naturel et visant à gouverner, après la fin de la féodalité, les populations rurales dans leur rapport aux environnements. L'accusation climatique contre l'Ancien Régime s'est finalement retournée contre la Révolution elle-même, inaugurant un demi-siècle de débats sur la déforestation et le changement climatique.

Chapitre 7
Patriotismes climatiques

L'idée de climat national s'impose à la fin du XVIIIe siècle : on ne parle plus seulement du climat d'une ville ou d'une province, ou des climats d'un royaume, mais « du climat de la France », de la Grande-Bretagne, de l'Espagne et même des États-Unis. Ce phénomène est global et directement lié à la construction d'imaginaires nationaux. Il fonctionne par comparaison : le géographe Conrad Malte-Brun note avec ironie que « les divers peuples de l'Europe mettent de la vanité à s'attribuer une supériorité matérielle en fait de climat. [...] Le Français parle avec une pitié railleuse des malheureux buveurs de bière en Allemagne et ne manque jamais d'insister sur l'effet moral des brouillards d'Angleterre[1] ». Le climat confère une homogénéité « naturelle » à des espaces politiques composites ou à des États en voie de formation. Par exemple, Juan Francisco de Masdeu, qui est un jésuite catalan, né à Palerme, ouvre son histoire de l'Espagne (rédigée en italien) par un chapitre « sur le climat d'Espagne et le génie des Espagnols pour l'industrie et la littérature[2] ». Dans les pays d'Amérique du Sud et d'Amérique centrale, le climat contribue aussi à fabriquer des « communautés imaginaires » nationales après les indépendances[3]. Si le climat est un adjuvant de la construction des identités nationales, c'est parce qu'il lie inextricablement territoire, peuple et histoire.

Le climat de l'indépendance

Aux États-Unis, le patriotisme climatique valorise tout autant la nature américaine que la capacité à produire, par le travail, une nature et donc une humanité améliorées. Cet argument, qui hérite de la théologie impériale anglaise, acquiert une importance politique nouvelle dans la perspective de l'indépendance. Celle-ci s'est imaginée dans les cercles savants et les salons avant d'être gagnée sur les champs de bataille. Par exemple, au sein de l'American Philosophical Society, fondée par Benjamin Franklin à Philadelphie en 1747, qui renaît en 1767 et compte alors parmi ses membres George Washington, John Adams, Thomas Jefferson, James Madison. Les intellectuels américains s'emploient à produire un récit qui exalte la grandeur de la nature de leur continent et l'action civilisatrice des pionniers.

Ce discours est pour partie une réponse à l'attaque, lancée par Buffon, contre la nature dégénérée du Nouveau Monde[4]. Selon le naturaliste français, l'Amérique est un continent plus froid et plus humide que l'Europe, et de ce fait, moins propice à l'épanouissement de formes de vie supérieures[5]. Les animaux y sont plus petits et plus faibles, et le bétail amené d'Europe dégénère. Ce constat s'étend aux hommes, d'abord aux Indiens, mais aussi aux colons voués à une décrépitude physique et morale. Ces thèses sont reprises et amplifiées par des auteurs européens comme Cornelius de Pauw et William Robertson, qui, dans des livres célèbres et controversés, s'appesantissent sur l'infériorité de l'Amérique et des Américains[6].

C'est dans ce contexte qu'en août 1770 Hugh Williamson, un médecin de Pennsylvanie, présente à l'American Philosophical Society un mémoire sur le changement climatique qui marque les esprits. Williamson est proche de Jefferson, il sera lui-même une figure de proue de la guerre d'Indépendance et l'un des signataires de la Constitution des États-Unis. Dans ses grandes lignes, sa théorie revient à dire que la déforestation égalise la température des terres et des mers et contribue au déclin des vents. C'est le même processus qui a réchauffé le climat de l'Italie depuis l'Antiquité, alors que le pays est moins bien cultivé : l'explication est à trouver à distance, en Allemagne où entretemps le progrès des cultures a été immense, et a annulé le différentiel qui causait des vents violents et du froid à Rome[7]. Williamson exploite habilement l'idée d'un changement climatique européen, promue par Buffon, pour mieux contrer sa thèse d'une nature américaine « inférieure » : le vieux continent, lui aussi, subissait un climat difficile avant que des siècles de mise en culture n'en tempèrent les excès. C'est ce même chemin que les Blancs d'Amérique se proposent d'emprunter, et en quelques décennies seulement.

Après l'indépendance des États-Unis, le changement climatique devient un argument patriotique au sein des élites américaines. De nombreux auteurs prennent la plume sur ce sujet. Le plus illustre d'entre eux est un futur président : Thomas Jefferson. Il n'est encore que gouverneur de Virginie quand, en 1781, le consul de France lui demande un mémoire sur les richesses naturelles et les opportunités commerciales qu'offre son État. Jefferson en profite pour rédiger un éloge vibrant de la nature américaine[8].

Son but est de montrer que les plantes, les animaux et les hommes prospèrent en Amérique : la nature, au lieu de dégénérer, se fortifie. Son domaine de Monticello – 200 esclaves travaillant sur 2 000 hectares de tabac, de blé et de pâturages – lui fournit un véritable terrain d'expérimentation. Jefferson qui tient un journal météorologique note un « changement très sensible [du] climat » : « les froids et les chaleurs sont devenus beaucoup plus modérés »[9].

La bonté du climat nord-américain se lit aussi dans la nature : il compare avantageusement la taille des animaux de son domaine à celle du bétail européen ; il loue l'intelligence des Indiens à l'aune de celle des barbares d'avant la conquête romaine ; il rapporte aussi le nombre de génies nés sur le sol des États-Unis – eu égard à ses trois millions d'habitants et à sa courte histoire – à ceux que la France et l'Angleterre ont vu éclore en plusieurs siècles. Du poids de ses cochons au génie de Benjamin Franklin, toute l'histoire naturelle des États-Unis témoigne de la bonté de son climat. Jefferson constate même avec étonnement que certains de ses esclaves blanchissent au cours du temps. Sous sa plume, les États-Unis d'Amérique deviennent un pays de cocagne : « un pays de santé et de joie, de paix et d'abondance, le sol est excellent, le climat salutaire et agréable et les hivers modérés et courts. Aucun pays dans le monde n'est capable de plus d'amélioration que celui-ci[10] ».

Bien d'autres auteurs font l'apologie climatique des États-Unis, à l'instar de Samuel Williams, professeur de mathématique et de philosophie naturelle à Harvard[11] ou des médecins Benjamin Rush – combattant de la guerre d'Indépendance et cosignataire de la Constitution – et William Curry. Selon ce dernier, les États-Unis sont la seule nation où est en passe d'être regagnée, grâce à la liberté et au perfectionnement du climat, la dignité originelle de l'espèce humaine[12]. Ce discours semble s'être diffusé au sein la population. Le géographe et écrivain français Constantin-François Volney, qui parcourt les États-Unis de 1795 à 1798, note même une forme d'unanimité : « tant sur la côte Atlantique que dans l'Ouest, j'ai recueilli les mêmes témoignages, sur l'Ohio, à Gallipolis, à Ouachinton *[sic]*, à Lexington, à Cincinnati, à Louisville, à Niagara, à Albany, partout l'on m'a répété ces mêmes circonstances, des étés plus longs, des automnes plus tardifs, des hivers plus courts [...]. Et l'on m'a dépeint ces changements non pas comme graduels et progressifs mais comme rapides et presque subits, proportionnés à l'étendue des déboisements[13] ».

En 1811, Hugh Williamson revient sur cette question qu'il avait lancée quarante ans auparavant. Après une longue carrière au Congrès, il souhaite, une fois encore, réfuter la rumeur de la dégénérescence, car c'est là, explique-t-il, accomplir « son devoir de citoyen des États-Unis », de « patriote et de père »[14]. C'est écrire en somme une *climatologie patriotique*.

Aux États-Unis, le discours sur le changement climatique s'inscrit ainsi clairement dans un processus de construction nationale qui exalte à la fois une population – blanche, protestante, industrieuse – et la nature qu'elle façonne et qui la fortifie en retour. Cette idéologie a deux versants : elle célèbre la fabrique de soi (des individus, d'un peuple) et une maîtrise prométhéenne de la nature. Le climat américain amélioré par l'indépendance est le meilleur au monde et les États-Unis sont le berceau d'une nouvelle race d'hommes, forts et libres, ne déparant pas à côté des Grecs de l'Antiquité. Il se joue quelque chose de fondamental dans cette exaltation de l'agir humain. La communauté politique états-unienne s'y donne à voir moins comme le produit de déterminations naturelles que d'un double mouvement d'autofabrication : de soi, et de son environnement matériel. Les États-Unis ne sont pas seulement une néo-Europe en devenir, mais le lieu de toutes les améliorations possibles.

Le climat de l'*improvement*

En Grande-Bretagne, la question du changement climatique n'a pas suscité les mêmes passions, patriotiques ou déclinistes, que l'on trouve aux États-Unis ou en France. Ce n'est pas que le temps y soit plus clément. Le peuple anglais a aussi souffert du petit âge glaciaire : en 1782, 1784, 1788 et plus encore en 1798-1799, des hivers rigoureux et/ou des étés pluvieux provoquent des renchérissements et des émeutes frumentaires. Ce n'est pas non plus que les savants anglais se désintéressent de la question. Au contraire : le cycle de l'eau est parfaitement intégré à la théologie naturelle et c'est une sorte de lieu commun parmi les savants anglais du XVIIIe siècle. Par exemple, Gilbert White, auteur du véritable best-seller *The Natural History of Selborne* (1784) – dont le succès perdure de nos jours – compare de manière classique les arbres à des « alambics distillant l'eau des brouillards[15] ».

Le problème est plutôt que le discours climatique ne trouve guère de point d'accroche politique. Tout d'abord, la déforestation, plus ancienne et beaucoup plus avancée qu'en France n'est pas perçue par les Anglais comme une rupture brutale dans l'ordre naturel. La perspective d'une pénurie de bois est adoucie par la houille et les importations massives de la Baltique (puis du Canada durant le blocus continental). Ensuite, la *gentry* britannique s'en tient à l'idéologie de l'*improvement* qui justifie les transformations agraires – *enclosures*, drainage des marécages et prairies artificielles – et ses privilèges économiques. Un auteur explique ainsi que « les sols et les climats se bonifient dans le temps grâce à une attention assidue à leur *improvement*[16] ». En 1818 encore, l'agronome et statisticien John Sinclair affirme que le déboisement *tempère* les climats – là où en France on pense qu'il les dégrade[17]. Enfin, les accidents climatiques de la fin du XVIIIe siècle, les hivers rigoureux ou les étés trop humides sont attribués à des causes externes, que ce soit l'explosion du volcan islandais Laki (1783) ou l'apparition d'icebergs dans l'Atlantique nord[18]. Et même dans ce dernier cas, l'idée d'*improvement* est à l'œuvre comme en témoigne la proposition d'Erasmus Darwin (le grand-père de Charles) d'employer les flottes européennes pour remorquer les icebergs vers les basses latitudes. Grâce à cette géo-ingénierie navale, les hivers européens seraient adoucis tandis que les pays tropicaux bénéficieraient d'une fraîcheur bienvenue[19] !

L'éventualité d'une détérioration climatique concerne surtout les périphéries irlandaises et écossaises. À propos de l'Irlande, le révérend Hamilton, de Dublin, s'inquiète de la violence croissante des vents due au déboisement des côtes, craintes vite dissipées quand il contemple « la carrure athlétique » et « les passions ardentes » de ses compatriotes qui sont, paraît-il, « célébrées dans toute l'Europe »[20]. De même en Écosse, dans les années 1790, plusieurs pasteurs font état d'un refroidissement climatique. « Aucune plainte ne paraît plus répandue dans les Highlands », explique l'un d'eux, qui avance des preuves sérieuses : les inondations répétées, le lit des rivières raviné et l'arrivée plus tardive des oiseaux migrateurs. En cause : la déforestation des montagnes écossaises. Mais ces plaintes envoyées au Board of Agriculture n'ont pas de suite. John Sinclair, chargé de les traiter, doute de ces allégations qui en tout état de cause ne concernent pas les plaines agricoles[21].

Si les élites anglaises se satisfont de leur climat, elles n'en font pas non plus un élément central du discours patriotique. Le climat anglais est perçu comme salubre (hormis bien sûr Londres enfumé par la combustion de charbon) et favorable à l'agriculture, mais inférieur tout de même à celui de la France. Ainsi l'agronome Arthur Young explique préférer ce dernier à celui de l'Angleterre, car on peut y faire pousser des vignes, des oliviers et du maïs. Mais cette supériorité française n'est qu'apparente : la variabilité proverbiale du climat anglais forgerait un caractère national supérieur, à la fois endurant, persévérant et surtout suffisamment *adaptable* pour pouvoir coloniser des territoires sous toutes les latitudes. L'Inde fournit le contrepoint idéal : son climat tropical émollient a préparé ses habitants à l'assujettissement[22]. L'idée s'impose aussi d'un particularisme climatique britannique : le climat insulaire, variable mais fortifiant, serait caractéristique du Royaume-Uni de Dublin à Londres en passant par Édimbourg. En insistant sur l'homogénéité climatique, ce discours participe aussi à la fabrication d'une certaine unité nationale après l'Acte d'union entre l'Angleterre et l'Écosse de 1707.

C'est ce climat d'autosatisfaction qu'un certain John Williams (1773-1853) tente de briser au début du XIXe siècle. Cet horticulteur de Worcester qui se pique de science et d'innovations agricoles est à peu près inconnu des historiens et pourtant son *Climate of Great-Britain* paru en 1806 est l'un des ouvrages sur le climat les plus ambitieux de l'époque[23].

Williams fait partie d'une petite élite de *gentlemen-farmers* savants : il est membre de la Société royale d'horticulture (fondée en 1804) et très proche de son président, Thomas Andrew Knight, une figure importante de l'histoire de l'amélioration des variétés agricoles[24]. L'enjeu climatique pour Williams est donc avant tout pratique : le Worcestershire est un grand centre de production de fruits. Or les vergers sont nettement plus sensibles à la conjoncture météorologique que d'autres cultures. Comment alors prévoir les gels printaniers ? Réchauffer les vergers ? Ou accélérer la maturation des fruits pour les vendre en primeurs[25]? Mais le propos du livre va bien au-delà de l'horticulture : il s'inscrit dans une série de débats sur l'effet des *enclosures* et des *corn laws*. Un paradoxe hante John Williams : Comment se fait-il que, malgré toutes les améliorations agronomiques, le prix des céréales augmente et que le peuple anglais ait faim ? À l'inverse de son célèbre contemporain Thomas Malthus, l'explication qu'il propose n'est pas démographique mais climatique : depuis trente ans le climat anglais est devenu trop humide.

Comment expliquer cette dégradation ? Les serres horticoles de Worcester – son voisin possède plus d'un hectare de plantations sous serres[26] – lui fournissent une analogie : la Grande-Bretagne est comme une « immense serre » qui aurait été mal aménagée, « une serre encombrée » où « une grande variété de plantes sont confinées dans une atmosphère trop contrainte »[27].

Première cause de l'humidité croissante : l'introduction de plantes exotiques venant d'Italie et du Levant. L'orme et l'aubépine en particulier relâchent dans l'atmosphère des quantités d'eau trop importantes pour le climat déjà humide de l'Angleterre. La globalisation botanique a perturbé l'arrangement divin des plantes qui était destiné à tempérer les climats[28]. Deuxième cause : les *enclosures*, la multiplication des pâturages et de leurs haies qui quadrillent le territoire. À cause de cette transformation des régimes de propriété, l'Angleterre souffre d'une *surabondance* de végétaux. John Williams appuie son propos en reliant le nombre des lois d'*enclosures* depuis le XVIIIe siècle avec les signes du refroidissement climatique[29]. Troisièmement : la nature « hors sol » de l'économie britannique. Partant du déficit de la balance commerciale, Williams explique que l'Angleterre importe une masse croissante de végétaux (grains, sucre, vin, etc.) et que ces végétaux ingérés, digérés ou transformés fertilisent excessivement le sol. Ils alimenteraient ainsi une flore exubérante, saturant l'atmosphère de vapeur.

Le livre de John Williams est reçu avec indifférence, voire condescendance. Les comptes rendus passent sous silence sa critique des *enclosures* et du libre-échange et se gaussent surtout de son projet – il est vrai très frappant – de quadriller le territoire britannique de moulins qui, actionnant des tampons de laine sur des cylindres de verre, électrifieraient l'atmosphère et assécheraient le climat. Alors que Williams entendait lier son travail au cours des céréales, aux émeutes frumentaires de 1804 et au débat sur les *corn laws,* les économistes agrariens – James Maitland de Lauderdale et William Spencer – ne reprendront pas son argument climatique en faveur du protectionnisme[30]. Un épisode ultérieur témoigne encore de la réticence des savants anglais à l'égard de sa théorie. En 1818, après « l'année sans été » causée par le volcan Tambora (voir chap. 8), John Williams tente encore de promouvoir ses idées sur le changement climatique. Il ambitionne de présenter un mémoire à la Royal Society et tâte le terrain auprès de son ami Thomas Knight, membre de la prestigieuse institution. La réponse de ce dernier est révélatrice : s'il veut bien passer le mémoire à Joseph Banks, le puissant président de la société, il met surtout en garde Williams sur le caractère hétérodoxe de ses idées : « le fait que le climat européen soit devenu plus doux grâce à la destruction des forêts apparaît comme universellement accepté[31] ». La théorie climatique de Williams était vouée à l'échec, tant elle contredisait l'idéologie de l'*improvement* des élites britanniques.

*

De l'autre côté de la Manche, on ne se félicitait pas moins de vivre sous le bon climat. À la fin du XVIIIe siècle, les élites françaises considèrent leur climat comme le meilleur d'Europe, à la fois tempéré, varié, arrosé et sain, faisant de la France un grand pays agricole pouvant subvenir à son alimentation. L'article lapidaire « France » de l'*Encyclopédie* de Diderot et d'Alembert explique « que l'air y est pur et sain, sous un ciel presque partout tempéré [...] Son pays fertile et délicieux abonde en sel, grains, légumes, fruits, vins, etc. ». Ce jugement bienveillant est repris par les élites agronomiques, qui soulignent le décalage entre ce climat et les pénuries endurées par le peuple : quelque chose ne va pas, qu'elles prétendent résoudre grâce à leurs réformes agronomiques et par la libéralisation du commerce des grains.

Au début du siècle suivant, le thème majeur du patriotisme climatique français est la variété. En 1826, le géographe Conrad Malte-Brun introduit les expressions (l'idée est plus ancienne) de « climat océanique », « climat continental » et « climat méditerranéen »[32]. La France serait en Europe cette zone bénie où se rencontrent ces différentes influences. Cette variété climatique, qui est aussi une variété des productions végétales et des terroirs, devient une sorte de particularité nationale vantée par les historiens et les géographes – Jules Michelet, Paul Vidal de La Blache – et enseignée à des générations d'écoliers. Ce climat varié aurait aussi façonné un peuple plus sensible, plus vif, plus prompt à s'émouvoir en arts et en politique que ses voisins du Nord ou de l'Est, sérieux, industrieux mais ternes. Ce beau climat est enfin une récapitulation de l'histoire : la récompense du labeur d'un peuple de paysans. À propos de la France, c'est un lieu commun au XIXe siècle d'insister sur le travail millénaire du sol et des terroirs qui aurait adouci le climat. Le diagnostic d'une dégradation du climat provoque un traumatisme en France à la hauteur des affects que les élites y avaient investis.

Chapitre 8
À l'ombre du volcan

Dans la soirée du 10 avril 1815, le volcan Tambora entre en éruption sur l'île de Sumbawa, située à l'est de Java, dans l'actuelle Indonésie. La déflagration propulse un panache de cendres, de débris et de soufre jusqu'à la stratosphère. Il s'agit de l'une des plus grandes éruptions volcaniques de l'histoire humaine. Les milliards de tonnes de matière expulsés perturbent les années suivantes le système atmosphérique planétaire[1]. Si l'explosion du Tambora a créé les magnifiques ciels rouge orangé peints à cette période par William Turner, c'est surtout un voile de sang et de mort qui se dépose sur le Globe tout entier. Dans de nombreux pays, 1816 est passée à la postérité comme « l'année sans été[2] », tant la saison fut froide et humide. Ce qualificatif, qui évoque davantage un mois d'août pluvieux qu'une crise climatique et démographique globale, minimise de manière extraordinaire les souffrances, la faim qui taraude et les désordres politiques qui marquent cette période.

Un an après l'été pourri de 1816, au moment de la « soudure[3] », un journaliste note : « jamais l'existence civile des nations n'a paru plus liée à leur existence physique[4] ». Les troubles frumentaires qui traversent alors l'Europe connectent étroitement la météorologie à l'ordre politique. Dans le froid climat révolutionnaire des années 1816-1817, l'élite savante européenne insiste systématiquement sur la *stabilité* du climat en dépit de l'expérience concrète d'un refroidissement. Pour les pouvoirs en place, il est crucial de minorer le phénomène et de démontrer son caractère passager. Car si les structures naturelles changent, c'est tout l'ordre politique qui peut être remis en cause.

Une catastrophe planétaire

L'explosion du Tambora fut, avant tout, une catastrophe terrible qui dévasta l'île de Sumbawa. Elle raya de la carte les principautés de Tambora, Pekat et Sanggar[5]. Le seul témoignage qui nous soit parvenu est celui du prince de Sanggar : « Trois colonnes de feu s'élancèrent [...] et en quelques instants toute la montagne paraissait comme une masse liquide enflammée qui s'étendait de toutes parts. [...] des pierres innombrables tombèrent du ciel, certaines grosses comme deux poings [...]. Une heure après, des cendres commencèrent à descendre et un vent violent s'ensuivit qui rasa à peu près toutes les maisons. Les arbres arrachés étaient soulevés en l'air de même que les hommes et le bétail[6]. »

Des garnisons britanniques postées à plusieurs milliers de kilomètres croient entendre tonner le canon. Une pluie de cendres détruit les récoltes et les survivants doivent affronter les affres de la famine. « Des villages entiers sont désertés et les survivants se sont dispersés à la recherche de nourriture », rapporte un officier de la marine britannique. Khatib Lukman, un lettré malais officiant à la cour royale de Bima (la principale ville de l'île) raconte comment des marchands javanais, arabes, chinois et hollandais s'approprièrent les trésors de Sumbawa en échange de denrées alimentaires : « toutes ces contrées s'enrichirent en achetant des armes, des vêtements d'apparat et des esclaves par centaines, les Bimanais étaient impuissants ». Se donner en esclavage est souvent la seule solution pour survivre[7]. Selon les calculs d'un savant suisse qui visitera Sumbawa trente ans après l'explosion, l'île aurait perdu la moitié de ses habitants : 10 000 dans l'éruption, 38 000 des suites de la famine et 36 000 du fait de l'exil[8].

Du point de vue du climat global, les débris et les cendres importent peu, car ils retombent sur terre au bout de quelques jours, lavés par les pluies. Les aérosols soufrés en revanche, injectés dans la stratosphère, parcourent le Globe tout entier, laissant des traces dans les sédiments et jusque dans les glaces des deux pôles. Se combinant avec les molécules d'eau, le soufre crée un voile, réfléchissant une partie de l'énergie solaire vers l'espace et abaissant la température du Globe.

En 1815, le voile du Tambora se pose sur une Chine du Sud déjà affaiblie par la sécheresse de l'année précédente. Les réserves des greniers sont basses quand des pluies intenses à la fin du printemps 1815, suivies d'un gel au mois d'août détruisent deux récoltes successives. En temps ordinaire, les paysans de cette région obtenaient des rendements très élevés grâce à des récoltes bi-, voire trisannuelles, de riz, mais leur dépendance vis-à-vis de cette seule céréale impliquait aussi une grande vulnérabilité face aux aléas climatiques. La catastrophe démographique qui s'ensuivit, difficile à quantifier au demeurant, est maintenant invoquée par les historiens pour expliquer les écarts économiques qui se creusent au XIXe siècle entre la Chine et l'Europe occidentale[9].

En Inde, la mousson de 1816 est déficitaire. Le nord du pays souffre de la sécheresse ainsi que de températures anormalement basses[10]. L'année suivante est au contraire marquée par des inondations dévastatrices. Durant l'été 1817, des milliers de villages le long du Gange et dans son delta sont envahis par les eaux. Or c'est aussi en 1817 que l'Inde connaît la première grande épidémie de choléra, un fléau qui était jusqu'alors resté confiné à la baie du Bengale. Pour les médecins européens de l'époque, formés à la médecine néo-hippocratique, c'est évidemment le dérèglement climatique qui a donné naissance au choléra qui se répandra dans le monde dans les décennies suivantes[11].

En Europe, les années 1816 et 1817 correspondent à la dernière grande crise de subsistance à l'échelle du continent[12]. Les populations sont néanmoins très diversement affectées. En Angleterre, par exemple, l'importation de blé d'Irlande, pourtant en proie à la famine, amortit la crise. Le prix de la céréale double en Suisse, dans certaines parties de la Prusse et de l'Empire austro-hongrois mais n'augmente que de 46 % en Grande-Bretagne.

Ces moyennes annuelles et nationales masquent des disparités locales et des variations mensuelles plus importantes. Au pire de la crise, en juin 1817, le prix du blé est ainsi multiplié par 2,5 en France et 4,5 en Suisse. Un tel renchérissement est une catastrophe pour les classes populaires qui consacraient *en temps normal* près de la moitié de leurs revenus à l'achat du pain. Les inégalités s'accroissent : les gros fermiers profitent de cette augmentation quand manouvriers et travailleurs urbains voient leur pouvoir d'achat s'effondrer.

Jusqu'à l'automne 1817, à travers toute l'Europe occidentale, les marchés sont le théâtre de troubles frumentaires. Ces émeutes s'inscrivent généralement dans une « économie morale » : la population contraint les négociants à céder leurs stocks à un prix considéré comme « juste ». Ainsi, en juin 1817, ce sont au moins 4 000 personnes qui investissent Château-Thierry, un marché important pour l'approvisionnement de Paris. « Les marchands de grains sont pillés avec un ordre inconcevable[13] », écrit le sous-préfet. Le maire est parfois appelé pour organiser les « taxations populaires » de négociants ou de gros fermiers. Les émeutes visent en priorité à empêcher le départ du grain vers d'autres villes, vers Paris en particulier, ce qui explique que de nombreux troubles aient lieu dans des régions agricoles où le risque de pénurie n'est que lointain[14]. Même en Angleterre, relativement préservée de la disette, des émeutiers pillent les moulins et bloquent les départs de céréales vers Londres.

Une débâcle providentielle

C'est dans ce contexte de graves troubles que l'idée d'un refroidissement climatique gagne une bonne partie de l'opinion publique en Angleterre, en Suisse et en France.

En Angleterre, même si les journaux tendent en général à minimiser les difficultés agricoles de peur d'attiser la spéculation sur le grain, les rapports sur les mauvaises récoltes filtrent tout de même dans la presse. En octobre 1817, le *Morning Chronicle* publie un long article sur la « détérioration du climat » anglais, reliant ce phénomène au refroidissement planétaire prévu par Buffon. La multiplication des icebergs sur les routes transatlantiques démontrerait la réalité du processus[15].

Pourtant, au moment même où le refroidissement climatique devient sensible, l'élite savante londonienne se préoccupe avant tout d'annoncer les signes d'un *réchauffement*. La démonstration se joue dans les glaces de l'Arctique. À la fin de l'été 1817, les équipages des navires baleiniers rapportent une nouvelle sensationnelle : la barrière de glace au nord de l'île du Spitzberg où ils séjournent durant la saison de pêche a entièrement disparu. William Scoresby, un des grands baleiniers de l'époque, explique qu'au 72e degré de latitude nord, au lieu de rencontrer comme de coutume glaces et baleines, il a trouvé l'océan entièrement libre sur 200 lieues carrées. La nouvelle est rassurante : alors que la révolte gronde et que les *bread riots* se multiplient, l'évolution climatique semble s'inverser et la nature reprendre enfin son cours normal.

Joseph Banks, le président de la Royal Society demande des précisions à Scoresby. Cette débâcle, explique-t-il, est de bon augure pour le climat anglais car il lui paraît évident que « les gels printaniers et les étés froids de ces dernières années [...] sont dus à l'accumulation de glace [au pôle] depuis plusieurs années[16] ». Pour Banks, cette question est d'autant plus pressante qu'il est l'un des porte-parole des grands propriétaires terriens. Il a défendu le protectionnisme agraire (la *Corn law* de 1815) et aussi encouragé des expériences d'acclimatation visant à rendre l'Angleterre autosuffisante. Cette ligne politique deviendrait hautement problématique dans la perspective d'un refroidissement pérenne du climat anglais[17].

De manière significative, la plupart des articles sur le climat de l'Angleterre paraissent *après* l'automne 1817, donc *après* la crise, afin de colporter la bonne nouvelle venue du pôle. Le retour à l'ordre climatique est annoncé par Thomas Brande, un proche de Banks, professeur à la Royal Institution de Londres. Fondée par des marchands de la City en 1805, la Royal Institution est alors en plein essor, popularisant à Mayfair, au cœur de la capitale britannique, une science qui se veut à la fois pratique et spectaculaire. Thomas Brande et Banks sont également membres du Board of Agriculture, une institution paragouvernementale défendant le protectionnisme agricole. Brande, après avoir rappelé « les preuves terribles » du refroidissement climatique en cours depuis quatre cents ans (les icebergs, la croissance des glaciers et la vigne qui a déserté l'Angleterre), met en scène le retour à la normale que représenterait selon lui la débâcle polaire de 1817[18]. Cet article connaît une fortune tout à fait extraordinaire : il est repris *in extenso* (souvent sous le titre plus précis de « Alleged Deterioration of Climate ») par le *Gentleman's Magazine*[19], le *Farmer's Magazine*[20], le *Literary Panorama*[21] ainsi que dans toute la presse locale[22]. Et tous insistent à la suite de Brande sur l'impossibilité d'un refroidissement général du Globe[23]. Le *Chester Chronicle* affirme de manière péremptoire : « seule une force modifiant l'axe de rotation de la Terre pourrait effectuer un tel changement ». Le *Farmer's Magazine* explique que le climat est « un système en mouvement incessant mais de stabilité parfaite ». La planète est stable car elle est énorme et très ancienne : « cette machine aussi vaste et complexe, a dû depuis longtemps acquérir un état d'équilibre permanent[24] ».

Dans les années qui suivent, la question du climat global, de son réchauffement ou de sa stabilité continue d'occuper le public britannique, à travers la grande question du passage du Nord-Ouest, une voie maritime à découvrir qui permettrait aux navires européens de passer en Asie en longeant le nord du Canada[25]. John Barrow, second secrétaire de l'Amirauté britannique en est le grand promoteur. Il défend son projet en insistant sur la fin du refroidissement climatique qui rend possible si ce n'est aisée la navigation dans le Grand Nord. Ses interventions font polémique. Son principal contradicteur, le physicien et mathématicien écossais John Leslie, réplique avec une étude de climatologie rétrospective, que le *Times* republiera par extraits et qui connaît, dans le contexte de l'après-Tambora, un écho européen. Leslie nie l'existence de tout changement climatique en Europe, à partir d'une reconstruction des « grands hivers » mobilisant les travaux de climatologie historique des décennies 1770-1790 (chap. 4)[26].

Des glaciers rassurants

La Suisse est l'un des pays européens les plus éprouvés par les conséquences de l'éruption du Tambora. La famine dans les montagnes, la disette en plaine et les émeutes en ville sont le lot commun de ces années-là. La mortalité s'accroît de plus de 50 % (+2 % seulement en France)[27]. Du fait de la segmentation économique du territoire, certains cantons orientaux sont plus sévèrement affectés : la mortalité à Saint-Gall et Appenzell double. Un pasteur décrit « des squelettes d'hommes dévorant les mets les plus dégoutants, des cadavres, des orties, des aliments qu'ils disputent aux animaux[28] ». C'est aussi à ce moment que la Suisse connaît une grande vague d'émigration vers les États-Unis et la Russie.

Le refroidissement pose des problèmes tout particuliers à l'économie alpine. Les pâturages étant couverts de neige en été, beaucoup d'animaux périssent faute de nourriture[29]. Certains propriétaires de troupeaux obligent les bergers qu'ils emploient à remonter dans les estives malgré le temps catastrophique. La révolte gronde dans les montagnes[30]. Dans les plaines aussi, le refroidissement inquiète. Les propriétaires s'alarment quant au futur de l'agriculture et de la vigne en particulier : « Y aurait-il quelque réalité dans le système de Buffon sur le refroidissement progressif du globe[31] ? » s'interroge un agronome suisse.

Comme ailleurs en Europe, différentes théories climatiques ont cours qui filtrent dans la presse. Certains accusent les paratonnerres[32], d'autres les icebergs dérivant vers le sud[33], d'autres encore le refroidissement buffonnien[34]. L'explication qui paraît la plus en vogue incrimine les taches solaires. Durant l'été 1816, elles sont si grandes qu'on peut les distinguer avec une simple lame de verre noircie à la fumée[35]. La rumeur enfle : la fin du monde est proche. Une brochure l'annonce pour le 18 juillet 1816, arguant qu'un morceau de Soleil s'écrasera alors sur la Terre. La *Gazette de Lausanne* se moque de ces prédictions à la Nostradamus tout en reconnaissant « qu'on ne sait en vérité, ce qui se passe dans ou sur notre globe : il tremble de partout, il gèle en été ; on ne s'y connaît plus[36] ». En Suisse comme ailleurs, les journaux prétendent rassurer le public. Un bref article de climatologie historique se conclut sur une note optimiste : « la température qui désole aujourd'hui l'Europe est loin d'être sans exemple. Tous les siècles ont eu leur temps calamiteux[37] ».

Les glaciers en particulier fournissent à l'élite naturaliste des arguments propres à endiguer les angoisses. Le 6 octobre 1817, la Société helvétique des sciences naturelles qui vient d'être fondée à Genève décide que le refroidissement des Alpes fera l'objet de son tout premier concours. Selon ses registres, le sujet s'imposait pour deux raisons : par son importance « pour la physique générale du globe » d'une part et « pour l'éducation des bestiaux » de l'autre. L'énoncé du concours exprime un certain parti pris contre la thèse de Buffon et montre surtout que les méthodes d'enquête héritées des débats climatiques du XVIIIe siècle sont bien connues : il est spécifié que les mémoires devront étudier (1) l'abaissement de la ligne des neiges éternelles, (2) les variations de l'étagement de la végétation (forêts disparues et pâturages devenus stériles), (3) les moraines glaciaires[38]. Bref, la Société helvétique des sciences naturelles voulait raviver la glaciologie empirique de la fin du XVIIIe siècle pour réfuter Buffon et rassurer la population suisse. Ce qu'elle n'anticipait pas, c'est que son concours allait donner le coup d'envoi à l'une des plus grandes avancées de la géologie du XIXe siècle : la théorie des âges glaciaires[39].

En 1820, deux mémoires seulement lui sont parvenus. Le premier, intitulé *La Décadence de la nature,* est dû au médecin genevois Georges-Chrétien Desloges[40]. L'auteur défend une thèse originale : la force centrifuge due à la rotation de la Terre conduit cette dernière à se dilater insensiblement. Tous les lieux gagnent donc en altitude, la température se refroidit et la nature dégénère. Quelle que soit la valeur de son explication, l'effort documentaire de l'auteur est remarquable : il recense les villages où la culture du froment est abandonnée et les pâturages conquis par les glaciers. Il va même jusqu'à compulser les registres baptismaux de Zermatt et d'Evolène – deux villages aujourd'hui séparés par des cols infranchissables – pour montrer que les mariages étaient fréquents au XVe siècle. Mais la Société helvétique rejette naturellement ce travail (« un recueil de faits épars[41] ») qui démontrait l'inverse de ce qu'elle attendait.

Le mémoire récipiendaire du prix est fort différent. Son auteur, Karl Kasthofer entend prouver la stabilité globale du climat. La thèse populaire du refroidissement paraît à première vue solide : les dates d'estivage ont été retardées, tel village célèbre pour son kirsch n'a plus de cerisier, tel autre demeure grevé d'un cens de moulin alors que la culture du blé est impossible, etc.[42].

Pourtant, estime Kasthofer, il faut rester prudent et cela pour plusieurs raisons. La première est d'ordre psychologique : « il est naturel que l'homme oublie le mal passé » et embellisse la nature du temps jadis. C'est de là que proviendrait « une tradition répandue dans toutes les vallées, celle des *Blumlis Alp* [Alpes fleuries], aujourd'hui couvertes de glaces qui offraient jadis de verts pâturages ». Deuxièmement, l'abandon d'une culture ou la fermeture d'un col ne prouvent pas nécessairement un refroidissement, mais peuvent être liés à un changement des « relations commerciales et industrielles ». Troisièmement, le refroidissement climatique n'est certainement pas général : si le climat s'est peut-être refroidi dans les Alpes suisses, il pourrait s'être réchauffé ailleurs. Enfin et surtout, des sillons dans les rochers latéraux surplombant les glaciers ainsi que des moraines situées en aval indiquent que les glaciers ont été beaucoup plus massifs par le passé. Selon Kasthofer, cela prouve que depuis des « millions d'années » la température s'élève et s'abaisse périodiquement, mais d'une manière irrégulière, sans possibilité de prédiction.

En fait, ce qui préoccupe avant tout Kasthofer, qui est un administrateur forestier, c'est la dégradation des écosystèmes par les communautés montagnardes. Plutôt que de considérer le changement climatique comme une cause de déclin de la nature, il pointe vers une causalité inverse. La destruction des forêts laisse libre cours au vent et au froid qui stérilisent progressivement les pâturages. Leur disparition ne tient donc pas à une dynamique extérieure, mais à leur surexploitation et au défaut de la police forestière. La Société helvétique souscrit à cette explication et insiste sur le rôle négatif que joue la gestion *en commun* des pâturages. Les désastres qu'on attribue au « changement graduel du climat » sont en fait dus au déboisement : la neige glisse sur les pentes, crée des avalanches et vient grossir les glaciers. À la source du mal, l'esprit d'indépendance des montagnards « qui, jaloux de leur liberté, répugnent à admettre chez eux l'activité et la surveillance de la police »[43].

Durant l'été 1818, c'est un glacier en particulier qui préoccupe la Société helvétique : le Giétroz, en amont du val de Bagnes, a tellement enflé depuis 1815 qu'il a coupé le lit d'une rivière, la Dranse, formant ainsi une immense retenue d'eau de 20 millions de mètres cubes. En cas de rupture, c'est toute la vallée qui pourrait être dévastée. Ignace Venetz, un ingénieur du canton du Valais également membre de la Société helvétique, est dépêché sur place pour diriger une opération très délicate : vidanger le lac en perçant une galerie d'écoulement dans le glacier. Malgré un travail acharné réalisé dans des conditions périlleuses, la digue glaciaire cède le 16 juin. Une immense vague d'eau, de glace et de boue submerge le val de Bagnes emportant tout sur son passage. On dénombre 44 victimes[44]. Cette catastrophe qui est relatée par tous les journaux européens rend palpable la question du refroidissement de la Suisse.

En 1821, l'ingénieur Venetz soumet à son tour une réponse (tardive) au concours de 1817[45]. Il partage l'objectif de la Société helvétique (« contrarier fortement l'opinion générale du refroidissement de nos Alpes ») et reprend à son compte l'accusation de Kasthofer contre les communautés montagnardes. Il insiste surtout sur un point qui lui paraît fondamental : les distances considérables qui séparent les glaciers actuels de leurs anciennes moraines. « À une époque qui se perd dans la nuit des temps », conclut-il, des glaciers « gigantesques », « démesurés », ont couvert les Alpes suisses.

Les mémoires de Venetz et de Kasthofer témoignent bien du déplacement qui s'est opéré par rapport à Buffon et à la climatologie historique de la fin du XVIIIe siècle : la véritable histoire du climat, la scène où se déroulent les variations majeures, se joue dorénavant à l'échelle des temps géologiques : Kasthofer parle de « millions d'années » et Venetz de la « nuit des temps ». Cette discordance des temporalités humaines et planétaires ainsi que le gigantisme des glaciers conduit à nier la possibilité d'une action humaine sur ces grands bouleversements. À propos du couvert forestier, Venetz note que sa variation est beaucoup trop faible pour produire des changements de température capables d'engendrer les glaciers titanesques du passé lointain.

Le mémoire de Venetz est souvent présenté comme la toute première formulation de la théorie des âges glaciaires. En fait, Venetz, tout comme Kasthofer, est loin d'envisager une calotte recouvrant une bonne partie de l'Europe[46]. Il n'en reste pas moins que c'est en lisant ces mémoires qu'un autre savant suisse – Louis Agassiz – élaborera véritablement cette théorie (cf. chap. 14). Les âges glaciaires sont ainsi une conséquence lointaine du Tambora et de la volonté, de la part des savants suisses, de rassurer leurs compatriotes : la Suisse n'est pas aux premières loges de la mort thermique du Globe annoncée par Buffon.

Un climat de laisser-faire

En France, comme en Angleterre ou en Suisse, l'été pourri de 1816 (à Paris, il pleut pendant 26 jours en juillet[47]) suscite des inquiétudes quant à la stabilité de l'ordre naturel. C'est à ce moment que l'idée d'un « dérangement des saisons » s'impose dans l'opinion publique française. Certains, dans la lignée de Toaldo et de Lamarck cherchent une causalité astrométéorologique[48], d'autres invoquent la présence d'icebergs refroidissant le Gulf Stream ou prédisent la mort du Soleil[49]. *L'Ami de la religion et du roi,* un journal ultraroyaliste, déplore que tous « ces systèmes sur la fin du monde[50] » oublient Dieu : le temps désastreux de 1816 est évidemment une sanction divine contre la Révolution et devrait fournir l'occasion d'une grande repentance nationale. L'été pourri fait aussi l'objet de réflexions moins graves. Le 7 août 1816, sous un ciel maussade, les Parisiens se pressent au théâtre des Variétés qui donne une représentation de *La Fin du monde ou les Taches dans le soleil*. Ce vaudeville met en scène les discussions sur le temps et évoque plusieurs scénarios apocalyptiques : « le soleil qui s'éteindrait comme une chandelle », « avarié » et rongé par ses taches ou encore une configuration luni-solaire particulièrement néfaste. La science est moquée pour ses certitudes : un savant dénommé Désastres triomphe : « voilà plusieurs printemps d'escamotés, plusieurs étés d'arriérés [...], on disait partout, M. Désastres est un imbécile, M. Désastres est un alarmiste [...]. Eh bien cette fois [...] je me mets à ma croisée, et je regarde défiler le monde ; ça doit faire un coup d'œil pittoresque[51] ».

Six mois plus tard, au moment de la « soudure » du printemps, la question climatique prend un tour plus dramatique. Les conséquences du Tambora se font alors pleinement sentir en France : la cherté générale des grains et, dans l'Est, une véritable disette fomentent un climat insurrectionnel. La politique de laisser-faire du gouvernement en matière frumentaire est remise en cause par de nombreux maires et même par certains préfets qui tentent d'assurer à leurs administrés une priorité d'accès aux grains. Le projet libéral d'un espace économique national unifié par les mécanismes du marché bute sur l'économie morale populaire[52]. Le gouvernement qui choisit de défendre la liberté des prix et des échanges (en escortant les convois ou en envoyant la troupe surveiller les marchés) prend un risque politique considérable. Louis XVIII paraît avoir abandonné ses devoirs de roi nourricier, préférant plutôt approvisionner les forces d'occupation qui l'ont replacé sur le trône que subvenir aux besoins de son peuple. L'effet est d'autant plus désastreux que la population conserve le souvenir des mesures rigoureuses prises par le gouvernement napoléonien lors de la disette de 1811-1812. Un critique ultra affirme que le gouvernement de la Restauration, par son laisser-faire inepte, s'est rendu responsable « d'une extermination d'êtres humains [qu'il estime à 300 000 morts] non moins effroyable que la campagne de Moscou[53] ».

Afin de justifier sa politique libérale, le gouvernement tente de concilier deux figures *a priori* contradictoires, celle du marché national des grains et celle du roi paternel et nourricier. Dans les circulaires officielles, le respect du marché devient le signe d'appartenance à la communauté nationale : « la France est un tout et ses habitants une seule famille [...] la disette d'un côté, la surabondance de l'autre seraient le résultat d'une faute que commettrait le gouvernement en tolérant les atteintes à la libre circulation[54] ». Ou encore : « Les Français sont fils d'un même père, sujets d'un même roi, il est de toute justice que les objets de consommation leur soient communs[55]. » Le discours patriotique d'un marché national palliant en dernier recours les pénuries locales repose sur l'hypothèse d'une France fertile et tempérée. La France est la terre libérale par excellence. Grâce à son bon climat, la pénurie est impossible *à condition que le marché soit respecté.*

Aux yeux du gouvernement, les anxiétés météorologiques font partie de ces rumeurs pouvant provoquer des paniques, des rétentions de grains et *in fine* une « disette factice[56] ». Dans le discours officiel, ce n'est pas l'ordre naturel qui trouble le social mais plutôt les troubles sociaux qui, perturbant le marché des grains, créent l'illusion d'un cataclysme climatique. Il est donc crucial de contrôler fermement les représentations du temps. Le décalage entre les écrits météorologiques populaires et le discours officiel est frappant : alors que les livres de raison, les cahiers d'exploitations agricoles ou les almanachs insistent sur les conditions météorologiques désastreuses de l'été 1816, le ministre de l'Intérieur Lainé minimise les risques[57]. Ni *Le Moniteur universel* ni le *Journal de Paris* ne s'étendent sur l'été pourri malgré ses répercussions économiques prévisibles[58].

Après la récolte satisfaisante de l'été 1817, et alors que s'achève la disette ouverte par l'explosion du Tambora, une seconde pièce de théâtre, *L'Heureuse Moisson* tire la morale politique de la crise. Elle met en scène Rapinard, une figure classique de l'accapareur d'Ancien Régime, qui de manière frappante est présenté comme un *météorologue* rivé à son baromètre, guettant avidement les signes d'orage ou de grêle. À la fin de la pièce, Rapinard qui avait stocké des grains en 1816 est ruiné par la bonne récolte de l'année suivante[59]. Morale de l'histoire : le bon citoyen doit s'en remettre aux lois du marché et à l'équilibre naturel. Aux saisons difficiles succèdent les moissons heureuses. Le gouvernement défend le même modèle d'un citoyen stoïque confiant à la fois dans le climat et le marché. Le ministre de l'Intérieur Lainé présente ainsi le bon propriétaire comme celui qui « ne redoute ni les difficultés [...] dans les années de rareté ni une grande dépréciation des prix dans les temps d'abondance[60] ». Le pouvoir libéral a besoin d'un peuple calme et serein face aux intempéries.

En France, tout comme en Angleterre ou en Suisse, la science fait aussi entendre sa voix pour rassurer le public. Ainsi l'étoile montante de l'astronomie française, François Arago, intervient-il fin 1818 pour démontrer que 1816 n'est pas le prodrome d'un changement climatique plus profond[61]. Son article se présente comme une réaction aux débats en cours en Grande-Bretagne, mais il est surtout destiné au public français. Comme chez Leslie, et avant lui chez Pilgram et Toaldo, les grands hivers concentrent son attention. Il en établit une liste de 400 à 1740 et utilise aussi une série des températures moyennes à Londres depuis 1774. La série des « grands hivers » montre l'existence de froids très rigoureux dans le passé, les températures londoniennes l'absence d'une tendance pluridécennale au refroidissement. « On n'a aucune raison, conclut Arago, pour supposer que le climat de l'Europe s'est détérioré. »

*

Parmi les contemporains de l'année sans été, un seul, à notre connaissance, est parvenu à en percer le secret : il s'agit du comte de Volney. Un peu oublié de nos jours, il est alors célèbre pour sa carrière de voyageur, d'homme politique et de lettres. Quand il prend la plume en 1818, c'est, à l'instar des autres savants, afin de rassurer le public. L'année sans été, explique-t-il, n'est pas le signe d'un dérèglement climatique durable. Elle n'est qu'un accident dû à l'explosion du Tambora[62]. La perspicacité de Volney reflète un phénomène plus large, fondamental pour les avancées futures de la météorologie : l'explosion du volcan indonésien coïncide avec la reconstitution d'un espace médiatique et savant européen après Waterloo. Bourgeois, aristocrates et naturalistes profitent du retour de la paix pour parcourir le continent, et les périodiques rendent compte de la météorologie des autres pays. L'année sans été est ainsi immédiatement comprise comme un phénomène s'étendant au moins à l'échelle européenne. Et si Volney parvient à connecter l'été 1816 au Tambora, c'est qu'en tant qu'orientaliste il devait probablement être abonné à l'*Asiatic Journal*, l'un des rares périodiques à avoir publié les récits de l'explosion rapportés par les officiers anglais postés à Java.

C'est aussi en lisant les journaux de l'été 1816 que Heinrich Brandes, professeur de physique à Breslau, développe le projet révolutionnaire de *cartographier* les mouvements de l'atmosphère. « J'avais recueilli de divers journaux, explique Brandes, des notices sur les circonstances météorologiques si singulières de l'été dernier [...]. Ce qui est remarquable c'est que le mois de juillet a été pluvieux, variable et froid non seulement en Allemagne et en France, mais jusqu'à Naples. » Et d'ajouter : « si on pouvait enluminer des cartes d'Europe pour tous les 365 jours de l'année, d'après les apparences du temps, on découvrirait à l'œil les limites du grand nuage pluvieux qui couvrait, dans le mois de juillet toute l'Allemagne et la France ». Pour cela, explique-t-il, il faudrait constituer un réseau météorologique continental s'étendant « depuis les Pyrénées jusqu'à la chaîne de l'Oural ». Et de conclure qu'« on obtiendrait quelque chose d'absolument nouveau »[63]. Le Tambora a ainsi posé les prémices d'une mutation fondamentale des approches savantes de l'atmosphère. Les projets de cartographie atmosphérique de Brandes ne seront mis en œuvre qu'à partir des années 1840, dans le sillage des recherches des astronomes John Herschel et Adolphe Quetelet. Mais l'émergence d'une rationalité météorologique moderne s'est aussi jouée à l'ombre du Tambora, dans la recherche d'explications face aux désastres venus du ciel.

Chapitre 9

Faut-il vendre les forêts nationales ?

Si c'est en France et sous la Restauration que la question du changement climatique devient une affaire d'État, c'est que s'y entrecroisent les effets de Waterloo et ceux du Tambora, le prix de la défaite et les disettes de l'année 1816. Dans les froides années qui suivent la chute de l'Empire, les gouvernements de la Restauration proposent en effet de vendre les forêts nationales pour relever le crédit de l'État et répondre aux exigences financières des vainqueurs. La question climatique se trouve reliée à des objectifs fondamentaux : payer au plus vite les réparations de guerre afin d'obtenir le départ des troupes d'occupation ; rassurer les détenteurs de rentes et donc les rallier au nouveau régime ; amadouer les puissances étrangères et, implicitement, assurer aux Bourbons leur soutien en cas de nouveaux troubles révolutionnaires.

Le choix de l'aliénation est avant tout politique. D'autres manières de désendetter l'État (par l'emprunt forcé, la hausse des impôts fonciers, des droits indirects ou des tarifs douaniers) existent et sont d'ailleurs mises en œuvre. Mais la vente des forêts nationales, par son caractère solennel et spectaculaire, présente l'avantage de rassurer les capitalistes et les acquéreurs des biens nationaux. C'est un « gage », une « hypothèque », un « bouclier » devant protéger les rentiers des infortunes du Trésor public. Autour du destin des forêts nationales se noue un pacte politique liant les Bourbons aux nouvelles classes rentières. « Plus la masse de la population est intéressée dans les fonds publics, plus un gouvernement est à l'abri des révolutions[1] », déclare Talleyrand. La vente des forêts nationales doit restaurer la confiance et permettre d'asseoir le crédit de l'État sur les richesses naturelles, foncières et végétales de la nation.

Mais à la Chambre des députés et à celle des pairs, les ultraroyalistes résistent. De 1814 à 1820, à chaque débat des lois de finances, ils brandissent l'argument climatique : la Révolution a dégradé le climat de la France, la Restauration ne saurait aggraver la catastrophe. Ce qui se joue dans les débats climatiques autour de la vente des forêts nationales est fondamental. C'est bien plus que le budget de l'État ou le tribut de la défaite : c'est tout à la fois l'héritage de 1789 et la nature de la France.

Les forêts, la dette et le climat

Lorsqu'au printemps 1814 Louis XVIII rentre d'exil, la situation financière du Royaume est délicate. Le baron Louis, ministre des Finances, évalue la dette à 759 millions de francs. C'est pourquoi la première loi de finances du nouveau pouvoir, votée le 23 septembre 1814, prévoit la vente de 300 000 hectares de forêts nationales (sur 1,2 million possédé par l'État). Ces ventes ne concernent pas les forêts des nobles émigrés à la Révolution, qui sont en train d'être restituées à leurs propriétaires. Il s'agit pour l'essentiel de bois d'origine ecclésiastique (ordres dissous, abbayes, chapitres) ou de bois qui appartenaient avant la Révolution à des nobles étrangers. Le produit de cette cession doit servir d'hypothèque pour un emprunt. L'aliénation est « ce gage nécessaire de présenter à la confiance[2] ».

Les oppositions à cette loi viennent surtout des ultraroyalistes, surpris et désappointés de voir la monarchie honorer les dettes de Bonaparte. Les bois ecclésiastiques usurpés par la Révolution allaient-ils réellement servir à rembourser les munitionnaires, les fournisseurs et autres « agioteurs » qui avaient fait fortune grâce à la guerre ? Les ultras défendaient, à contrecœur, la propriété nationale des forêts car elle laissait ouverte la possibilité d'une future restitution intégrale. En août 1814, à l'Assemblée nationale, plusieurs orateurs prennent la parole contre l'aliénation[3]. Les objections sont nombreuses et portent surtout sur le danger de brader des futaies de grande valeur. La vente soudaine de 300 000 hectares de bois ne va-t-elle pas dévaluer le patrimoine forestier ? La conjoncture économique déprimée paraissait peu propice à la vente de grandes masses de bois nationaux.

La question du climat fait son apparition dans les débats. Ainsi, Thomas Philibert Riboud, député de l'Ain, juriste et agronome, défend les vertus écologiques des propriétés ecclésiastiques et seigneuriales. Le clergé, explique-t-il, ne pouvait vendre ses forêts (biens dits de mainmorte). Il les gérait donc, par force, selon une logique de long terme. C'est pour cette raison que les plus belles futaies se trouvaient dans ses domaines. Quant aux aristocrates ils les léguaient entièrement au détenteur (unique) du titre. Tout est bouleversé avec l'égalité entre héritiers instaurée par la Révolution. Celle-ci doit conduire, pour Riboud, à une division des bois. Or, les petites surfaces forestières étant proportionnellement plus coûteuses à clôturer et à surveiller, cette division doit elle-même mener inexorablement au déboisement.

À l'horizon : un avenir climatique catastrophique que Riboud évoque en rappelant le destin des cités antiques de Syrie, autrefois brillantes, et maintenant perdues dans le désert. On retrouve le récit à la fois décliniste et orientaliste cher à Buffon, Bernardin de Saint-Pierre et Rougier de La Bergerie. À cet argument climatique, le député de la Gironde Dufort, lui-même ancien administrateur forestier, vient ajouter le risque d'inondations. « Les Pyrénées étaient autrefois couvertes d'arbres », proclame-t-il à la tribune avant de poursuivre : « on y fit vers le milieu du siècle dernier des coupes immenses. Depuis, la Garonne menace les belles plaines qui la bordent d'une affreuse dévastation »[4]. Pour ces deux députés, la fonction écologique de la forêt est une évidence bien partagée. Depuis trente ans que l'argument est brandi, Dufort estime inutile d'insister « sur ce qui est senti par tout le monde ». De même, Riboud oppose « ceux selon qui il n'y a pas beaucoup de rapport entre des faits physiques et un arriéré de finance » et « l'opinion publique qui n'en jugera probablement pas ainsi »[5]. L'appel conjoint à la sensibilité naturelle de l'opinion publique sert à dénoncer, par contraste, les calculs byzantins des mécanismes financiers d'amortissement de la dette proposés par le gouvernement.

Malgré l'opposition ultra, la loi de finances 1814 autorise l'administration des domaines à vendre jusqu'à 300 000 hectares de bois. Par rapport au principe d'inaliénabilité du domaine forestier, principe qui avait été respecté pendant la période révolutionnaire, cette loi constitue une rupture spectaculaire[6]. Ses effets ne se font pas attendre : les détenteurs de capitaux sont satisfaits et le cours de la rente à 5 % bondit de 63 à 78 francs. Par contre, aux yeux des ultras, cette vente des bois du clergé est une forfaiture. Il leur paraît inconcevable de sacrifier des forêts ecclésiastiques pour solder les comptes de l'usurpateur. Certains préfets ultraroyalistes refusent même de procéder à la vente sans ordre explicite de Louis XVIII[7].

« Le flambeau de la raison dans nos bois sacrés »

Les aliénations décidées en 1814 ne suffiront pas. Après l'épisode des Cent-Jours (mars-juin 1815), la situation financière du royaume s'aggrave considérablement. À l'arriéré de 759 millions, le second traité de Paris (du 20 novembre 1815) ajoute 700 millions de francs au titre des réparations. Le nord de la France est occupé par une armée de 150 000 hommes, qui fait peser une charge énorme sur le budget (3 francs par soldat et par jour). Enfin, les puissances alliées refusent le défaut français de 1793 : le gouvernement doit régler 320 millions de francs supplémentaires correspondant aux créances publiques détenues par des particuliers à l'étranger. Au final, ce sont plus de 1 900 millions de francs qui seront versés aux puissances étrangères durant la première décennie de la Restauration, soit environ deux années du budget de l'État[8]. La question de l'emprunt et donc de la restauration du crédit de la France devient centrale dans la vie politique.

Le nouveau ministre des Finances Corvetto compte plus que jamais sur l'aliénation des forêts nationales. Il envisage d'utiliser cet actif considérable (les forêts valent au bas mot 800 millions de francs) comme hypothèque d'un emprunt souscrit à Londres. Il est d'ailleurs possible que ce projet vienne de la City elle-même : selon Nicholas Vansittart, le ministre des Finances britannique, dès le 17 septembre 1815 (avant même la signature du second traité de Paris), des banquiers londoniens se rapprochent du nouveau pouvoir pour lui proposer un prêt *gagé sur les forêts nationales*[9]. L'aliénation est en tout cas fortement encouragée par le gouvernement anglais. Lord Castlereagh, le ministre des Affaires étrangères britannique, explique dans une note à Wellington qu'il faut se montrer intraitable avec l'État français qui a largement de quoi payer les réparations : déjà moins endetté que la Grande-Bretagne, il possède en outre le trésor des forêts nationales[10].

Pour le gouvernement français, la situation est intenable car les élections d'août 1815 amènent à la Chambre une majorité d'aristocrates (la fameuse « chambre introuvable », selon le mot de Louis XVIII) qui font des forêts nationales l'étendard de leur combat : pour redonner toute sa place au clergé ne faut-il pas lui restituer ses propriétés ? Et pour renflouer l'État ne vaudrait-il pas mieux restaurer la vénalité des charges ? Devant l'intransigeance de la Chambre, la baisse du cours des rentes et poussé par Wellington, le roi décide finalement de dissoudre la chambre introuvable.

En janvier 1817, le nouveau gouvernement libéral, emmené par Richelieu et Decazes, propose une loi de finances, devant une Chambre qui lui est acquise. Cette loi va bien au-delà des projets d'aliénation antérieurs en décidant de transférer à une nouvelle caisse d'amortissement *toutes les forêts nationales* : près de 1,2 million d'hectares, 2 % de la superficie du pays et 20 % de son couvert forestier. Selon le rapporteur du budget, « l'influence de cette mesure sur le crédit public sera décisive ». Le dispositif essentiel de cette loi est donc la création de ce qui deviendra la Caisse des dépôts et consignations. Au-delà d'un simple mécanisme financier, cette Caisse se mue en une « puissance médiatrice[11] » séparant ce qui relève du crédit de l'État et ce qui relève de la politique gouvernementale. Un article de la loi la protégeait en effet des appétits du Trésor : « il ne pourra, en aucun cas ni sous aucun prétexte, être porté atteinte à la dotation[12] ». Le capital forestier national est désormais le bouclier qui protège les créanciers des soubresauts budgétaires, il est le socle qui doit garantir, en tout temps, le crédit de la Nation.

Pour le parti ultra, cette innovation est d'autant plus choquante qu'elle est destinée à séduire les financiers étrangers. En janvier 1817, les banquiers Baring de Londres et Hope d'Amsterdam souscrivent en effet à un emprunt français à hauteur de 300 millions de francs. Le lien entre l'emprunt et la vente des bois est évident[13] et ce scandale soude le groupe ultra à la Chambre : « depuis que les bois ont été affectés à la caisse d'amortissement », écrit Villèle, un de ses leaders, « pas un membre de cette minorité n'a plus voté les détails de la loi[14] ».

Entre janvier et mars 1817, tous les ténors du parti ultraroyaliste prennent successivement la parole contre cette mesure qu'ils comparent aux pires excès de l'époque révolutionnaire : « l'aliénation subite, instantanée, irrévocable... de la totalité des forêts est un de ces projets gigantesques semblable à ce qu'on appelait en révolution de grandes mesures qui devaient sauver la France et ne faisaient que consommer sa ruine[15] ». Parodiant la rhétorique révolutionnaire, un député se moque du « génie du siècle qui pénètre le flambeau de la raison à la main dans nos bois sacrés... il ne compte pas plus les arbres pour la prospérité du Trésor qu'il n'a compté les têtes pour le salut de la nation : il prend sur lui le hasard de l'erreur[16] ».

L'héritage environnemental de la Révolution

De nombreux arguments structurent le discours des ultras. Ils dénoncent, par exemple, le sort fait aux pauvres, que la vente des forêts nationales va priver de droits d'usage afin de sécuriser le capital des rentiers. Mais surtout, comme en 1814, leur argumentaire met en avant les effets *écologiques* désastreux des politiques en cours – et les conséquences du Tambora font naturellement du climat une thématique très porteuse. Pour les ultras, les événements révolutionnaires, en plus de rompre les grands équilibres politiques, religieux, sociaux et moraux de la France, en ont compromis les équilibres naturels. Ces coups terribles portés à la nature française, jusque-là conservée, entretenue et choyée par des générations de monarques, d'aristocrates et de serviteurs de la Couronne, ont atteint avant tout les forêts du royaume et de ce fait son climat.

Ainsi en France, selon Adrien de Rougé, « partout des rochers arides, des ravins profonds, remplacent les forêts… en plusieurs endroits les sources se sont taries, des sécheresses *inconnues avant la révolution* y brûlent maintenant fréquemment les productions du sol[17] » (nous soulignons). Castelbajac, lui, prend l'exemple des départements du Midi « dévastés annuellement [par les orages] depuis que les cimes dépouillées [des] montagnes attestent aussi *le passage d'une révolution*[18] ». Le député Aurran-Pierrefeu, lui, préfère évoquer son département du Var où « les mortalités des arbres [sont] devenues plus fréquentes et plus générales *depuis la révolution*, par l'effet des défrichements des montagnes et de la destruction de la majeure partie des forêts[19] ».

En honorant des dettes illégitimes et en le faisant de surcroît grâce à l'aliénation de forêts volées à l'Église, le gouvernement perpétue l'œuvre de destruction des sans-culottes de l'an II, des acheteurs de biens nationaux et des fournisseurs de la Grande Armée. La caisse d'amortissement en connectant le crédit d'un État impécunieux aux forêts transforme la dilapidation financière en dilapidation écologique. « Si la France avait un ennemi acharné à sa perte… », écrit Louis de Bonald dans le journal ultra *L'Ami de la religion et du roi*, « comme il ne pourrait tarir les mers, ôter à son sol la fertilité naturelle, ni à l'air sa salubrité, il ferait vendre ses forêts[20] ». Le député ultra Josse-Beauvoir relie l'aliénation à la disette post-Tambora, ce qui lui permet de souligner l'injustice d'une loi qui va tout à la fois enrichir les capitalistes (en relevant le cours de la rente), dégrader le climat, renchérir les céréales, et ainsi faire souffrir « un peuple aimant et fidèle[21] ».

On retrouve les mêmes arguments à la Chambre des pairs. Le marquis de Louvois récapitule consciencieusement les « dangers physiques » de l'aliénation : érosion, ouragans, dessèchement des terres, disparition des sources et des vignes menacent la France. Interpellant sans doute l'astronome Pierre-Simon de Laplace, l'homme fort de la science parisienne, qui siégeait à la Chambre des pairs, Louvois lui demande la confirmation de ces effets : « interrogez [ces savants profonds] qui siègent parmi nous ils vous diront comme moi qu'une masse forestière est indispensable à la salubrité et à la fertilité de la France[22] ».

Chateaubriand, la plume la plus brillante du parti ultra se fait aussi le défenseur des forêts nationales et du climat de la France. L'auteur des *Natchez* et de l'*Itinéraire de Paris à Jérusalem* affirme du haut de son expérience de voyageur la réalité du processus qui, de la déforestation, mène à la fin du monde. « Partout où les arbres ont disparu, l'homme a été puni de son imprévoyance : je puis vous dire mieux qu'un autre, Messieurs, ce que produit la présence ou l'absence des forêts, puisque j'ai vu les solitudes du nouveau monde où la nature semble naître et les déserts de la vieille Arabie où la création paraît expirer[23]. »

Chateaubriand rejette également l'aliénation comme une décision de court terme : « je sais que dans ce siècle on est peu frappé des raisons placées au-delà du terme de notre vie : le malheur journalier nous a appris à vivre au jour le jour [...] Le temps fuit rapidement dans ce pays ; en France l'avenir est toujours prochain[24] ». C'est là une autre facette du discours des ultras, qui dénoncent la vente des forêts nationales comme un attentat contre les « générations à venir ». « Quelle est la génération, déclare ainsi Bonald, qui peut s'arroger le droit de disposer ainsi d'un fonds qui appartient à toutes les générations de français[25] ? »

Aux arguments écologiques des ultras, le parti gouvernemental répond de deux manières. Premièrement, en déconnectant la privatisation des forêts nationales de leur destruction. Le marché fera office de régulateur : si les acquéreurs s'avisaient de trop déboiser, la dépréciation du bois soudain en excès aurait tôt fait de les ramener à la raison. Deuxièmement, le lien entre le déboisement et le déclin de la nature leur paraît tout sauf avéré. Étienne Pasquier, le ministre de la Justice, rappelle aux députés l'enseignement de la Genèse : « il a été donné partout à l'homme de changer la face de la terre sur laquelle il habite ». Credo que le réchauffement climatique depuis l'Antiquité semble confirmer : « Du temps de César le rude climat des Gaules [...] était-il préférable au climat de la France d'aujourd'hui [?][26]. » Jacques Beugnot, le rapporteur du budget, souligne combien les données forestières et climatiques sont incertaines : « la destruction des bois a-t-elle donc été si réelle en France depuis quarante ans ? », « rappelez-vous messieurs qu'on expliquait il y a trois ans la sécheresse alors constante de nos étés par la chute des forêts. Des savants, des écrivains distingués prouvaient fort bien que nous ne devions plus espérer que quelques gouttes d'eau dans le cours d'un été ; celui de l'an passé leur a donné un triste démenti »[27]. Les craintes climatiques des ultras sont rabaissées à une affaire de « sensibilité » romantique. Camille Jordan s'étonne des « frivoles doléances » de ceux dont « les cœurs semblent avoir contracté pour ces nobles arbres une sorte d'enthousiasme chevaleresque[28] ».

Dans ces premières années de la Restauration, ce sont au fond deux visions de la France qui s'opposent au travers du prisme forestier et climatique. La première, celle portée par les gouvernements successifs, défend une France puissance financière et commerciale. L'exemple à suivre est évidemment l'Angleterre qui, bien que dépouillée de ses bois, entretient une immense marine de guerre et de commerce. Dès 1814, le baron Louis, ministre des Finances, soulignait la capacité qu'offrent le crédit et la puissance financière à *externaliser* la question forestière en permettant d'acheter des ressources à l'étranger : « la mer et le crédit accumuleraient plus de bois de marine dans nos ports que n'en pourraient produire toutes nos forêts[29] ». À la Chambre des pairs, le comte Le Couteulx de Canteleu, l'un des plus importants banquiers du royaume, régent de la Banque de France à sa création, défend l'aliénation des bois nationaux, car « ce n'est plus sur nos canons qu'il faut faire inscrire cet adage adopté sous le règne de Louis XIV, *ultima ratio regnum* [...] il faudrait mettre aujourd'hui cette inscription sur le Trésor royal[30] ».

C'est une vision opposée de la France qui est portée par les ultras. Celle d'une France terrienne, reposant avant tout sur ses ressources nationales et donc sur la qualité de sa nature et de son climat. Une France ici plus incarnée, pensée dans la variété de ses régions, de ses forces et de ses faiblesses. C'est Riboud contestant, par exemple, l'argument de la substitution du bois par le charbon, car ses gisements n'existent que dans certaines portions du territoire. Cette vision refuse de considérer le commerce international comme une situation normale et envisage la forêt comme un capital de secours mobilisable en cas de guerre et d'autarcie. Pour Bonald, le crédit public n'est pas aussi important qu'il y paraît : la France à l'inverse de l'Angleterre est un pays vaste disposant de grandes surfaces agricoles encore sujettes à amélioration. C'est en vue de cet objectif essentiel qu'on devrait mobiliser des capitaux et non pour racheter la dette. La résistance héroïque de l'Espagne face aux armées napoléoniennes l'a démontré : une nation peut se défendre sans crédit et même pour ainsi dire sans argent[31].

*

Depuis 1790, le domaine forestier avait été régi par un principe d'inaliénabilité qui avait été efficace pour le prémunir de ventes massives. Cela change du tout au tout avec la chute de l'Empire : les gouvernements de la Restauration aliéneront au début des années 1820 quelque 169 000 hectares de forêts nationales. C'est une énorme saignée pour le domaine forestier[32]. Comment expliquer ce basculement ? En dépit de leur résistance acharnée, les ultras n'avaient aucune chance. Jusqu'en 1830, la France compte moins de 100 000 électeurs et près du double de détenteurs de rente[33]. Cela veut dire que *tous* les citoyens actifs de la Restauration avaient un intérêt direct à la vente des forêts nationales qui, relevant les cours de la rente, gonflait leur patrimoine. L'aliénation était la conséquence presque logique du régime censitaire et du pouvoir des rentiers. Le débat public et la guérilla parlementaire ultra ont néanmoins un legs important. La loi de finances 1817 imposait le vote du Parlement comme préalable à toute aliénation. Chaque année le débat forestier était relancé, chaque année le changement climatique était sur toutes les lèvres.

Chapitre 10
Les croisades de François-Antoine Rauch

Dans les décennies d'après la Révolution, les travées des assemblées, les cabinets des savants, les couloirs ministériels ne sont pas seuls à résonner des mises en garde contre une dégradation du climat de la France. Les journaux et les revues, eux aussi, médiatisent ces alertes, propagent des visions de natures idéales ou ruinées, mobilisent les camps politiques qui s'accusent mutuellement d'avoir détruit les saisons.

Une revue tout entière se consacre même, dans les années 1820, à la question du changement climatique anthropique. Elle est née de la volonté d'un homme, François-Antoine Rauch, dont la force fut de capturer un instant, quelque chose de l'esprit du temps et de le transmuer en une prose souvent emphatique, parfois brouillonne, toujours inspirée. Ses *Annales européennes* paraissent de 1821 à 1827. Elles furent le creuset de certains des tropes les plus influents du discours occidental sur la nature et sa dégradation.

Les années de la Restauration, où se mêlent les effets du Tambora et les luttes acharnées autour de l'héritage environnemental de 1789, l'érigent au rang d'homme public[1]. Mais Rauch ne se voulait pas seulement lanceur d'alerte. Dans une seconde vie, moins connue que la première, il tenta aussi d'intéresser le monde des affaires à sa croisade climatique. Il appelait les capitalistes à transformer le visage de la France et à accomplir sous sa direction une grande restauration de ses équilibres naturels. Le prophète du climat était aussi et peut-être surtout un entrepreneur : de lui-même, de sa cause climatique, mais aussi de montages financiers devant profiter à l'un et à l'autre.

Notre temps l'a célébré comme un environnementaliste avant l'heure, pour ses odes à la nature nourricière, au respect des équilibres, à l'harmonie. Chez lui, se côtoyaient aussi amour de la technique, soif de célébrité, attrait pour l'argent. Et brûlait avant tout une foi en la capacité de l'Homme à réparer la nature.

La vision de Rauch : une harmonie matérielle, globale et divine

Décennie 1790 : dans le bouillonnement de ces années, tout semble possible. La tâche est immense : régénérer un pays, un peuple, une nature après des siècles de tyrannie. Rauch a trente ans et veut en être. Pour lui, cela veut dire avant tout aménager, concevoir de grands projets. Il n'est pas en cela, spécialement original. Dans ces années d'après la Révolution, les utopies scientifiques et techniques se multiplient : le nouvel ordre social et politique, proclame-t-on partout, doit rompre avec des siècles de particularisme, de routine, d'arriération. Des unités de mesure aux aménagements publics, tout doit concourir au règne de la rationalité, de l'universalité, et donc de la liberté et de l'abondance. Rauch épouse ce mouvement, qui résonne avec sa propre culture professionnelle : celle d'un ingénieur en devenir, qui partage avec ses condisciples de l'École des Ponts un fort *ethos* constructeur et planificateur[2]. Il y étudie encore quand, en 1792, il publie un premier projet, grandiose, d'infrastructures destiné à changer le visage de la France. Ce *Plan nourricier* prévoit, moyennant un programme de construction de moulins et de greniers, d'« assurer à jamais le pain au peuple français[3] ». Deux ans plus tard, sorti de l'école et désormais ingénieur dans la Meurthe, il cherche à promouvoir des creusements de canaux pour doter le pays d'un immense réseau de navigation fluviale – ce que ses supérieurs des Ponts considèrent avec scepticisme[4]. Puis en l'an VI, il presse cette fois son administration de se lancer sérieusement dans la réalisation d'un canal à Suez[5]. Ce type d'interpellation directe restera sa marque de fabrique, avec des adresses, publiques ou privées, à tous les échelons du gouvernement : en 1792, par exemple, il fait parvenir des courriers à l'Assemblée nationale, au roi, aux ministres. Ces démarches ont souvent, en même temps qu'elles défendent de vastes projets, des visées personnelles. Rauch, dont la carrière d'ingénieur est pour le moins chaotique et dont les entreprises agricoles échouent[6], plaide fréquemment pour sa cause.

Rauch est surtout l'homme d'une vision. Dès mars 1792, il écrit au président de l'Assemblée, pour mettre en garde contre l'effet d'une vente des forêts nationales. Il souligne l'impact que cela pourrait avoir sur les ressources en bois, mais surtout sur l'« harmonie des éléments » qui lie forêts, météores, cours d'eau et végétation[7]. Il promet de revenir sur le sujet dans un livre, qu'il ne fait finalement paraître qu'en 1802 sous le titre *Harmonie hydrovégétale et météorologique*[8].

L'ouvrage de Rauch est le début d'une croisade de plus de trente ans en faveur d'une régénération forestière et climatique de la France. « Les lois harmoniques de la Nature, de cette mère nourricière de tous les êtres, sont interverties par de longs siècles de mutilations [...] les météores déchaînés ne s'annoncent plus que par des ravages[9]. » Un homme peut intervenir pour endiguer cette apocalypse : c'est Napoléon. Le frontispice de l'*Harmonie hydrovégétale* le met en scène en véritable démiurge, admirant une France réparée par son action grâce aux bons conseils de Rauch.

7. « La France régénérée vous demande à recréer cette belle nature sur toute sa surface. » François-Antoine Rauch, *Harmonie hydrovégétale et météorologique*, 1802 (frontispice)

L'harmonie rompue est celle des grands cycles de l'eau. Selon Rauch, chaque jour, 47 000 milliards de tonnes d'eau s'évaporent des mers, des lacs et du sol et circulent entre la Terre et le ciel. Ces masses gigantesques, retournent à leurs sources premières de trois façons : par la pluie et la neige, par la congélation aux pôles et en haut des montagnes, *ou en étant aspirées au sol par les arbres* : « de leurs cimes attractives, ils commandent au loin aux eaux voyageuses de l'atmosphère de venir verser dans leurs urnes protectrices[10] », écrit-il. Ce sont les arbres qui assurent l'équilibre et qui, en restituant ensuite l'eau au sol, permettent à la végétation de s'épanouir, aux animaux de vivre.

Le déboisement dérègle ce cycle providentiel : il accroît l'humidité dans l'atmosphère, « et l'on songe avec effroi à ce que doivent devenir ces mers suspendues lorsque les végétaux diminués ne peuvent plus en pomper la moitié[11] ». Les arbres coupés, l'eau atmosphérique ne se condense plus en rosée ou en pluies fécondantes mais s'abat sur la Terre en trombes ou s'accumule sous la forme de neige et de glace, aux pôles et en haut des montagnes. D'où un nouveau régime climatique fait de sécheresses et de pluies torrentielles, de terres arides et d'inondations catastrophiques. D'où aussi, parce que les forêts ne jouent plus leur fonction d'abri, la multiplication des tempêtes et des ouragans[12]. Rauch pense le changement climatique comme un phénomène *planétaire* : l'humanité en déboisant a altéré le cycle de l'eau qui relie les zones tropicales aux pôles. L'accroissement de la calotte glaciaire depuis le XVIIe siècle, diagnostiqué par Buffon et de nombreux naturalistes à sa suite, est selon lui causé par le déboisement de l'Europe et de l'Amérique.

Sa théorie puise à deux sources. D'abord, il se réfère aux travaux du naturaliste anglais Stephen Hales sur la physiologie des plantes pour insister sur l'importance des masses d'eau que les végétaux échangent avec l'atmosphère[13]. Ensuite, il paraphrase Bernardin de Saint-Pierre en soulignant que la morphologie même de l'arbre est l'expression du rôle qui lui échoit dans l'ordre providentiel. L'influence de Bernardin est omniprésente : Rauch dit l'avoir connu personnellement et prétend qu'il l'aurait soutenu au début de ses études sur les forêts et le climat[14]

Mais, sinon, Rauch se méfie des théoriciens et de ce qu'il appelle les « landes stériles des hypothèses ». Il aspire moins à faire science qu'à faire sensation. Sa plume cherche plus la puissance évocatrice que la précision : les arbres sont des « siphons intermédiaires entre les nuages et la terre[15] », les bois deviennent des « ventilateurs aromatiques[16] » qui « amortissent les vents[17] », les marais sont « les plaies infectes de la terre[18] », etc. Bien qu'ingénieur des Ponts, Rauch refuse d'endosser la posture de l'expert et insiste au contraire sur l'importance d'une science citoyenne de la nature : « j'observe la nature, non pas avec la science d'un naturaliste, mais avec le cœur d'un bon citoyen[19] ». Il appelle à renouer avec les savoirs simples et à contempler les « merveilles infinies » du monde naturel, source de « bonheur moral », pour mieux les apprécier et les défendre[20].

Babylone ou les ruines du futur

La sphère médiatique bruit depuis longtemps des échos des tempêtes, des saisons désastreuses, des inondations, des neiges et des chaleurs extraordinaires. Ils peuplent les colonnes des journaux dès l'origine de la presse quotidienne à la fin du XVIIIe siècle. Sous la Restauration, les gazettes locales, qui se multiplient, font la part belle aux nouvelles météorologiques en les liant aux prévisions de récoltes. Au début des années 1820, un sous-préfet décrit même à son ministre un emballement anxiogène : « si les tempêtes semblent aujourd'hui plus violentes et fréquentes qu'aux temps passés, la raison est que les journalistes n'ayant pas toujours sous la main des matériaux politiques ou littéraires pour garnir leurs feuilles quotidiennes [ils] emploient ces sortes d'événements comme remplissage, en cela ils paraissent merveilleusement servis par cette manne écrivassière devenue de nos jours épidémique ». Pis, les journalistes publiant volontiers les lettres de leurs abonnés, « chaque lecteur de journal se croit obligé de rendre public en l'amplifiant le fléau qui vient d'affliger sa commune[21] ». Les *Annales européennes* que Rauch lance en 1821 sont nourries de cette sphère publique météorologique[22].

Ce lancement a lieu dans un contexte déjà saturé d'inquiétudes sur la dégradation des climats : tout le monde garde en mémoire les émeutes frumentaires de 1816-1817. Avec sa revue, Rauch entend convertir les matériaux épars disséminés dans la presse, dans la littérature savante et administrative, en une prise de conscience de la responsabilité humaine dans le dérangement climatique. Car le sujet est toujours controversé. Pour beaucoup, l'humanité ne dispose pas d'une force suffisante pour attenter aux grands équilibres du Globe[23]. De plus, avant les années 1830, l'hypothèse d'une météorologie contrôlée par les astres reste encore présente, même si elle perd du terrain. Le naturaliste Jean-Baptiste Lamarck publie jusqu'en 1810 un *Annuaire météorologique* où il popularise une théorie de l'action météorologique lunaire[24]. Ce type d'explication, qui exonère l'agir humain, ressurgit à l'occasion dans la presse de la Restauration[25]. Or c'est tout ce contre quoi se bat Rauch : « ce n'est point dans la région des astres, écrit-il dans ses *Annales*, qu'il faut aller chercher les causes des funestes altérations opérées dans les climats… ces causes sont proches de nous et viennent de nous. *C'est la main de l'Homme qui pèse sur le Globe*[26] » (nous soulignons).

Pour emporter la conviction, Rauch compte sur la rhétorique, dont il loue souvent le pouvoir. Il promet à ses lecteurs un « spectacle », « des images attrayantes », une « douce diversion » et même une « jouissance » par la vue des « puissances de la nature »[27]. Comment rendre sensibles les harmonies naturelles liant forêt et climat ? Comment faire comprendre que la question des forêts « embrasse avec elle tous les habitants de la Terre, de l'air et des mers » et que « tout se touche dans la nature »[28] ?

C'est sur ce point surtout que Rauch innove en bâtissant l'une des toutes premières fresques déclinistes de l'histoire humaine du monde naturel. *Les Époques de la nature* font office de modèle inversé. Chez Rauch comme chez Buffon, histoire humaine et histoire du Globe sont étroitement liées et s'écrivent ensemble. Mais la différence essentielle tient aux convictions providentialistes et créationnistes de Rauch : la nature ne saurait être instable ou courir à sa perte. C'est pourquoi la théorie de Buffon d'une mort thermique de la Terre lui semble impie. Seule l'action de l'Homme est un vecteur de destruction : toutes ses actions sont sujettes à caution puisque le monde était parfait à l'origine.

La grande fresque de Rauch se joue alors en trois actes et un épilogue.

Premier acte : la nature primitive. De son point de vue, avoir une vision précise de la nature avant ou aux tout débuts de l'intervention humaine est crucial pour définir des principes de bonne gestion. Plutôt que de raisonner dans l'abstrait, Rauch explique qu'il est plus « sage de se borner à envisager dans quel état [la] Création [est] apparue[29] ». D'où son insistance sur le panthéisme des religions antiques (« qui avaient animé toute la nature par leurs déités champêtres[30] ») et surtout la présence dans ses écrits de deux lieux emblématiques de l'éden naturel : Tahiti et la forêt amazonienne.

Tahiti tient lieu pour Rauch de modèle social et écologique. L'île offre la « touchante image de l'antique beauté de la nature », ses habitants « se contentent des trésors dont la nature les a comblés sans songer à les détruire ou à les diminuer »[31]. Il reprend ainsi le *topos* bien connu des îles du Pacifique comme « îles du paradis », mais avec cette spécificité qu'il insiste, non seulement sur la bonté de leur nature et de leur climat, mais aussi sur leur intégrité *préservée* par la vertu des habitants. La forêt amazonienne est l'autre pôle de l'éden rauchien : loin de la considérer comme une nature humide et insalubre, laissée à l'abandon par les sauvages (c'était la position de Buffon), il la conçoit comme un vestige de la Création, comme l'image d'un paradis perdu. Il reproduit dans les *Annales européennes* la gravure alors célèbre du comte de Clarac[32] (cf. figure 9) pour induire chez ses lecteurs une forme de nostalgie écologique avant l'heure pour les forêts primitives[33].

Deuxième acte : l'Amérique du Nord. Rauch infléchit la compréhension écologique alors dominante du continent américain. Alors que l'Amérique du Nord était généralement considérée comme l'image

8. « La Forêt vierge du Brésil » (Charles de Clarac),
Annales européennes, t. 4, 16e livraison

du passé de l'Europe, prodiguant aux colons les opportunités et les richesses d'une nature encore intacte, Rauch décrit un continent dévasté par « l'empressement de jouir » de colons « venus de tous les pays »[34]. En un siècle et demi à peine, l'appât du gain a déjà conduit au déboisement d'une surface plus grande que l'Europe[35].

Troisième acte du récit de Rauch : l'Orient. Il reproduit ici la vision négative de Buffon, reprise par maints auteurs de son temps. L'Oriental, du fait de sa mauvaise gestion de la nature, de son imprévoyance et de sa violence guerrière[36], est responsable d'un effondrement écologique de son territoire : bois rasés, sources taries, rivières asséchées ou transformées en marais, climats dégradés et insalubrité qui causent en retour une dégénérescence raciale[37]. « Ninive et Babylone, [...] foyers des premières tempêtes politiques du monde, n'ont plus d'autres témoins de leur existence passée et de leurs magnifiques ruines, que les déserts silencieux[38]. »

La scène finale se joue en Europe. L'effondrement oriental doit servir d'avertissement aux gouvernements : « L'Europe si populeuse marche avec une effrayante rapidité à cette annihilation des bois et des eaux dont la disparition a flétri pour jamais [...] les plus brillantes contrées de l'Orient[39]. » Le continent est à la croisée des chemins : si les puissances

9. « Les derniers restes de Babylone »,
Annales européennes, t. 4, 14e livraison

européennes, enfin en paix depuis 1815, écoutent le message solennel de Rauch, alors le désastre peut encore être évité. Rauch recourt une nouvelle fois à l'image. Une série de trois gravures montre l'état présent de la France (montagnes dénudées, plaines desséchées et abandonnées par les animaux sauvages, poissons disparus et pêcheurs désespérés) ; l'entreprise de « fructification » à entreprendre (pépinières, plantations d'arbres, alevinage des cours d'eau) ; et les doux résultats que l'on en escompte (des montagnes reboisées, une campagne fertile, des rivières poissonneuses et des pêcheurs réjouis), (cf. figures 11, 12, 13 ci-dessous).

S'il est difficile de mesurer précisément la diffusion de ces idées, Rauch a, en tout cas, bénéficié de relais puissants dans la presse, dans les sociétés savantes provinciales et jusqu'au sein du pouvoir royaliste. Entre 1821 et 1823, la plupart des grands journaux rendent compte de manière très élogieuse des *Annales* : « ouvrage éminemment national [...] en même temps européen[40] » (*Le Moniteur universel*) ; « cet ouvrage développe avec une éloquence entraînante tout ce que notre Globe offre de plus merveilleux[41] » *(La Gazette de France)* ; « embrasse sous les aspects les plus élevés le régime végétal et météorologique » *(Le Drapeau blanc)* ; « s'élève aux plus hautes pensées de

10. « État déplorable de beaucoup de cantons de France »,
Annales européennes, t. 5, 19e livraison

11. « Fructification des terres incultes et des eaux vides de France », *Annales européennes*, t. 7, 25e livraison

12. « Régénération des doux biens de la nature, dans tous les cantons de France », *Annales européennes*, t. 5, 20e livraison

la Création » *(Le Courrier français)* ; « nulle entreprise scientifique et littéraire n'est plus digne de fixer l'attention » *(Le Miroir)* ; « profonde empreinte de l'esprit religieux qui rattache toutes les causes physiques à une puissance suprême[42] » *(Journal de Paris)*. Et si Rauch est pour ainsi dire le seul à contribuer à sa revue avec des textes originaux, celle-ci publie une correspondance fournie avec les sociétés savantes provinciales[43]. Rauch dispose, par exemple, de relais en Provence où la question du déboisement est très vive[44], à Bordeaux où il est soutenu par la Société linnéenne[45] ou encore à Saint-Étienne[46].

Étant donné l'attentisme de Rauch sous la Restauration, son positionnement politique précis est difficile à cerner. Si d'un côté il est clairement en ligne avec le discours ultra contre l'aliénation des forêts nationales[47], de l'autre il se montre très attentif à présenter sa cause comme « nationale », c'est-à-dire « étrangère aux débats de la politique[48] ». La Société de morale chrétienne s'intéresse à lui car elle voit dans ses exhortations à contempler la nature un moyen utile de promotion de la foi. La presse royaliste – le *Journal des débats* – ou ultra – *L'Ami de la religion* – en lutte contre la vente des bois nationaux, donne aussi un écho à ses thèses[49]. C'est en tout cas entre 1817 et 1821, lorsque la question de l'aliénation des forêts occupe le champ politique, que Rauch obtient ses plus grands succès. Sa prose devient même celle d'un discours para-officiel : en 1818, le ministère de l'Intérieur demande à tous les préfets de faire la promotion du dernier livre de Rauch. Les maires sont fermement invités à en acheter des exemplaires[50].

Les mauvaises affaires du climat

La croisade climatique de Rauch ne consiste pas seulement à convaincre l'opinion publique ou à alerter le pouvoir. Il veut aussi agir personnellement et directement sur la nature et le climat de la France en mobilisant d'autres alliés : les capitalistes.

En 1824, il tente de fonder une Société de fructification générale de la terre et des eaux de France[51] visant rien moins que « la régénération physique du Royaume ». Le projet est grandiose : contre 100 millions de francs, Rauch entend obtenir la concession de *toutes* les terres incultes appartenant à l'État et aux communes (marais, terres vagues, bruyères) pour une durée de 99 ans, afin de les « mettre en valeur » en les desséchant ou les débroussaillant, avant de les transformer en bois ou en exploitations agricoles. Rauch dépose auprès des pouvoirs publics un dossier d'autorisation mais sans succès : le régime des sociétés anonymes exige un apport initial d'un quart du fonds social[52] – or Rauch n'a pas le premier franc des 25 millions nécessaires.

En 1826, c'est sous une forme différente (une société en commandite par actions) que Rauch crée la Compagnie de fructification des terrains vagues et incultes et des eaux de la France[53]. Il indique dans l'acte constitutif avoir réuni, grâce à l'aide des préfets, une « masse de terrains disponibles à fructifier ». En réaction, sans doute, aux critiques que la première mouture de son projet a suscitées[54], la société promet désormais aussi des achats de terrains. Surtout, le projet a évolué sur le fond : une « mise en culture » est promise aux terrains incultes, on ne parle plus de boiser. Le projet reste assez grandiose : 40 000 actions à 1 000 francs, pour la mise en valeur d'un million d'hectares, rien de moins. En septembre 1827, on en est loin, mais c'est tout de même 80 000 francs que Rauch a réussi à réunir auprès de vingt-cinq investisseurs, employés, propriétaires, médecins ou avocats[55].

Mais la Compagnie échouant à capter suffisamment de terrains, Rauch est forcé de la refonder et elle devient la Compagnie de dessèchement et de défrichement (des marais, des dunes, des terrains vagues)[56]. Parmi les actifs déclarés au titre de la nouvelle structure, les statistiques qu'il assure avoir amassées sur les terres incultes de la France, et la priorité qu'il aurait acquise, en promesses de concession, sur 74 000 hectares de marais et d'étangs. Mais l'opération ne prend toujours pas : en janvier 1828, le quota minimal de 2 000 actions n'ayant pas été souscrit, la création est annulée, signant l'échec de cette tentative de relance[57].

Les entreprises de Rauch peuvent sembler si grandioses qu'elles en seraient dérisoires. Rauch n'explique-t-il pas que son projet est de « transformer la France en quinze ans en un paradis terrestre[58] » ? Ne serait-il qu'un des « faiseurs de projets » mi-mégalomanes, mi-charlatans dont l'époque abonde ? Pas du tout : ses contemporains le prennent au sérieux et ses projets s'inscrivent parfaitement dans plusieurs mouvements qu'il synthétise de manière originale.

Premièrement, la fin des années 1810 et les années 1820 correspondent à un point haut des cours des produits agricoles, et les « terres incultes » suscitent la convoitise de nombreux capitalistes.

Au moment où Rauch lance ses sociétés, une Compagnie du défrichement des landes de Bordeaux projette ainsi d'obtenir la concession de 50 000 hectares de terre de ce type pour quatre-vingt-dix-neuf ans afin d'y bâtir 500 fermes pour un investissement total de 25 millions[59]. Le projet de Rauch s'inscrit aussi dans un moment d'effervescence capitaliste autour des opérations de dessèchement – une tendance sensible au même moment en Italie, en Angleterre et en Hollande.

Deuxièmement, même si nous savons que sa carrière fut heurtée, Rauch peut se poser en expert : ingénieur des Ponts, il a une crédibilité technique à faire valoir dans le monde de l'Administration, de la politique et des affaires.

Troisièmement, les projets de Rauch procèdent d'un courant mercantiliste mêlant agronomie et acclimatation. Celui-ci sort ravivé du blocus continental : Rauch s'était d'ailleurs déjà essayé, sans succès, à la production du sucre de betterave. Il insiste à de nombreuses reprises sur la dimension patriotique de ses sociétés, qui permettront à la France de se passer de certaines importations[60]. Rauch y ajoute une touche d'originalité : il prétend par ses entreprises pouvoir recréer sur le territoire national les climats favorables des colonies perdues[61], ce qui rendra possible la culture de nouvelles espèces.

Quatrièmement, le projet de Rauch correspond à une forme de philanthropie agricole ancrée dans ces années de la fin du XVIIIe et du début du XIXe siècle (comme chez Boncerf, par exemple, cf. chap. 6). Sur les terres régénérées, viendront s'installer pauvres et mendiants. Les *Annales* publient un long article sur la Société de bienfaisance fondée en 1818 par le prince Frédéric des Pays-Bas, société qui a mis en valeur un cinquième du Limbourg et établi sur ces terres une colonie de 2 500 indigents et 4 000 orphelins[62]. En donnant des terres aux pauvres, on les attachera à la propriété, on supprimera la mendicité, on garantira la paix civile : *exit,* écrit Rauch, « cette multitude de fainéants, tourbe inquiétante et factieuse qui fut toujours l'espoir et l'instrument des partis[63] ».

Que Rauch, malgré sa tendance à beaucoup promettre, soit en phase avec les réalités de son temps, le destin de sa quatrième et dernière société le confirme d'une manière à la fois ironique et cruelle. En mai 1828, il fonde la Compagnie générale de dessèchement et parvient à s'entourer de personnages en vue, qui font office de conseillers et crédibilisent l'entreprise : des savants comme Fourier, Tessier et Mirbel ; des hauts fonctionnaires des Ponts comme Prony et Girard[64].

Le principe de la société est de fonctionner en synergie avec l'État. D'abord, elle le sollicite pour qu'il prenne le contrôle de terres appartenant à des tiers (particuliers ou communes) au nom d'un impératif de mise en valeur. Ceci fait (souvent par expropriation), l'État concède ces parcelles à la société. Cette dernière paye alors les frais d'assèchement avant de restituer les terrains mais en en conservant certains. Ellc fait son bénéfice en revendant ces terres (désormais) agricoles.

Des opérations sont lancées dans quatorze départements : en Camargue, dans l'Aube, la Marne, le Cher, le Gard... En 1833, le capital de la société est de près de deux millions de francs[65]. Certes, tout n'est pas simple : des propriétaires résistent aux expropriations en asséchant eux-mêmes, en contestant la procédure ou en bloquant les travaux[66]. De plus, la proposition de réforme législative portée au même moment, à la Chambre, par le financier Jacques Lafitte (par ailleurs banquier de la Compagnie[67]) et qui devait faciliter les transferts de terres n'aboutit pas. Malgré tout, la société parvient à conserver la confiance de ses actionnaires et à fonctionner jusqu'au milieu des années 1840.

Un certain succès donc, mais qui est cruel pour Rauch, car il a été entre-temps forcé d'abandonner son poste de gérant et de quitter la société qu'il avait cofondée. Il meurt en 1837 dans une chambre qu'on lui prête, avec quelques objets personnels et une liste de dettes – celles d'un homme qui tire le diable par la queue[68]. Sa croisade est loin : il aura consacré les dernières années de sa vie à une entreprise d'aménagement à marche forcée, visant la mise en culture et la revente, loin, très loin des grandes visions de restauration végétale, climatique et morale de la France qui l'avaient jadis animé.

Chapitre 11

La circulaire n° 18

Il y a deux cents ans : une enquête sur le changement climatique

C'est l'une de ces trouvailles qui surprend l'historien puis décide d'une enquête – et parfois d'un livre. Dans notre cas, elle a pris la forme d'un carton bourré de documents puis d'un second exhumés des archives de Météo France et de l'Académie des sciences de Paris[1]. À l'intérieur, plusieurs milliers de pages de lettres, de notes, de mémoires, de listes. Quelques données chiffrées (très peu), quelques graphiques, pas d'images. Des signatures multiples : celles de préfets, de sous-préfets, de maires, d'agriculteurs, de naturalistes, d'ingénieurs, de rentiers, d'érudits locaux. Des réponses précises, resserrées, circonspectes. D'autres confuses, tortueuses et parfois épuisantes à force de redites. Toutes sont des voix qui, à deux siècles de distance, nous parlent du changement climatique de la France, de ses causes et de ses effets, et de bien d'autres choses encore.

Toutes sont des réponses à la circulaire n° 18 expédiée, à la fin d'avril 1821, par le bureau « sciences et beaux-arts » du ministère de l'Intérieur. Cette circulaire, adressée à tous les préfets, s'ouvre sur un constat : la multiplication, depuis quelques années, de « refroidissements sensibles dans l'atmosphère », de « variations subites dans les saisons », d'« ouragans ou d'inondations extraordinaires »[2]. Qu'en est-il ? Et cette tendance, si elle existe, est-elle due au déboisement de la France ? C'est ce que l'enquête cherche à déterminer avec cinq questions portant sur l'évolution du « système météorologique » des départements (vents, pluies, neige, mais aussi inondations, rivières et glaciers) et de leurs forêts (surface, nature, propriété) depuis trente ans c'est-à-dire *depuis la Révolution*. Pour la première fois, un État européen lance, en ce début du XIXe siècle, une enquête nationale sur le changement climatique, et sur une possible responsabilité de l'Homme dans cette dynamique en cours.

Le ministère de l'Intérieur et du Climat

Pourquoi cette initiative ? Quels sont ses origines, ses buts et ses arrière-pensées ? Pour le comprendre, il faut remonter deux ans en arrière, au début de l'année 1819, quand un petit groupe d'agronomes et de naturalistes, tous convaincus de la gravité du changement climatique, est propulsé à des positions d'influence au sein du ministère de l'Intérieur, c'est-à-dire au cœur du pouvoir en France.

Le 18 janvier 1819, le ministre et chef du gouvernement Élie Decazes fonde le Conseil d'agriculture. L'idée est de promouvoir une agriculture plus moderne, plus rationnelle, grâce à un corps d'expertise intégré au ministère. Celui-ci est composé de notables savants, recrutés pour l'essentiel à l'Académie des sciences et à la Société royale d'agriculture. On y trouve ainsi Jean-Antoine Chaptal, chimiste et grand industriel, qui avait été ministre de l'Intérieur sous Napoléon. Le Conseil est doté de correspondants provinciaux qui doivent consacrer une partie de leurs terres aux expériences agronomiques préconisées depuis Paris.

Le parti du changement climatique se retrouve en position de force dans le Conseil. Pourquoi ? Parce que cette instance est très liée à l'action d'un botaniste, Charles-François Brisseau de Mirbel[3]. Or Mirbel est l'un des savants qui met le plus vivement en garde contre le changement climatique. Dans le cours de botanique qu'il donne en Sorbonne, il prévient : si la France ne protège pas ses arbres, elle connaîtra le même sort que les civilisations disparues d'Égypte et de Judée[4]. Mirbel est aussi un ami du ministre Decazes, à qui il a inspiré la création du Conseil d'agriculture. Les deux hommes se sont liés lorsqu'ils étaient tous deux conseillers du roi de Hollande, Louis Bonaparte, en 1806-1808. En septembre 1815, quand Decazes devient dans un premier temps ministre de la Police, Mirbel le rejoint comme secrétaire général du ministère. Et une fois Decazes à l'Intérieur (en décembre 1818), Mirbel occupe le même poste clé. C'est lui qui préside au recrutement du Conseil d'agriculture en y intégrant ses collègues les plus proches. Il y fait ainsi venir André Thouin, qui avait repris dès 1784 les théories climatiques de Pierre Poivre et de Bernardin, et Louis Bosc d'Antic, un autre naturaliste qui a des convictions anciennes sur les dangers des transformations anthropiques des climats[5].

En janvier 1820, une vague de froid déferle sur la France. À Paris, la Seine est figée, on meurt de froid dans les rues[6]. Dans le sud-est de la France, l'arboriculture est frappée de plein fouet : les arbres sont tués par le gel ou doivent être amputés. « Les orangers d'Hyères et de Nice, écrit le *Journal des débats* le 2 février, sont entièrement perdus [...] et les oliviers sont extrêmement endommagés dans une grande partie de la Provence[7]. » « Les figuiers, renchérit le *Journal de Marseille,* sont dans le même état que les oliviers. La vigne, partout où elle était déjà taillée, a beaucoup souffert[8]. » Les atteintes aux oliveraies frappent surtout les esprits. Parce qu'il faut près de vingt-cinq ans pour obtenir un arbre productif, l'événement augure d'une énorme perte économique[9]. L'existence même de l'oléiculture française semble menacée.

La question mobilise en urgence le Conseil d'agriculture. Louis Bosc d'Antic est chargé d'enquêter sur la mort des oliviers[10]. Il interroge ses correspondants provençaux, qui font part de leur conviction : c'est bien une dégradation du climat qui est à l'origine du désastre[11]. Depuis 1816 et « l'année sans été », les élites provençales en sont convaincues : un changement climatique est en cours et menace de ruiner la région[12].

D'autres estiment au contraire qu'il faut tenir bon et rassurer les agriculteurs, pour éviter qu'ils ne se détournent de cette culture, au moment où – après leurs pertes récentes – ils doivent choisir que replanter. C'est l'objectif d'Adrien de Gasparin, un agronome originaire du Vaucluse (et qui deviendra ministre de l'Intérieur sous la monarchie de Juillet). Tout son travail vise à persuader les agriculteurs provençaux « que les saisons ont *un cours régulier, permanent*, dépendant des lois générales de l'univers et par conséquent *immuable comme lui*, et que leurs variations en plus ou en moins, ne sont que des oscillations autour d'un point fixe dont elles ne sauroient s'écarter beaucoup[13] ». Pour Gasparin, l'enjeu est vital : il s'agit de sauver l'agriculture méridionale.

L'hiver 1819-1820 marque l'apogée des inquiétudes pour une dégradation climatique de la France. Il constitue le point d'orgue d'une séquence ouverte depuis la fin du siècle précédent et accentuée par l'explosion du Tambora. Début 1821, le Conseil d'agriculture décide de trancher la question : après des années de débats, l'État doit prendre les choses en main et mobiliser tous ses moyens pour mener l'enquête. Le ministre Joseph Jérôme Siméon – qui a succédé à Decazes en février 1820 – donne son feu vert[14]. La circulaire n° 18 est lancée.

Du point de vue du gouvernement, l'initiative a plusieurs objectifs. L'enquête répond d'abord à l'émoi populaire et médiatique provoqué par le grand froid de 1819-1820. C'est une façon, pour le régime, de montrer sa volonté d'action vis-à-vis d'un problème sur lequel il n'a par ailleurs pas de prise immédiate.

C'est aussi, alors que les ventes des forêts nationales s'accélèrent et qu'elles nécessitent chaque année un vote au Parlement, une façon de contrer les attaques des ultraroyalistes. Car l'enquête n'est pas dénuée d'arrière-pensées : il ne s'agit pas simplement d'étudier le changement climatique, mais d'orienter la recherche des responsables. Et d'abord d'incriminer, plutôt que les aliénations récentes, les conséquences désastreuses de la Révolution. La demande de la circulaire, d'étudier l'évolution forestière et climatique depuis trente ans – et donc depuis 1789 – est assez claire sur ce point. Poser la question en ces termes présente l'avantage d'amadouer les ultras, tout en exonérant la politique forestière récente de la Restauration.

Mais ce n'est pas tout : l'enquête entend aussi démontrer le rôle climatique central des forêts *de montagne*, qui ne sont *pas concernées par les aliénations décidées depuis 1814*. La manœuvre est subtile : plutôt que de nier l'existence d'un changement climatique, c'est une façon de désigner d'autres coupables : les montagnards qui détruisent leur environnement et nuisent au climat du pays tout entier.

Cette mise en accusation correspond à une conviction alors influente selon laquelle les montagnes françaises sont dégradées[15]. Les responsables : les populations locales et leurs pratiques agropastorales archaïques. Mirbel en est convaincu : il a été formé à la botanique par Ramond de Carbonnières, l'un des premiers à théoriser et populariser cette conception à la fin du XVIIIe siècle[16]. Pendant quatre ans, sous le Directoire, alors qu'il avait dû fuir Paris pour des raisons politiques, Mirbel a parcouru les Pyrénées en sa compagnie et c'est lors de ces excursions que se cristallise chez lui cette vision décliniste des réalités montagnardes. Deux décennies plus tard, arrivé au ministère de l'Intérieur, il fait nommer son ancien maître au Conseil d'agriculture.

Mirbel a bien retenu ses leçons. En août 1820, réagissant au gel des oliviers provençaux, il promeut dans la presse le *Projet de boisement des Basses-Alpes* qu'un ancien préfet, Pierre-Henri Dugied, a publié l'année précédente[17]. Pour Mirbel, ce mémoire est une aubaine : non seulement il dénonce la dégradation des montagnes, mais il insiste aussi sur ses effets spécifiquement *climatiques*. Le déboisement des Alpes, explique Dugied, affecte les climats de la Provence, de la Bourgogne et de la Franche-Comté. Ne voit-on pas, écrit-il *avant* l'hiver 1819, les oliviers provençaux « geler depuis vingt-cinq à trente ans plus souvent qu'autrefois[18] ? » La menace change ici de nature : l'enjeu n'est pas seulement l'intégrité du milieu montagnard, mais le risque d'un dérèglement climatique des grandes régions agricoles, là où se concentrent la richesse et les populations.

Cette explication aurait aussi un intérêt politique majeur. Les montagnards sont les coupables idéals : depuis trente ans, on accuse leurs pratiques agropastorales – l'usage des pâturages communs en particulier – d'avoir déboisé et causé érosion et inondations. Les rendre à présent responsables du froid de 1820, au même titre que les révolutionnaires et les paysans de l'an II, permet d'exonérer la politique d'un gouvernement dont Mirbel et son Conseil d'agriculture sont parties prenantes.

Déchiffrer le changement

Le questionnaire d'enquête est expédié aux préfets fin avril 1821, et mi-juin le ministre de l'Intérieur le communique à l'Académie des sciences, la chargeant de synthétiser les réponses à venir[19]. Celles-ci sont transmises, au fur et à mesure, à une commission académique formée de l'agronome Victor Yvart et de deux membres du Conseil d'agriculture, Jean-Baptiste Huzard et Louis Bosc d'Antic. Ce n'est pas la première fois que les climats de la France sont l'objet de l'attention de la statistique d'État. Les Sociétés royales de médecine et d'agriculture, en mettant en place dans les années 1770-1780 des réseaux d'observation météorologique, cherchaient déjà à fournir au pouvoir monarchique dont elles étaient des émanations, des outils pour gérer maladies et récoltes[20]. Dans les années 1800, le lancement d'une grande Statistique départementale de la France (SDF) visait à dresser une anatomie complète de la France d'après la Révolution. Et parce que sa grille de lecture était une vision du territoire pensée en termes néo-hippocratiques, elle sollicitait de ses interlocuteurs des topographies de leurs lieux de vie pour mettre en regard climats des départements et « nature » des habitants[21].

L'enquête de 1821 a ceci d'unique qu'elle est tout entière consacrée au changement climatique. Les réponses qu'elle a suscitées sont aujourd'hui conservées dans deux fonds d'archives, l'un détenu par l'Académie des sciences, l'autre par Météo France. Ce dernier porte les traces de l'activité de gestion de l'enquête, ce qui laisse supposer qu'il a été versé par le ministère de l'Intérieur à l'un des organismes dont cette institution est héritière – probablement le Bureau central météorologique (1878-1921). Son cheminement est assez mystérieux. En effet, une quinzaine d'années après le déclenchement de l'enquête, ces réponses avaient semblé perdues. En 1838, on avait tenté de les retrouver sans succès (chap. 12). Ont-elles été égarées avant de ressurgir puis d'être léguées, quelques années ou décennies plus tard, aux fonctionnaires de la météorologie d'État ? Les liasses conservées à l'Académie ont eu une histoire plus tranquille : ce sont des copies des réponses à l'enquête, transmises au fur et à mesure par le ministère pour alimenter la synthèse des académiciens. Au total, on dispose des réponses de 60 départements sur 86 (55 à Météo France et 50 à l'Académie). Des bilans dressés à l'époque confirment que ce corpus est complet[22]. Un peu moins d'un tiers des préfets n'ont jamais répondu aux questions de la circulaire n° 18.

L'enquête connaît sur le moment une certaine exposition médiatique. Rauch se félicite bruyamment, dans ses *Annales*, d'avoir suscité un acte qui, écrit-il, est « peut-être le plus capital qui soit jamais sorti du ministère[23] ». Il reproduit le questionnaire et une sélection (orientée) de réponses venues d'une trentaine de départements[24]. Il a en effet obtenu l'autorisation de les faire copier à leur arrivée, et il ne se prive pas d'utiliser ce privilège pour se présenter, de façon exagérée, comme l'inspirateur et presque le maître d'œuvre de l'entreprise[25]. Rougier de La Bergerie, de son côté, maugrée dans son *Cours d'agriculture pratique* (qui est en fait une revue), contre les partialités de ce ministère qui lui préfère Rauch[26].

Les réponses forment un kaléidoscope d'observations, d'appréciations et de requêtes venues de tout le territoire. Du chef de l'exécutif départemental, le questionnaire est renvoyé vers d'autres interlocuteurs : vers les sous-préfets puis vers les maires et les propriétaires agricoles ; vers des commissions *ad hoc* qui sont parfois constituées par les préfets ; vers des sociétés savantes locales qui se chargent de l'expertise et publient parfois le résultat dans leurs revues.

Certains s'excusent par avance : « Je n'ai obtenu que quelques réponses superficielles, contradictoires et purement hypothétiques », écrit ainsi franchement le préfet de la Haute-Marne. « Le résumé que je tirerai de ces matériaux n'apportera donc aucun éclaircissement[27]. » D'autres renvoient les savants à leurs responsabilités : « Beaucoup de naturalistes et physiciens habiles ont traité cette question. [...] Si des savants aussi distingués ne sont pas d'accord entre eux sur l'influence des abris que procurent les forêts [...] je ne me hasarderai pas à entrer dans la discussion d'un sujet aussi étranger à mes connaissances[28] » (préfet des Ardennes). Plusieurs mobilisent un raisonnement *a priori* pour éviter de répondre : leur département n'a pas subi de déboisement, ils n'ont donc rien à dire sur le changement climatique. Certains, enfin, ne mâchent pas leurs mots : « il faut arrêter ces folles demandes », cingle un correspondant après une énième relance de Paris[29].

La plupart des préfets fournissent cependant des réponses substantielles, synthèses le plus souvent de documents produits par leurs interlocuteurs locaux et qui sont joints. De cette masse de correspondance et de documentation n'émerge pas un diagnostic univoque sur un changement des climats de la France. Plusieurs lignes de force sont toutefois saillantes, qui transcendent la diversité des perceptions, des constats, des hypothèses.

D'abord, ce constat, massif : le climat est *plus variable, plus erratique*. Depuis la Révolution, les saisons sont moins régulières, plus changeantes en intensité, leurs limites fluctuent : « Il est indubitable que les saisons n'ont plus la même régularité, et depuis cinquante ans cette différence est sensible » (sous-préfet de Tournon[30]) ; « inconstance bien reconnue dans les époques du retour périodique des saisons » (préfet des Bouches-du-Rhône) ; « saisons moins tranchantes » (secrétaire général de la préfecture d'Ille-et-Vilaine).

À cette irrégularité croissante des saisons, correspond, à l'échelle de la journée ou de la semaine, un « temps qu'il fait » de plus en plus erratique. Désormais, explique-t-on partout, les vents, les pluies, le froid et le chaud surviennent plus brusquement, par à-coups : « la température est infiniment plus variable qu'autrefois » (conseiller de préfecture du Gers) ; « désordre de la température [...] incontestable » (préfet des Basses-Alpes) ; vents plus changeants (préfet de l'Hérault).

Le climat et les conditions atmosphériques auraient donc une variabilité croissante. Mais *quid* des *moyennes* climatiques, et particulièrement des températures –, la menace d'un refroidissement de la France ayant été centrale dans le lancement de l'enquête[31] ? C'est l'un des grands enseignements des réponses, mais qui prend la forme d'un résultat négatif. En effet, sur ce point crucial, aucun consensus n'existe. Certes, l'idée d'un changement est répandue. Ils sont minoritaires ceux qui, comme le préfet de l'Hérault, parlent de chaleur constante puisque, écrit-il, « on a remarqué depuis soixante ans que [les récoltes] des grains, des vins et des fourrages sont prêtes à la même époque et qu'elles ne varient guère que de quelques jours, plus tôt ou plus tard, à moins de circonstances particulières[32] ». Ou comme ce maire qui raille, pour leur croyance en un changement climatique, « ces hommes qui croient que la nature marche aussi rapidement que leur esprit conjectural[33] ». Le scepticisme le plus argumenté est celui du comte de Montlosier, un naturaliste sollicité pour traiter de son département, le Puy-de-Dôme[34]. Pour lui, les « sommités du ciel » contiennent des masses d'eau et de glace si considérables que l'action humaine est sans doute négligeable. La météorologie doit s'expliquer par la seule météorologie : « l'étude de ces phénomènes appartient à l'étude même de l'atmosphère, et n'a aucune affinité avec la petite action de nos déserts ou de nos forêts »[35]. Pour lui, nulle trace de changement climatique mais des masses d'air atmosphérique indifférentes à la vie des hommes et qui produisent saisons et météores.

De nombreuses réponses arguent quant à elles d'un changement des températures. Mais en quel sens ? Pour certains, les hivers deviennent plus doux : « Les hivers autrefois longs et rigoureux ne sont presque plus aujourd'hui que de beaux jours d'automne » (préfet de l'Ariège) ; « Les hivers sont moins froids » (Gallucheau, pour la Société d'agriculture de Saintes). Pour d'autres, nul doute qu'il fait au contraire de plus en plus froid, ou froid de plus en plus longtemps : « Il paraît constant d'après le témoignage des plus anciens habitans, que la température s'est refroidie depuis trente ans » (sous-préfet de Parthenay) ; « Les froids ne sont pas plus vifs, mais ils durent plus longtemps » (sous-préfet de Bressuire)[36].

Pas de consensus non plus à propos des autres phénomènes climatiques. Ainsi pour les vents : « Les vents sont généralement plus forts et plus froids » (préfet du Var) ; « Les vents ont été moins violents » (préfet de Vendée) ; « Les vents n'ont pas été plus violents ni plus malfaisants, ni plus variables » (préfet de Seine-et-Oise)[37]. Or, et c'est un point important, si elles paraissent contradictoires et dispersées lorsqu'elles sont considérées en masse, les réponses ne trouvent guère plus de cohérence quand on les analyse par zone géographique, région ou type de relief. Seuls les départements provençaux, encore traumatisés par l'hiver 1819-1820, dénoncent en bloc un refroidissement du climat.

Une référence structure toutefois largement les réponses à l'enquête : celle au *cycle de l'eau* en tant que schéma explicatif, objet d'inquiétude, mobile pour des injonctions à agir. Si le déboisement fait sentir ses effets depuis la Révolution, ce serait d'abord en rendant ce cycle plus erratique. Ce constat élargit l'idée d'un climat plus variable quant aux précipitations et l'étend aux sources, aux fontaines, aux débits des cours d'eau. Dans les réponses, deux grands schémas sont mobilisés pour expliquer ces grandes perturbations observées des nuages jusqu'au lit des fleuves.

Premier schéma : celui centré sur l'action *pédologique* des arbres. Les forêts agiraient en stabilisant les sols, en favorisant l'accumulation d'humus, en mêlant leurs racines à la terre : l'eau imbiberait cette couche superficielle avant d'alimenter les réservoirs souterrains (et donc les sources), et de s'écouler en surface sans à-coups. Mais sans arbres, les pluies ne sont plus absorbées, l'eau n'est plus retenue dans le sol et le sous-sol. D'où des écoulements par spasmes, des sources taries et des inondations. Les réponses incriminent avant tout ce qui se passe en montagne, où avec moins d'arbres, les sols eux-mêmes sont emportés par les pluies.

Second schéma : celui centré sur l'action *météorologique* des arbres. Les forêts, clairsemées ou détruites, ne joueraient plus leur rôle d'attracteurs de nuages et donc de « pompes » continues de l'eau atmosphérique. D'où une plus grande irrégularité des précipitations et donc des pluies torrentielles, des sécheresses, l'érosion des pentes et des inondations. Louis-Augustin d'Hombres-Firmas, correspondant de l'Académie des sciences dans le Var, est l'un de ceux qui creusent le plus cette idée, révélant au passage tout ce qu'elle doit à Bernardin de Saint-Pierre et à Rauch : les arbres qui servaient de « conducteurs électriques » ont été abattus, ils n'attirent plus les nuages et ne font plus jonction pour transférer l'eau que ces derniers contiennent dans le sol[38]. D'autres complètent ce tableau de détails, eux aussi traçables jusqu'à Rauch. Ainsi le conservateur des forêts Dralet, qui écrit de Toulouse, évoque les risques que pose la congélation en altitude des masses d'eau qui ne sont plus attirées par les arbres – un raisonnement inspiré de la *Régénération de la nature végétale*. Auteur prolixe, pionnier de la conservation des montagnes pyrénéennes, c'est un ancien des courses en montagne en compagnie de Ramond et Mirbel[39]. Parfois les références se mêlent, comme avec cet informateur anonyme des Pyrénées-Orientales qui combine les théories de Bernardin et Rauch à celle du feu central de Buffon.

Indices, preuves et témoignages

Le fondement empirique qui sous-tend les réponses est faible. De nombreuses correspondances regrettent l'absence de données météorologiques chiffrées : « Le défaut d'observations météorologiques à l'époque où les forêts étaient encore intactes ne [permet] pas de faire des comparaisons exactes[40] » (préfet du Jura). « Il n'y a, déplore le préfet de l'Aube, dans toute l'étendue du département [...] ni dans le corps enseignant, ni hors du corps un seul physicien ni naturaliste, en un mot personne qui se soit occupé des notes sur les variations des saisons, la direction des vents[41]. »

Quelques données éparses sont toutefois disponibles. C'est, par exemple, le cas dans le Bas-Rhin, où les observations de Herrenschneider, professeur de physique à la faculté de Strasbourg, lui servent à argumenter en faveur d'une constance des climats[42]. Face à la pénurie d'observations, remontent alors des propositions sur des initiatives à prendre. Ainsi la Société de littérature, sciences et arts de Rochefort « pense qu'on ne pourra résoudre la question [...] qu'autant que le gouvernement aura rendu obligatoires, au moins dans chaque ville principale ou chef-lieu de sous-préfecture, des observations météorologiques journalières[43] ». Cette proposition reprend en fait une suggestion faite par Rauch dans ses livres successifs, d'un maillage du territoire par de tels observatoires météorologiques et « hydro-végétaux ». C'est aussi l'esprit de l'intervention de Girou de Buzareingues, propriétaire dans l'Aveyron et correspondant du Conseil d'agriculture, qui propose rien de moins qu'un réseau d'observatoires météorologiques sur toutes les côtes, montagnes et frontières de la France, et même (excusez du peu) « dans tous les États du monde[44] ».

En attendant, l'enquête intervient à une période, le premier tiers du XIXe siècle, qui connaît une très faible pratique de l'observation météorologique aux instruments. Il n'y a guère que dans les observatoires astronomiques[45] et dans quelques domiciles de praticiens amateurs qu'on enregistre quotidiennement le « temps qu'il fait ». C'est une période de creux entre l'âge d'or des réseaux médico- et agro-météorologiques de la fin du XVIIIe siècle et le renouveau de l'observation lié à la nouvelle météorologie dite « dynamique » à partir des années 1830-1840[46]. L'enquête de 1821 confirme la quasi-disparition de pratiques d'enregistrement du temps très vivaces à la fin de l'Ancien Régime, et ré-émergentes par la suite. À cela, s'ajoute un facteur important s'agissant de l'enquête : les cadres forestiers, qui en sont des interlocuteurs privilégiés, se recrutent encore largement à cette époque sur la foi d'une formation en droit (l'école forestière de Nancy n'est fondée qu'en 1824) et leur manque de familiarité avec la culture de l'observation de précision est patent[47].

Ce qui frappe aussi dans les réponses à l'enquête, c'est le processus d'effacement mémoriel et institutionnel qui fait que l'énorme masse de données collectée par la Société royale de médecine avant la Révolution est tout simplement ignorée. L'enquête collective menée, au début des années 1970, par Emmanuel Le Roy Ladurie, Jean-Pierre Goubert et Jean-Pierre Peter notamment, a pourtant montré sa très grande richesse, y compris en termes de données climatiques chiffrées[48]. Cet effacement est durable : vingt ans après la circulaire n° 18, lorsque la Statistique générale de la France tente de produire une description climatologique du territoire en collectant des données, cette mine d'informations n'est pas non plus mobilisée ni même évoquée[49]. Ce que Jean Meyer avait appelé « la plus importante de toutes les enquêtes administratives du XVIIIe siècle » sera elle aussi oubliée dans les archives durant près de deux siècles[50].

Sans données pour répondre à l'enquête, le recours à la mémoire humaine est fréquent, et surtout à celle de « vieillards », qu'on interroge mais dont il est difficile de dire – parce qu'ils ne sont jamais nommés – s'ils sont plus qu'une source d'autorité discursive. Les fêtes votives concourent souvent à leur témoignage. Par exemple en Corse où, dans les villages de Celano et Orcino, on avait coutume de fêter le 1er mai avec des gâteaux cuits sur des feuilles nouvelles de châtaignier. Or à présent, on n'en trouve plus au grand étonnement des « vieillards »[51]. Ou bien dans le Var, où ces mêmes vieillards « disent qu'ils avaient régulièrement des pluies abondantes dans la dernière quinzaine de septembre ou dans la première d'octobre qu'ils appelaient les pluies de la Saint-Michel » et qu'on ne voit plus aujourd'hui[52]. Recours aux témoignages des anciens, donc, mais dont la parole peut aussi, à peine mobilisée, être mise en doute : leur perception n'est-elle pas brouillée par le « penchant naturel » que les plus âgés ont de tout temps à « représenter les temps passés comme plus heureux sous tous les rapports » (préfecture du Gers)[53] ?

Dépourvus d'observations chiffrées et conscients de la fragilité des souvenirs, les préfets se tournent alors vers un troisième type de source : les proxys. Et avant tout vers les traces, matérielles ou scripturales, de cultures agricoles disparues. On a vu précédemment comment, à la fin du XVIIIe siècle, c'est déjà vers eux que, face au peu de fiabilité des observations, des étalons et des instruments anciens, s'étaient tournés les météorologues désireux de se faire « historiographe [s] de la nature » (chap. 4). Les préfets et leurs interlocuteurs en font autant. En Ardèche, souligne un sous-préfet, des titres de 1634 parlent de terrains nommés « petite » et « grande olivette », là où cette culture est aujourd'hui impossible ; des cadastres portent la mention « chemins entre les vignes » à des altitudes où l'on ne peut plus en faire pousser[54]. Dans le Cantal, « les anciens terriers du chapitre cathédral de Saint-Flour prouvent qu'aux treizième et quatorzième siècles, ils prélevoient la dîme sur la vendange des vignes qui étoient placées sur le penchant méridional de la montagne ». Ces faits, conclut le naturaliste Devèze de Chabriol, « sont la preuve que la végétation de ce genre de culture a été refoulée par le climat dans les parties [...] plus basses[55] ». L'histoire du reflux des cultures à des latitudes ou des altitudes plus basses sert à appuyer un diagnostic de changement climatique sinon impossible à caractériser. Parfois, c'est même... au plafond que se tournent les regards : ainsi dans le Perche, où les vieux bâtiments portent des poutres en châtaignier dont la disparition, explique le préfet d'Eure-et-Loir, serait due aux grands hivers de 1709 et 1740[56].

Une tentative encore plus originale, et promise à un bel avenir (cf. chap. 13), remonte de l'Yonne[57]. L'ingénieur en chef des Ponts et chaussées du département, Jean-Baptiste Simon Fèvre, propose d'exploiter les dates de bans de vendange en Bourgogne – qui donnent le début de la récolte du raisin – pour y chercher des indications sur le climat. On pourrait ainsi, avance-t-il, remonter des siècles en arrière, et il joint à sa réponse un cadre à remplir dans ce but. Mais la démarche reste pour l'heure lettre morte.

Une autre voie consiste à utiliser, comme cela se faisait dès le XVIIIe siècle, les niveaux des cours d'eau pour remonter aux évolutions climatiques passées. Le baron de Malaret, président de la Société d'agriculture de Haute-Garonne, présente les résultats que celle-ci a obtenus en exploitant des observations du niveau de ce fleuve, dues à un érudit local et à l'administration du canal du Midi[58]. La société a ainsi pu disposer d'une série remontant à avant la Révolution, et elle en tire des représentations graphiques sous forme de courbes. Mais il est difficile de conclure : les crues de la Garonne ont semblé plus fortes ces derniers temps ; mais, par ailleurs, des repères physiques marqués sur les bords du fleuve donnent des hauteurs record *avant* la Révolution. La mémoire du passé hydrologique, elle aussi, paraît brouillée.

Les échelles du changement

À la lecture des réponses, un constat s'impose : le climat et le changement climatique ne sont en rien, en ce début du XIXe siècle, vus comme des phénomènes qui seraient purement locaux dans leurs caractères, leurs manifestations, leurs évolutions, leurs causes. Autrement dit, ce n'est certainement pas la prise en compte des grandes échelles spatiales qui distingue les pensées du changement climatique de cette époque de celles de notre temps. Nulle place, ici, pour une opposition commode entre un changement climatique perçu et pensé comme local (celui des hommes du XIXe siècle) et un changement climatique global (le nôtre).

Cela ne signifie pas que personne ne pense l'évolution des climats comme un processus aux causes et aux effets très circonscrits dans l'espace. Mais il n'existe pas de consensus sur ce point : chacun défend sa propre conception de l'échelle spatiale du changement – conception qui est souvent liée au fait d'en désigner une cause ou un responsable.

Pour certains, c'est la planète elle-même qui est la bonne échelle pour appréhender la question climatique. C'est ainsi la « destruction presque totale des forêts dans toute l'Europe et le nouveau monde » qui, selon le sous-préfet de Privas, expliquerait le dérèglement des climats observé en Ardèche[59]. « Les défrichements faits dans le nord de l'Allemagne et dans l'Amérique septentrionale » auraient affecté les Landes[60]. Dans son mémoire au préfet du Loir-et-Cher, Guérin d'Ogonière, de la société départementale d'agriculture, parle de la Terre privée d'« au moins de la moitié de ses forêts », dont 900 millions d'arpents perdus en Europe et 98 en France[61]. « Faut-il donc s'étonner, poursuit-il, que les vides aussi immenses sur tous les points du Globe ayent pu changer la direction des vents terrestres ? »

À une moindre échelle encore, c'est le déboisement des montagnes françaises, des départements côtiers (qui subissent les vents venus de la mer) et des départements voisins qui expliquerait les évolutions en cours. « C'est moins, argumente ainsi le préfet du Pas-de-Calais, [...] dans ce département que dans les départements limitrophes où se font de grandes exploitations qu'il faudra chercher les causes dont on sent ici les effets[62]. » Le pays, écrit son voisin de la Somme, est « influencé par les opérations exécutées au loin dans les départements montagneux et forestiers[63] ». Ce type d'argument a aussi un avantage : rejeter d'éventuelles responsabilités vers d'autres administrations, d'autres acteurs économiques, d'autres fonctionnaires.

Autre enseignement de l'enquête : la rémanence de conceptions qui inscrivent les phénomènes climatiques dans des continuums embrassant des phénomènes telluriques et/ou astronomiques. D'où des chaînes causales à très grande portée, s'exprimant à l'occasion d'événements particuliers, et souvent pour présenter une alternative à l'explication par le déboisement. Les séismes, et surtout celui de Calabre de 1783, sont mis en cause. Les changements « semblent devoir être moins attribués aux déboisements particuliers [...] qu'à un très grand nombre de causes physiques parmi lesquelles on classe le tremblement de terre de la Calabre[64] » (Eure-et-Loir) ; certains « ont cru apercevoir que les changemens survenus dans l'état de l'atmosphère sont devenus plus sensibles depuis les tremblements de terre de Lisbonne et de la Calabre en 1755 et 1783[65] » (Charente).

D'autres réponses sonnent comme l'écho des débats de la séquence post-Tambora, en mobilisant la référence au pôle Nord. Ainsi avec ce sous-préfet du Gers qui attribue le refroidissement en cours à une grande débâcle des glaces « entassées, peut-être depuis la création du monde[66] », ou avec ce « déplacement extraordinaire des glaces des mers du Nord[67] » dont on parle en Vendée, dans les Deux-Sèvres, dans l'Yonne, dans les Landes.

Les forêts et les climats du Globe

Cette façon d'ancrer les changements climatiques dans un cadre de compréhension global connaît au même moment une expression particulièrement sophistiquée, ailleurs en Europe. Au printemps 1823, l'Académie des sciences et belles-lettres de Bruxelles lance un concours récompensant la meilleure étude sur les effets du déboisement sur la température de l'air, les vents, « l'abondance » et « la localité des pluies »[68]. L'initiative s'inspire de l'enquête hexagonale et émerge du même type de préoccupation : en l'occurrence, évaluer les effets de la vente, par un royaume des Pays-Bas lourdement endetté, de pans entiers des forêts domaniales belges[69].

Le gagnant est un Français, Alexandre Moreau de Jonnès[70]. Ancien officier dans les Caraïbes, Moreau travaille sous la Restauration au cabinet du ministre de la Marine, en charge d'études sur l'agriculture, le commerce, l'hygiène dans les colonies[71]. Son mémoire s'ouvre sur un constat : le « torrent des révolutions » a parachevé la destruction des anciennes forêts européennes, déjà obérées par des siècles d'essor des populations et de l'industrie. Le bilan est particulièrement alarmant en ce qui concerne la France, et Moreau met en garde contre une destruction complète de ses massifs à l'horizon d'un demi-siècle.

Puis, pour analyser les effets climatiques du déboisement, il déploie un cadre analytique qui impressionne par son caractère innovant et sa rigueur. Il s'inspire d'un travail d'Alexandre Humboldt paru en 1817. Dans cet article, Humboldt invente un nouvel outil, la ligne isotherme, en traçant des courbes reliant les points du Globe de même température moyenne[72]. Cette innovation en apparence simple marquera tout le développement futur des études de l'atmosphère.

Mais Moreau s'inspire surtout du mode de raisonnement dont les isothermes sont le moyen. Pour Humboldt, la compréhension des climats terrestres passe par leur « reconstruction » en pensée, en partant d'une configuration de base où la Terre est une sphère parfaite. Puis dans un second temps, il utilise les isothermes pour évaluer ce que les climats réels doivent aux influences de « modificateurs » : le relief, les masses d'eau, l'état superficiel du sol… L'idée est ancienne, mais Humboldt la met en œuvre en mobilisant une grande masse d'observations pour spécifier la hiérarchie et la portée de ces influences « modificatrices ».

Moreau reprend ce raisonnement pour analyser les effets du déboisement sur la température, via son impact sur les « modificateurs » (par exemple, le relief apparent est amoindri en l'absence d'arbres). Il cherche aussi à caractériser des profils climatiques pour les différentes régions du Globe, afin d'évaluer l'action des arbres dans chaque situation. Il reprend enfin à Humboldt son insistance sur la quantification. Lui-même mobilise énormément de données. Pour son chapitre sur la température, il exploite ainsi 30 000 données météorologiques dont la moitié, écrit-il, lui « appartiennent »[73].

Il conclut finalement à l'existence d'un optimum forestier et climatique pour chaque région du Globe. En deçà, on se rapprocherait de l'« état final » de la planète, de « solitudes vastes, stériles et desséchées » ; au-dessus, de son « état primitif » humide, marécageux et insalubre[74]. Or la France et la Belgique sont aujourd'hui, prévient-il, à un point de bascule : il faut à tout prix stopper les déboisements. L'Académie de Bruxelles dira tout le bien qu'elle pense de cette conclusion dans son rapport, qui se clôt par une apostrophe à la monarchie néerlandaise : songez à la responsabilité que vous prenez en dilapidant l'héritage forestier d'un pays…

Oublier l'enquête

Au même moment en France, Yvart, Huzard et Bosc sont chargés de la synthèse de l'enquête ministérielle. Ils sont décontenancés par les réponses venues des départements. Le caractère tantôt succinct tantôt prolixe des envois ; leur manque de convergence sur la question clé d'une évolution moyenne du climat ; la quasi-absence de données quantitatives : tout ceci contribue à rendre le diagnostic hasardeux, voire impossible. Les trois hommes rendent leur rapport en février 1824[75]. Ils déplorent un afflux de « théories vagues », d'opinions laconiques, d'observations fragiles. Pour aller plus loin, il faudrait « demander des explications sans fin qui peut-être en demanderaient ensuite de nouvelles », *ad infinitum*. Donc on n'est pas, expliquent-ils, dans une situation où une certitude scientifique peut être atteinte. Seul émerge nettement de l'enquête le constat d'un déboisement des montagnes. Bref, un aspect qui était, avant même la circulaire, déjà accrédité. Leur conclusion, adoptée par l'Académie comme sa réponse officielle au gouvernement, est qu'« elle n'a pas trouvé de preuves assez positives ni assez complètes des faits contestés, pour qu'elle puisse émettre une opinion ».

Une enquête qui se termine donc en queue de poisson. Une enquête qui sitôt achevée rejoint des archives où elle est oubliée pendant deux cents ans. Une enquête enfin dont le commanditaire, le ministère de l'Intérieur, ne fait pour ainsi dire rien. C'est qu'entre son lancement et son terme en 1824, le pouvoir a changé de main. Decazes et son protégé Mirbel avaient joué un rôle essentiel dans la formation du Conseil d'agriculture et la production d'une expertise climatique. Le remplacement de Decazes par le comte Siméon, en février 1820, n'a pas modifié la donne. D'abord, parce que Mirbel a gardé ses accointances au Conseil, qu'il avait constitué à sa main. Ensuite, parce que Siméon lui-même s'intéresse de près aux questions climatiques. Ses feuilles de travail comme ministre en attestent : elles portent des accords répétés, signés de sa main, à des subventions à Rauch pour la diffusion de la *Régénération* et la publication des *Annales européennes*[76]. Il en va tout autrement de son successeur, l'ultra Jacques-Joseph Corbière. Lui s'emploie à faire mourir à petit feu le Conseil d'agriculture, en ne le réunissant plus. L'enquête de 1821 tombe elle aussi dans ce néant : comme un avis donné à un pouvoir politique pour qui il ne revêt plus aucune utilité, car il n'a pas à justifier des mesures qu'il a toujours combattues. L'enquête est donc enterrée.

*

Elle était, en un autre sens, dépassée à peine née. Quelques mois après sa conclusion, Moreau de Jonnès triomphait à Bruxelles avec son mémoire. Il avançait en éclaireur sur des voies nouvelles pour l'étude des changements climatiques : approche analytique des grandes dynamiques du Globe, insistance sur les données chiffrées, défiance à l'égard des grands systèmes providentialistes, des témoignages ponctuels, des preuves historiques fragmentaires. Quelques années plus tard, Moreau dirigera la Statistique générale de la France, au moment où elle est créée pour doter le pays d'un outil statistique pérenne[77]. L'un de ses objectifs : produire une météorologie de la France. Comment ? En *faisant taire* les voix qui remontent des provinces avec leurs propres avis sur le « système de leur département », en disciplinant les observateurs à n'être que des producteurs de nombres auxquels les outils d'analyse, au centre, donneront sens[78]. Bref, tout l'inverse de ce que proclamait Rauch, lorsqu'il refusait, à propos de climat, le magistère des experts et des savoirs abstraits ; lorsqu'il se prenait à rêver d'observatoires implantés partout en France, pour produire une connaissance climatique enracinée dans la vie des habitants. Dans cette première moitié du XIXe siècle, la revendication d'une science par et pour le peuple est très forte[79]. Rauch, comme les disciples de Charles Fourier ou ceux du médecin François-Vincent Raspail, aspire à une forme plus démocratique de connaissance du monde, qui serait aussi une conversion à un autre rapport à la nature. Moreau, lui, veut une armée d'observateurs disciplinés, de simples pourvoyeurs de nombres. La cacophonie, intime-t-il, doit cesser : mais elle était aussi l'envers de la capacité, jusqu'alors assumée et en partie reconnue, à se poser en expert du climat de son lieu de vie, de ses soubresauts et de son histoire.

Chapitre 12
Le pouvoir des forêts

La redéfinition des formes de la propriété est un enjeu majeur des premières décennies du XIXe siècle. Au centre de ce processus : les forêts. Leur importance pour le commerce, l'industrie, la guerre et la vie quotidienne, les place au cœur des grandes batailles sociales et politiques sur la propriété.

Le combat contre les communs, qui fait rage dans ces années, est mené notamment au nom de la protection des arbres et des climats. On cherche ainsi à mettre au pas les masses rurales, à discipliner leurs usages de la nature. Les communs forestiers sont une « autre façon de posséder » à faire disparaître[1]. Une lutte féroce oppose aussi les partisans d'une vision absolue de la propriété individuelle et ceux qui réclament que l'État puisse mettre des barrières à ce que les individus font de leurs bois.

Ce qui se joue en même temps, c'est le retour en force d'un mode de gouvernement de la nature, majeur dans l'histoire de l'État. L'agir forestier avait été essentiel pour l'essor du pouvoir royal à l'époque moderne[2] : l'autorité centrale s'affirme alors en interdisant, en prescrivant, en surveillant, en punissant ce qui se passe dans les forêts, ce que l'on fait des arbres, du bois mort, du gibier, de l'humus, des plantes. Le pouvoir des forestiers est de nouveau central, au XIXe siècle, dans l'essor de l'État-nation et le renforcement de son emprise territoriale. Le changement climatique est à la croisée de ces recompositions de l'État, de la propriété, des manières de vivre avec la forêt. Mais le pouvoir des arbres sur le climat est incertain et contesté : Que peut en dire la science ? Comment décider dans le doute et l'incertitude ? Faut-il préférer le laisser-faire ou la précaution ?

Un affront à la propriété

La Révolution avait proclamé l'empire absolu du propriétaire sur ses forêts : une loi du 29 septembre 1791 arrêtait que, désormais, les forêts privées ne seraient plus soumises à aucune forme de contrôle étatique. Treize ans avant sa formulation par le Code civil, c'est la nouvelle conception, radicale, de la propriété en tant que prérogative individuelle, exclusive et absolue, qui s'affirmait ainsi pour la possession forestière. Mais la mesure est controversée et le pouvoir consulaire napoléonien, dans ses efforts pour raffermir le pouvoir de l'État sur la vie sociale, va chercher à poser des limites[3]. Une loi du 9 floréal an XI (29 avril 1803) revient sur celle de 1791 en commençant par protéger l'existence même des forêts. Désormais, tout propriétaire désireux de défricher l'une de ses parcelles doit demander une autorisation, six mois à l'avance, auprès de l'administration forestière[4]. Celle-ci peut alors s'y opposer et saisir le ministère des Finances qui a le dernier mot[5]. En cas de délit, la sanction est lourde : le propriétaire doit replanter à ses frais et payer une amende.

Cette loi sur l'autorisation de défrichement est votée, en 1803, pour une durée de vingt-cinq ans. Elle est rediscutée dans les années 1820, lors des débats sur la création d'un code forestier. Ce code, promulgué en 1827, est très défavorable aux communautés et à leurs communs[6]. Il décrète l'extinction de tout droit collectif sur des forêts nationales qui ne serait pas prouvé en droit (ce qui est très difficile). Il permet aux autorités et aux propriétaires de supprimer les droits d'usage par cantonnement, c'est-à-dire en concédant une fraction des bois aux habitants pour leur interdire l'accès à tout le reste. Il restreint le pâturage. Le coup est si rude qu'il provoque l'une des révoltes rurales les plus célèbres du XIXe siècle, la guerre des Demoiselles qui oppose les habitants de l'Ariège aux représentants de l'État à partir de la fin des années 1820[7]. Le code est en revanche favorable aux propriétaires privés : en plus de l'arme du cantonnement, ils ont le droit de choisir leurs gardes, et les délits dans leurs bois sont punis comme dans les forêts de l'État[8].

Deux limites surtout sont posées à cet absolutisme propriétaire. D'abord, le droit qu'a la marine de venir puiser dans les futaies pour ses navires. Ensuite, la régulation du défrichement, reconduite après des débats houleux. Celle-ci devient un point de fixation des luttes qui se jouent, dans cette première moitié du XIXe siècle, autour de la propriété privée, et de la légitimité pour un État de lui imposer des limites.

L'article 219 du code forestier confirme le dispositif pour encore vingt ans[9]. À l'occasion des débats du code, on apprend qu'entre 1821 et 1826 entre 2 500 et 8 000 demandes d'autorisation de défrichement sont remontées chaque année aux Finances[10]. Avec un taux de refus oscillant entre 44 et 87 %, ce sont entre 1 000 et 6 000 opérations qui ont ainsi été interdites annuellement. Soit, très certainement, un réel manque à gagner pour des propriétaires désireux de convertir leurs forêts en culture, ou de faire un gain rapide en les liquidant[11]. Au-delà de cet aspect concret, l'autorisation est pour la petite bourgeoisie qui a investi dans les bois, comme pour les grands intérêts forestiers, un accroc insupportable à l'idée de propriété pleine et entière.

Les externalités forestières

Pour les libéraux français, l'article 219 devient l'emblème des brimades que l'État fait subir aux propriétaires. Celui-ci, avancent-ils, agit de manière inique : il profite de l'interdiction de défricher en vendant à meilleur prix des parcelles issues des forêts nationales, assorties de l'autorisation. La question est d'actualité car les débuts de la monarchie de Juillet correspondent, après ceux de la Restauration, à une seconde vague d'aliénation[12].

L'article 219 provoque une guerre d'usure à l'assemblée. Cette croisade pour la propriété privée est emmenée par Alexandre Anisson-Duperron, ancien directeur de l'Imprimerie nationale, grand propriétaire foncier et promoteur des doctrines économiques libérales[13]. Il passe à l'offensive en 1834, en déposant un amendement qui stipule que les défrichements ne peuvent être interdits que sur les forêts situées en montagne ou sur des dunes[14]. Cela implique que les défrichements deviendraient libres partout ailleurs. Soit une dérégulation qui concernerait toutes les grandes forêts de plaine, celles qui représentent le plus, et de loin, en termes de valeur des terres et de perspectives de mise en culture. C'est l'axe d'attaque des libéraux et des grands propriétaires (qui sont souvent les mêmes) : louer les vertus de l'article 219 et les bienfaits écologiques des forêts *mais* seulement pour les reliefs afin de gagner la bataille en plaine.

Cette position libérale est tout d'abord justifiée par une hiérarchie des propriétés. Charles Comte, gendre de Jean-Baptiste Say et grande figure du libéralisme français, détaille cet argument dans son influent *Traité de la propriété*[15]. Parce que les propriétés des plaines, explique Comte, sont « infiniment plus précieuses » que celles des montagnes, « l'action qu'un gouvernement exerce pour la conservation des sources et de rivières » (en interdisant les défrichements des pentes) est légitime car elle œuvre à garantir l'essentiel de la richesse économique[16]. Cet argument a aussi un pendant de nature historique. Parce que la terre est plus fertile en plaine, c'est aussi là que les propriétés se seraient créées en premier. Cette antériorité impliquerait de les protéger en priorité.

Mais pourquoi ne pas laisser cela aux mécanismes du marché ? Pour l'expliquer, Comte emploie une idée très moderne : celle d'un « service écosystémique » rendu par les masses d'arbres. Le mot n'y est pas mais l'idée est celle-ci. Il commence par dénoncer le raisonnement d'Arthur Young qui, dans ses *Voyages en France*, soutient qu'un gouvernement ne doit rien faire pour empêcher les défrichements lorsque le prix du bois n'est pas suffisant pour valoriser les propriétés forestières au même niveau que les cultures[17]. En effet, selon Comte, on se trouve ici face à une situation particulière, qui rend caducs les raisonnements habituels sur la recherche de l'intérêt et les mécanismes de marché. Il l'affirme : les forêts de montagne rendent aux plaines des services que le marché *ne sait pas prendre en compte* sous forme monétaire – qui sont des externalités. Ces services tiennent à l'action que les massifs d'altitude exercent *à distance* en alimentant les nappes d'eau souterraines, en protégeant les plaines des inondations et des sécheresses, en régularisant les flux, ce qui permet d'y pratiquer l'irrigation.

Or rien dans la logique du marché ne motive les acteurs individuels à « perpétuer la durée » de ces arbres, car ces services qu'ils rendent ne se vendent ni ne s'achètent (souvent même ils ne sont pas perçus). « Les propriétaires *ne peuvent se faire payer* les services que rendent leurs forêts aux populations répandues dans les bassins des fleuves par l'influence qu'elles exercent sur la distribution des eaux, écrit Comte, ils n'ont de bénéfices à attendre que de la vente du bois, et il est naturel qu'ils comparent sans cesse le revenu qu'ils en retirent, à celui que les mêmes terres leur donneraient si elles étaient défrichées [...] *Les forêts ou les bois, surtout dans certaines positions, rendent donc à une nation des services qui ne produisent aucun avantage particulier pour ceux qui en sont propriétaires, services dont tout le monde jouit, sans que personne ait la volonté ni la puissance de les payer, afin d'en perpétuer la durée*[18] » [nous soulignons].

Selon lui, c'est un cas où, exceptionnellement, l'État doit intervenir. Comte penche pour des incitations fiscales ciblant les propriétaires et les poussant à la conservation[19]. D'autres, comme Charles Dunoyer, envisagent plutôt des dispositifs réglementaires réservés aux bois de montagne[20]. La vision la plus radicale est celle de l'ex-saint-simonien et plume du libéralisme français, Michel Chevalier : pour régulariser les débits des fleuves et des rivières – et donc permettre une fluidité généralisée des échanges –, il pense indispensable de reboiser les reliefs[21]. Et il va plus loin : « Le déboisement est une conquête de l'Homme sur la nature ; les bois doivent disparaître des plaines et y céder la place à la culture. » Le pays doit ainsi être divisé en deux : aux Alpes, aux Vosges, aux Pyrénées de grands massifs régulateurs des débits et pourvoyeurs de bois ; aux plaines – partout où c'est possible – l'agriculture. C'est aussi une conception énergétique : pour Chevalier, la trajectoire industrielle de la France doit combiner bois bon marché venu des montagnes et industrie du fer – là où l'Angleterre utilise du charbon car elle n'a plus de forêts[22].

Face à ces propositions de protéger en montagne mais plus en plaine, les partisans des régulations mettent en garde contre la vague de défrichement qui s'ensuivrait, et son impact sur les cycles hydrologiques. Ils soulignent que le rapport financier peu avantageux du capital forestier, qui est une réalité sous la monarchie de Juillet[23], incitera les propriétaires à couper leurs bois : les pouvoirs publics doivent faire rempart contre cette catastrophe annoncée.

Jouer de l'incertitude

En 1834, les libéraux échouent à faire voter leur mesure de libéralisation à l'Assemblée. Mais ils repartent à l'attaque l'année suivante[24]. Les débats sont virulents. La réforme est combattue par le baron de Ladoucette, ancien préfet d'Empire et grand spécialiste des questions agricoles[25]. Pourquoi faciliter les défrichements, argumente-t-il, alors que l'on a en France de vastes friches que l'on pourrait cultiver ? Et n'est-ce pas faire peu de cas de la fonction défensive des bois aux frontières, où ils servent de remparts naturels contre l'ennemi ? Sans compter bien sûr le rôle des forêts contre l'érosion, que Ladoucette, ancien préfet des Hautes-Alpes, connaît bien.

Après plusieurs jours de débats, chaque article de la proposition a été adopté, mais coup de théâtre : le vote sur l'intégralité du texte, lui, est négatif. Le camp de la régulation respire mais il a senti le vent du boulet. Il va se réorganiser autour d'un nouveau système de défense. Les libéraux cherchent à focaliser l'attention sur les services écologiques rendus par les forêts de montagne ? Qu'à cela ne tienne ! En face, Ladoucette et Passy, le ministre des Travaux publics, demandent de tout protéger puisque, clament-ils, ce sont *toutes* les forêts, de montagne *comme de plaine*, qui maintiennent *le climat de l'ensemble du pays* à un point d'équilibre. En 1836, dans un vibrant discours à la Chambre, Passy invoque l'Égypte et Porto Rico, où les plantations et la protection des massifs auraient restauré et protégé les pluies[26]. Il faut mobiliser les savants, et il propose donc d'ajourner le débat, le temps pour un groupe de travail de poser un diagnostic. C'est la bronca : « une enquête, c'est un billet d'enterrement ! », dénonce un député.

C'est à ce moment que François Arago monte à la tribune[27]. Celui qui intervient là n'est pas seulement le directeur de l'observatoire de Paris et un astronome mondialement célèbre : il est le patron de la science française, un personnage médiatique dont les paroles sont relayées par la presse et la littérature de colportage jusqu'au cœur du pays. C'est aussi un homme politique, un député proche du centre gauche et du gouvernement Thiers. Pour lui, l'État doit protéger les forêts.

Il souligne le lien étroit qui existe entre forêt et climat. On ne peut pas prévoir, dit-il, ce qui se passerait si la forêt française reculait encore. Avant le grand déboisement qui a accompagné l'essor agricole du pays, le climat en France était « excessif » – les saisons étaient plus extrêmes. Le déboisement a donc été bénéfique. Mais est-on sûr de ne pas trop faire pencher la balance, au risque de précipiter des catastrophes ? Arago souligne l'incertitude qui règne et empêche une décision rationnelle. Il insiste : il faut des « idées exactes, incontestables » pour que l'Assemblée se prononce[28]. Il faut créer la commission scientifique que propose le ministre. La voix de l'astronome porte : la discussion parlementaire est ajournée le temps de solliciter des experts.

Une commission est créée avec dix-sept membres, dont Anisson-Duperron, Ladoucette, Arago, le physicien Gay-Lussac, des parlementaires des deux bords[29]. Elle se réunit jusqu'à l'été 1836, et propose finalement de soumettre aux préfets et à l'Académie des sciences une nouvelle enquête sur le changement climatique « depuis les temps historiques ». Le questionnaire porte sur l'évolution des températures, des pluies, de la neige, des vents, des crues, des sources[30]. L'Académie des sciences est chargée, comme en 1821, de la synthèse. Arago, de son côté, tente de mobiliser des experts orientalistes, philologues et historiens, en s'adressant à l'Académie des inscriptions et belles-lettres pour lui demander son aide afin de chercher des informations sur « l'ancien état thermométrique ou climatologique » de l'Europe chez les auteurs grecs, romains et orientaux[31].

Dix-huit mois après, la question des défrichements revient en discussion à la Chambre[32]. C'est l'occasion pour Arago d'accuser le gouvernement. Selon lui, le questionnaire mis au point n'a jamais été transmis à ses destinataires : « Les questions [sont] restées dans les cartons[33]. » Entre-temps, la chute du cabinet Thiers, début septembre 1836, a changé la donne et coupé Arago de ses relais à la tête de l'État. L'astronome n'a pas pu non plus se procurer les réponses à l'enquête d'avril 1821… Il en accuse à mi-mot le gouvernement et ironise : « Je n'ai pas cru devoir aller les chercher chez l'épicier, je les eusse peut-être trouvées[34]. »

Mais sur le fond Arago reste catégorique : « La question a été débattue par les météorologistes les plus habiles : presque tous croient à une influence climatologique considérable des bois situés dans les plaines[35]. » Quant aux mécanismes et aux effets précis de cette action, Arago le confesse : « j'étais et je suis encore dans le doute ». Mais qu'importe : le risque est immense, rien moins qu'une destruction du climat et de l'agriculture française. La prudence doit l'emporter ; et l'incertitude, inciter à protéger. On ne doit pas jouer aux dés le destin de la Nation.

Arago préconise un nouvel ajournement des débats, le temps que l'enquête soit menée à son terme. Le député Jaubert s'en indigne : encore un « ajournement météorologique[36] » alors que la science (et Arago) a été incapable d'en dire plus sur la question en dix-huit mois ? N'est-ce pas qu'il n'y a tout simplement rien à connaître, rien à découvrir ? Mais après que le physicien Gay-Lussac fut intervenu pour contredire Arago en relativisant l'influence des forêts de plaine (« C'est une erreur[37] », réagit ce dernier), l'ajournement est mis aux voix et adopté. La stratégie de l'astronome, ses appels à la précaution face à l'incertitude l'ont emporté. La forêt n'est pas une propriété dont on peut disposer à sa guise. L'enquête, elle, n'ira jamais à son terme. En 1844, le ministre des Finances relance l'Académie des sciences qui devait synthétiser les résultats. Celle-ci botte en touche : sa seule réponse est qu'il s'agit là de questions « très délicates[38] ».

Retour au Tacarigua

La position d'Arago en matière de changement climatique a beaucoup évolué depuis les années 1820. À cette époque, il tançait encore ce « public » qui, dès que le thermomètre sort de ses limites habituelles, se persuade « qu'on ne l'avait jamais observé aussi haut, ou aussi bas[39] ». Il défend à présent la possibilité d'un changement anthropique de grande ampleur. En 1834, dans un article très relayé y compris à l'étranger, il discute longuement la question et s'appuie sur deux sources : des mesures de température, remontant au XVIIe siècle, de l'Accademia del Cimento de Florence ; des archives du cadastre et des dates de remise de rente foncière (en vin) pour la région du Vivarais[40]. Or ces données semblent indiquer que les étés sont devenus moins chauds, les hivers moins froids[41]. Si c'était confirmé, pas de doute : seule l'action humaine pourrait l'expliquer – et ce, écrit-il, même s'agissant de travaux qui « entament à peine l'épiderme de notre Globe[42] ».

Arago occupe dans ces années une position institutionnelle et médiatique unique dans l'histoire des sciences en France. Il dirige l'observatoire et domine l'Académie ; ses interventions peuplent les journaux ; il contrôle les *Annales de chimie et de physique*, la principale revue scientifique du pays[43]. Il influe ainsi lourdement à la fois sur le consensus scientifique et sur l'opinion publique de son temps[44]. Il va utiliser cette position de pouvoir pour faire publier, en plein débat sur le climat et la politique forestière, l'un des textes clés de la pensée du changement climatique au XIXe siècle.

Au début des années 1820, Simon Bolívar mandate le naturaliste Francisco Zea pour recruter en France le personnel de la toute nouvelle école des mines de l'État de Grande-Colombie. Un jeune diplômé des Mines de Saint-Étienne, Jean-Baptiste Boussingault, est retenu et embarque pour l'Amérique du Sud. Boussingault a aussi des ambitions scientifiques et un puissant protecteur : Alexandre Humboldt, qui l'aide à préparer un programme de recherche, lui donne des instruments et le présente au Tout-Paris savant[45]. En 1823, Boussingault séjourne sur les rives du lac Tacarigua au Venezuela[46]. Cette étape n'a rien de fortuit : ce lac est bien connu des scientifiques depuis qu'il a été étudié par Humboldt dans le récit de sa célèbre expédition en Amérique[47].

En 1800, des habitants lui ont signalé que son niveau avait diminué au fil du temps, et Humboldt a mené l'enquête. Sa conclusion : c'est l'action humaine qui, par le défrichement, a tari les affluents du Tacarigua et provoqué son déclin. Trois ans plus tard, il fait le même constat à Mexico : on n'y trouve plus « la ville bâtie au milieu d'un lac » qui avait ébloui les premiers conquérants espagnols[48]. La faute, comme au Venezuela, à la frénésie de profit et de destruction des colonisateurs : la science de la nature nourrit chez Humboldt une critique de la colonisation. Il écrit dans son journal de voyage : « Loin de chez eux, les Européens sont aussi barbares que les Turcs, et même plus car ils sont plus fanatiques[49]. »

Son interprétation du dessèchement du Tacarigua n'est pas tant climatique que pédologique. Pour lui, les arbres agissent en régulant l'évaporation depuis le sol, en fixant l'humus qui sert de zone tampon pour les écoulements. Il emprunte ce schéma à l'ingénieur des Ponts Gaspard de Prony, qui dans son livre sur l'hydrographie des marais pontins, le soutient contre les raisonnements en termes d'« affinités entre les vapeurs et les forêts » ou, écrit-il, « autres principes plus ou moins hypothétiques »[50].

En retournant au Tacarigua au printemps 1823, Boussingault met ses pas dans ceux de Humboldt et à sa demande. Il confirme, avec vingt ans de recul, le lien que celui-ci faisait entre déboisement et assèchement. La question est sensible et pour un ingénieur des Mines comme Boussingault, elle est tout sauf abstraite. Directeur, de 1826 à 1830, d'une mine d'or à Marmato, en Colombie, Boussingault est confronté à l'arbitrage entre l'exploitation de la forêt – nécessaire pour le charbon de bois et les installations – et la disponibilité de l'eau courante pour faire tourner les machines[51]. Il mobilise ses subordonnés pour faire des observations météorologiques, car le constat est là : avec le fonctionnement de la mine, les rivières ont moins de débit et cela signifie moins d'or.

C'est toute cette masse d'observations que Boussingault, rentré en France, va fournir à Arago pour alimenter sa croisade forestière. Ce dernier, qui le connaît depuis la préparation de son voyage en Amérique, le fait publier dans sa revue les *Annales de chimie et de physique*. Quinze après le Tacarigua, Boussingault exhume ses notes et rédige un article sur le lien entre pluies et forêts qui, traduit en anglais, reçoit un très large écho[52]. Des observations autour de la mine de Marmato, il conclut que des défrichements locaux agissent sur le sol pour faire s'évaporer les eaux courantes, ce qui peut avoir des conséquences graves pour les industries extractives[53]. Surtout, à une autre échelle affirme-t-il, on peut avoir un changement climatique : « les grands défrichemens *diminuent la quantité annuelle des pluies* qui tombent sur une contrée[54] ». Il en veut pour preuve la comparaison des grandes forêts équatoriales et des déserts arides qui se partagent la côte Ouest de la Colombie et de l'Équateur : leurs positions géographiques sont analogues, seule la présence (ou l'absence) de forêts leur donne des climats absolument dissemblables.

La prise de parole de Boussingault fera le tour du monde. Et ce, d'autant qu'il intègre ses conclusions sur le changement climatique à son traité d'*Économie rurale*, qui sera bientôt l'un des canons de l'agronomie mondiale dans ses versions françaises, allemandes, anglaises et italiennes[55]. Les thèses de Boussingault frappent d'autant plus les esprits, qu'elles profitent d'une caution scientifique inestimable : celle de Humboldt qui, au début des années 1840, déclare désormais croire à une action climatique à grande échelle des arbres[56]. Les forestiers anglais en Inde, George Perkins Marsh aux États-Unis, certains géographes et climatologues jusqu'à la fin du siècle : tous trouvent là le diagnostic qu'ils recherchent sur l'agir climatique anthropique[57].

*

Les luttes politiques autour de la propriété forestière continueront à faire rage, l'article 219 résistant aux attaques jusqu'au Second Empire[58]. Arago aura joué un rôle clé pour faire rempart à la libéralisation, avec l'arme de l'expertise et l'argument de l'incertitude. Mais ce succès tient aussi plus largement à la montée en puissance dans le second quart du siècle d'un « parti forestier » puissant et organisé, militant pour un contrôle de l'État sur les forêts.

À partir des années 1830, l'administration forestière commence à retrouver de sa superbe, après les décennies noires qui ont suivi la Révolution. Elle est de plus en plus active sur le terrain et influente au sein de l'appareil d'État. Le code forestier lui donne un cadre d'action juridique stable et l'École forestière de Nancy (fondée en 1824) favorise l'émergence d'une forte culture de corps. La foresterie d'État bénéficie à présent de relais puissants avec des politiques, des fonctionnaires, des journalistes, des savants acquis à sa cause (et souvent partisans d'un État technocratique et aménageur).

Or la thèse du changement anthropique est partie intégrante de la culture professionnelle des forestiers. Elle s'y est enracinée dès les années 1810-1820, sous l'influence de Rauch, de Dugied et de Jacques-Joseph Baudrillart, théoricien de la forêt, inspirateur du code et de l'école de Nancy[59]. La théorie du changement climatique anthropique intègre le bagage ordinaire des cadres forestiers, à ce moment où un « virage technicien » les éloigne du droit pour se mettre à les former comme des ingénieurs[60]. Pour les élèves qui arrivent à l'école de Nancy, de la fin des années 1820 aux années 1860, l'une des premières leçons les introduit ainsi à la connaissance des arbres… en soulignant leurs effets sur le climat et la « plus grande importance pour l'état climatérique d'un pays, que les forêts y soient réparties d'une manière convenable[61] ». Le corollaire : les moyens indispensables dont doit profiter la technocratie forestière pour créer ces conditions.

Il est difficile aujourd'hui d'imaginer la puissance du camp des forestiers dans des décennies où le bois était à la fois le « pétrole » et le « béton » des sociétés[62]. Le changement climatique a été un vecteur de la résurgence de cette formidable force sociale et politique, un temps déstabilisée par les décennies révolutionnaires. Argument défensif contre la libéralisation, l'agir climatique sera bientôt une arme offensive. D'abord quand, dans le sillage de décennies d'alertes, les forestiers investiront la montagne pour « réparer » la nature française. Ensuite, lorsqu'ils feront des colonies une terre de conquête, dans le même but : imposer leur projet politique d'un environnement rationalisé, d'une société rurale mise en ordre, d'un contrôle des usages populaires de la nature.

Chapitre 13
L'horizon s'éclaircit

Après 1850, la France se couvre de chemins de fer et de machines à vapeur, de fils télégraphiques, de routes, d'infrastructures végétales faites de forêts plantées pour stabiliser les montagnes, les dunes, les cours d'eau. Le pays entre dans la modernité technique, une modernité des infrastructures et des réseaux qui modifie en profondeur le système économique, les modes de vie, les façons de gouverner. L'État est moteur dans ces transformations. Ses ingénieurs, ses savants, ses forestiers refaçonnent le pays au nom d'objectifs de rationalité, de productivité et de sécurité. Ils approfondissent, dans le même mouvement, l'emprise du pouvoir central sur le territoire et la société.

L'espace se contracte : on communique et on se déplace à grande vitesse grâce au télégraphe et au train. La révolution des transports ouvre de nouvelles perspectives, immenses, à l'exploitation agricole, forestière, minière. Disponibilité des ressources, des produits, des humains : la densité des échanges – régionaux, nationaux, mondiaux – grimpe en flèche. Tout est rebattu, des liens de l'économie à l'espace.

L'anxiété pour le changement climatique est portée au rouge dans ces décennies du milieu du XIXe siècle. Pour sécuriser villes et flux commerciaux, l'État et ses forestiers partent à l'assaut de la montagne, avec pour projet de restaurer les grands cycles de l'eau. Mais sur le long terme, les nouvelles formes de l'agir technique vont contribuer à faire reculer, décennie après décennie, le spectre d'une dégradation des climats. Le changement global contemporain révèle crûment les limites de notre développement industriel : à l'inverse ici, la vague montante des aménagements et des réseaux œuvre à reléguer l'idée d'un agir climatique humain.

Réparer la France : du ciel au sol

Les décennies 1840 et 1850 sont marquées, en France, par une succession de crues et d'inondations dramatiques, qui érigent la maîtrise des cours d'eau au rang de priorité nationale. Ces catastrophes suscitent débats et controverses dans les sphères savantes, techniques, politiques et médiatiques. Mais un point crucial fait consensus : la responsabilité de l'Homme dans ces désastres, même si chacun défend ses propres conceptions sur les mécanismes en cause[1].

Fin octobre-début novembre 1840, le Rhône et la Saône sortent de leurs lits, occasionnant d'immenses dégâts à Lyon et Avignon. La Camargue est submergée. En octobre 1846, ce sont la Loire et l'Allier qui subissent d'énormes crues dues à des épisodes d'orages cévenols. Les berges sont dévastées, les ponts emportés, les villes (Tours, Roanne) envahies par les eaux. Le souvenir de ces catastrophes est encore vif lorsqu'au printemps 1856, un épisode d'inondation centennal touche à la fois les bassins du Rhône, de la Loire

13. Inondations de Lyon en 1856 :
vue du quai Saint-Antoine, du quai des Célestins et du quai Tilsitt.
Photographie de Louis Froissard, 18 mai 1856,
coll. Bibliothèque municipale de Lyon / P0546 S 0105

et de la Saône, soit les deux tiers du pays. Les dégâts matériels sont très importants[2].

Pour faire face au péril, plusieurs décisions sont prises. On met en place des systèmes d'avertissement des crues, qui exploitent la rapidité du télégraphe en reliant les villes à des stations pluviométriques en amont[3]. En 1856, le gouvernement décide aussi de créer des services spéciaux d'étude et de travaux, opérant dans les bassins de la Loire, du Rhône, de la Garonne et de la Seine. Les ingénieurs cartographient les bassins, évaluent l'état des ouvrages d'art et leur efficacité. Ces formes d'expertise et d'intervention procèdent d'un geste profondément politique. Il s'agit d'assurer dans les faits et de proclamer une stabilité à la fois « politique » et « naturelle » du pays[4]. L'Empire veut s'affirmer en remettant en ordre, et la société et les environnements, grâce aux sciences. Dans son discours du trône de février 1857, Napoléon III le dit presque mot pour mot : tout « me fait espérer que la science parviendra à dompter la nature », et il poursuit : « Je tiens à honneur qu'en France les fleuves, *comme la révolution*, rentrent dans leur lit, et qu'ils n'en puissent plus sortir » (nous soulignons)[5].

Comment interpréter les catastrophes qui, deux fois en une décennie, ont noyé les villes françaises sous les eaux ? Les vagues de crues de 1846 et 1856 agissent comme des détonateurs qui relancent le doute : et si la destruction des forêts – et donc du climat – était la cause agissante de ce dérèglement à grande échelle de la nature ? En novembre 1846, un médecin, Joseph-Jean-Nicolas Fuster, lance l'alerte avec trois articles successifs en une du journal *L'Univers*[6]. « La seule cause de l'inondation c'est la dénudation de nos montagnes centrales », écrit-il. Et Fuster de décrire les fonctions des arbres qui morcellent les nuages, répartissent l'eau de pluie, évitent les orages. Toute réponse par l'aménagement des berges et l'endiguement, prévient-il, sera en pure perte si l'on ne protège pas les forêts tout en reboisant. Il faut restaurer un climat égal et doux : celui de la France de jadis. Son constat est sombre : les « labeurs de plusieurs générations seront nécessaires ». Ses interventions sont reprises dans la presse de province, comme dans *Le Spectateur* de Dijon qui titre : « Rendre ou non à la France ses forêts ? Question de vie ou de mort[7]. »

Ce qui se joue en arrière-plan, c'est une violente lutte d'influence au sein de l'appareil d'État. Elle oppose deux technocraties qui cherchent à tirer parti de la crise. « Depuis les inondations de 1856 que de têtes au travail pour trouver des remèdes contre le terrible fléau ! ironise un observateur. Et toutes demandent avec insistance que l'État, avec ses trésors et son omnipotence, mette sur-le-champ à exécution *leurs* moyens infaillibles d'empêcher les inondations »[8] (nous soulignons). On a d'abord le puissant corps des Ponts et chaussées, qui veut en profiter pour asseoir son hégémonie sur les cours d'eau. Ses ingénieurs se font entendre bruyamment pour défendre des solutions d'endiguement et d'artificialisation, en montagne comme en plaine. Ils se mobilisent en même temps pour nier que les inondations aient pour cause majeure le déboisement[9]. L'un d'eux ironise : Vous voulez planter des arbres partout et « refaire la Gaule au XIXe siècle[10] » ? En face, la technocratie forestière voit dans ces catastrophes une formidable opportunité de promouvoir ses projets, anciens, de « mise en réserve » et de reboisement des montagnes. Elle mobilise ses soutiens pour diffuser son interprétation des crues en tant que résultante des déforestations d'altitude[11]. Ceux-ci peuvent s'appuyer sur les innombrables mémoires, articles et pamphlets qui, depuis plusieurs décennies, décrivent les montagnes françaises comme ravagées par le déboisement. Entre administrations des Ponts et des Forêts, c'est arguments contre arguments pour emporter les arbitrages du pouvoir impérial et obtenir toujours plus de moyens[12].

De manière plus troublante, certains remettent en cause la grande idée de progrès dont le régime vient, en 1855, de célébrer les prouesses à l'Exposition universelle de Paris. Eugène Huzar, qui à cette occasion avait déjà fait sensation avec son ouvrage catastrophiste *La Fin du monde par la science*, profite des inondations pour rééditer son coup[13]. *L'Arbre de la science* paraît en 1857 et s'ouvre sur une description pathétique des inondations de la Loire et du Rhône[14]. Ces désastres sont présentés comme une confirmation de ses thèses : le progrès technique et industriel (déboisement, chemins de fer ou vaccination) conduit inexorablement à la catastrophe. De même, le botaniste et horticulteur Élie-Abel Carrière publie cette même année un livre nourri des écrits de Bernardin de Saint-Pierre, Rauch, Rougier de La Bergerie et des députés ultras des années 1810[15]. Il les présente comme des prophètes du désastre en cours. Carrière décrit une industrie qui « dépeuple les campagnes », « affaiblit l'esprit comme le corps », « dévore ses enfants et ne vit que de leur mort » ; un progrès qui n'en a « que le nom », qui détruit la nature et la vole aux hommes, en dévorant les forêts et le climat[16]. Pour Huzar et Carrère, les catastrophes récentes ne doivent pas inciter à étendre encore plus l'emprise de la technique sur les hommes et les choses : au contraire, il faut stopper cette course funeste à la destruction et à la servitude.

Le pouvoir, lui, s'en tient à une analyse strictement technique et aménagiste. La dégradation des montagnes est d'emblée pointée du doigt. Dès juillet 1856, dans une lettre à son ministre des Travaux publics, Napoléon III écrit : « D'où viennent les crues subites de nos grands fleuves ? Elles viennent de l'eau tombée dans les montagnes, et très peu de l'eau tombée dans les plaines [...] le terrain, la plupart du temps composé de rochers nus ou de graviers, ne retient pas l'eau, alors la rapidité des pentes porte toutes les eaux tombées aux rivières, dont le niveau s'élève subitement[17]. » Mais à qui confier le soin de réparer la montagne, et aussi d'agir en plaine comme beaucoup le demandent ? Le combat sans merci entre forestiers et ingénieurs accouche d'un triomphe général de l'État technicien. Les Ponts et chaussées annexent la gestion des bassins, les alertes aux crues. Les forestiers, eux, étendent leur emprise jusqu'à devenir l'incarnation de l'État technocratique en montagne.

Celle-ci devient le théâtre d'opérations d'une administration forestière aux pouvoirs exorbitants[18]. L'objectif est à la fois la conservation des massifs et le reboisement. Dans la lignée des discours tenus depuis le XVIIIe siècle, les populations agropastorales sont désignées comme coupables de la dégradation des forêts et des écosystèmes, elle-même à l'origine des inondations en plaine[19]. La loi du 28 juillet 1860 prévoit des encouragements à planter mais aussi des mesures de reboisement obligatoire s'imposant aux particuliers sous peine d'expropriation[20]. La Troisième République pérennisera cette politique avec ses grands programmes de « restauration des terrains de montagne », sous des formes vigoureuses mais toutefois moins coercitives[21]. L'issue de ce processus : une véritable « conquête de la montagne » par le pouvoir forestier, une artificialisation des massifs, une intensification technique de l'exploitation. Comme Bernard Kalaora l'a souligné, ce mouvement procède d'une volonté de modernisation et de rationalisation de l'espace, qui fait sens dans la perspective d'une industrialisation et d'une mise en réseau à l'échelle du pays[22]. S'agissant du Domaine, 250 000 hectares de bois tombent dans l'escarcelle de l'État entre 1860 et 1914, grâce aux ventes plus ou moins contraintes et aux expropriations qui accompagnent les mesures de conservation et de reboisement[23].

Cette offensive en montagne, l'affrontement avec les Ponts, suscitent chez les forestiers des années 1860-1880 une vaste production d'expertises et de prises de position sur les liens entre forêts, cycle de l'eau et inondations. Elle vise deux aspects connexes mais distincts : d'une part, l'action des arbres sur l'atmosphère et les précipitations, de l'autre, leur effet sur l'écoulement des flux hydriques au sol. Ce distinguo est parfaitement perçu par les contemporains. L'*Étude sur les torrents des Hautes-Alpes* d'Alexandre Surell, qui a joué un rôle clé pour diffuser l'image d'une montagne dégradée chez les forestiers, contraste ainsi une action climatique sujette à caution avec une action pédologique incontestable[24].

Dans cet écart, va se jouer une minoration progressive de l'action climatique des forêts. Parce que les effets pédologiques sont massifs et parfois évidents, parce qu'ils focalisent les critiques des Ponts, avec le

14. L'administration forestière s'investit de plus en plus, sous la Troisième République, dans des ouvrages de stabilisation des sols en montagne.
Barrage anti-érosion dans le torrent de La Combe (Hautes-Alpes).
Photographie du Service de restauration des terrains de montagne, 1931.
Archives départementales des Hautes-Alpes, fonds du service RTM, 21 Fi 1556

temps les interventions des forestiers insistent de plus en plus sur eux au détriment des aspects climatiques[25]. Les effets des arbres sur les écoulements et les sources susciteront des recherches sur les bassins versants qui seront pionnières dans l'histoire de l'hydrologie moderne[26]. Les influences climatiques, par comparaison, semblent difficiles à saisir et à caractériser : elles vont peu à peu devenir inutiles aux argumentaires visant la protection des massifs et le reboisement. Le lien entre forêt et climat commence à se distendre ici, dans le sillage de forestiers qui cherchent sous leurs pieds et non plus au ciel l'origine des désastres.

Cela n'empêche pas certains forestiers français, comme d'autres ailleurs en Europe[27], de mener des recherches sur l'action climatique des arbres : un professeur de l'école de Nancy, Auguste Mathieu, fait ainsi pendant plus de dix ans (1867-1877) des observations dans les bois, en lisière et en champ pour caractériser cette influence[28]. Il conclut qu'en forêt la température est plus basse mais plus constante, que l'air est plus humide. Mais ces travaux sont à double tranchant, tant ils révèlent la difficulté à traiter la question. D'apparence simple, la démonstration pose en effet d'énormes problèmes de méthode : suivant leur position dans les bois, les pluviomètres indiquent des valeurs différentes ; il faut distinguer entre pluie et condensation de l'eau sur les végétaux ; les vents jouent fortement ; les comparaisons sont faussées par le relief et par mille autres effets… Une grande figure de la climatologie fin de siècle, Eduard Brückner, écrit en 1890 : « En général, toutes les tentatives pour régler cette question par des observations comparatives dans des zones forestières et non forestières peuvent être contestées au motif des facteurs incontrôlables qui peuvent causer des différences locales de précipitations, mais sans avoir rien à voir avec la forêt[29]. » Soumis à expérimentation, le lien entre forêts et climat semble tout sauf évident : alors comment, *a fortiori*, être affirmatif sur une possible action à distance ? Comment prétendre que déboiser change le climat de la France, si l'on peine déjà à convaincre de l'action microlocale des arbres ?

La lente éclipse de la question forestière

On l'a vu, ce sont essentiellement les luttes politiques autour des forêts qui ont fait du climat un enjeu politique de premier plan depuis la Révolution. Mais cette politisation va peu à peu saper la crédibilité même de la menace. Un homme a ici une responsabilité particulière :

François Arago. On a vu comment, dans les années 1830, il avait exploité l'argument du climat pour convaincre l'Assemblée. Il emporte la partie mais l'épisode laisse des traces.

Le changement climatique anthropique apparaît désormais comme un argument *ad hoc*, de nature partisane, dont la fonction est de peser dans le débat politique. Le contexte renforce cet effet. Arago, un temps proche du gouvernement Thiers, se déplace vers la gauche à partir de la fin des années 1830, clamant haut et fort ses opinions républicaines. Cet activisme en fait un héros pour certains, mais brouille aussi sa crédibilité : l'homme politique l'aurait-il emporté sur le savant ? Aurait-il franchi la ligne jaune en exagérant sans scrupule le risque d'une dégradation climatique de l'Hexagone ?

Dans les débats parlementaires, l'argument devient un motif de raillerie : « Abstenez-vous de créer une injustice quand elle repose sur un mystère[30] », se moque un député à la Chambre. Et de fait, l'article 219 finit par être amendé en 1859, dans un sens qui exonère des régulations l'essentiel des bois[31]. C'est une victoire éclatante des libéraux, qui remportent là une bataille de plusieurs décennies pour l'absolutisme propriétaire. C'est aussi un signe de discrédit pour l'idée d'une dégradation anthropique du climat de la France.

Les aliénations domaniales par ailleurs ne cessent pas[32] et les débats auxquels elles donnent lieu mobilisent l'argument du changement climatique[33]. La presse brandit de nouveau la menace[34], et les partisans des aliénations cherchent à inventer des mécanismes pour se dédouaner : par exemple, un système de compensation selon lequel celui qui défricherait en plaine devrait reboiser une surface égale ou double dans les Alpes, les Pyrénées ou les montagnes corses[35]. Ainsi la surface boisée ne reculerait pas et l'effet climatique des arbres, s'il existe, n'en serait que plus grand à l'échelle du pays.

Mais ces débats ne doivent pas cacher un fait massif : le spectre d'un changement climatique causé par le déboisement va bientôt refluer en France. D'autres raisons y concourent. D'abord, le Domaine forestier entre, à partir des années 1860, dans une phase d'expansion ininterrompue. Comme on l'a vu, l'action des forestiers en montagne permet à l'État de mettre la main sur plus d'un quart de million d'hectares entre 1860 et 1914. À cela s'ajoutent les riches forêts de Savoie, dont une partie rejoint le Domaine au moment de l'intégration du territoire à la France. Et l'essor du Domaine boisé ne se limite pas aux zones de montagne. C'est ainsi près de 80 000 hectares de forêt qui sont domanialisés par les politiques visant les régions de dunes littorales comme les Landes[36]. En regard, les aliénations cessent complètement à partir des années 1870 et jusqu'à aujourd'hui[37].

De manière plus générale, le spectre d'un déboisement du pays s'éloigne sous l'effet d'évolutions structurelles de l'économie forestière. La forêt privée se porte bien, avec les cours élevés des bois d'œuvre que drainent l'industrialisation et l'immense chantier de construction des voies ferrées. Les résineux deviennent une ressource industrielle de premier plan à côté des forêts traditionnelles d'Île-de-France ou de Bourgogne. La spéculation, au tournant du siècle, ne concerne plus des projets de défrichement mais plutôt, au contraire, des entreprises d'achat et de boisement de terrains.

Les craintes pour la forêt française ne sont plus à l'ordre du jour. Et l'on redoute aussi moins la perte de ressources ligneuses spécifiques. *La Couronne*, le premier vaisseau de guerre complètement en fer de la marine française, est lancé en 1861. Les chênes de haute futaie ne seront bientôt plus ces ressources vitales à la maîtrise des mers. C'est ainsi que s'éteignent sous la Troisième République les grandes batailles autour de la domanialité et de la propriété forestière – celles qui avaient fait du changement climatique anthropique un sujet brûlant depuis la Révolution[38]. Au même moment, une nouvelle terre de conquête s'ouvre aux forestiers : le Second Empire colonial français, de l'Algérie à l'Afrique-Occidentale française. À l'heure où il sort peu à peu de scène en métropole, le changement climatique anthropique y trouvera, on le verra, de nouveaux visages, de nouvelles rationalités, de nouvelles fonctions loin des forêts des Alpes et des travées du palais Bourbon.

La fin de l'ancien régime agricole

Si le spectre d'un changement anthropique recule à la fin du siècle, cela tient aussi à la réduction drastique de la vulnérabilité sociale aux aléas climatiques. Pour la première fois dans l'histoire, l'enchaînement entre saisons défavorables, récoltes déficitaires, pénuries alimentaires, troubles et violences est brisé. Les crises de subsistance s'effacent. L'hiver glacial, le printemps trop sec, l'été pourri ne sont plus synonymes de désorganisation des marchés, de panique et de manque.

L'alimentation des Français s'améliore de façon spectaculaire. La ration de base, composée de céréales, devient plus abondante (+34 % pour le froment entre 1852 et 1881)[39]. Dans le même temps, les repas se diversifient : plus de pommes de terre (+40 %), de viande (+40 %), de beurre et d'œufs. Certains produits se diffusent : sucre, café, pâtes, huile d'olive. Bien sûr, ces évolutions sont contrastées entre villes et campagnes, selon les régions et les classes sociales. Mais elles sont générales dans la seconde moitié du siècle et finalement s'imposent.

L'alimentation s'améliore en quantité et en qualité, mais aussi en termes de sécurité d'accès. Les historiens datent du milieu du siècle les dernières crises de subsistance en France. En 1845-1847, une récolte médiocre suivie d'un été pluvieux et d'un printemps sec créent de vifs problèmes d'approvisionnement et des troubles sociaux dans tout le pays[40]. En 1853-1857, le nord de la France souffre d'un déficit de production de céréales qui force l'État à mettre sous tutelle le marché parisien[41]. Mais ces convulsions sont les dernières. Évidemment, ni les prix hauts, ni la pauvreté, ni les dépressions économiques ne disparaissent. Les produits alimentaires connaîtront bien des crises de cherté. Par contre, l'impossibilité pour une communauté, même pauvre, de s'alimenter s'efface. Cette fin de la longue litanie des disettes est parfaitement perçue par les contemporains[42].

Cette rupture est due à une profonde mutation des systèmes de production et d'échange agricoles, souvent désignée comme la fin d'un « ancien régime économique ». Celle-ci s'exprime d'abord par une hausse de la productivité agricole, réelle depuis le début du siècle et accélérée après 1850. Cette productivité accrue est l'effet d'une transformation des outils de production (avec, par exemple, de nouveaux modèles de charrues) et de l'essor des engrais.

Mais un autre facteur est autant, si ce n'est plus décisif : le chemin de fer. La première tranche commence à être construite sous la monarchie de Juillet et est terminée sous le Second Empire. Le réseau rayonne depuis Paris vers les grandes villes. Il est complété, à partir du plan Freycinet de 1878, d'une myriade de petites lignes qui pénètrent par capillarité au cœur de la France rurale. Cette infrastructure ferroviaire fonctionne en synergie avec un réseau de routes et de chemins vicinaux qui sont l'objet de lourds investissements dans la seconde moitié du XIXe siècle.

Le rail (couplé aux canaux, à la route et aux chemins) bouleverse les structures de marché. Il crée des débouchés pour les productions locales, y compris à plusieurs centaines de kilomètres. Il permet de transporter d'énormes flux de céréales, et dès les années 1860 un tiers de leur consommation en France transite par chemin de fer[43]. Le réseau conduit le bétail sur de longues distances, et sans les pertes importantes du transport « sur pattes ». La croissance des flux est rapide et l'intégration des marchés dope la productivité agricole[44].

Surtout, le chemin de fer fait chuter la vulnérabilité des populations aux aléas climatiques. Cela se joue à l'échelle de la France, entre terroirs, entre régions. En cas de mauvaises récoltes dans la Beauce, le train permet, par exemple, de s'approvisionner en Bretagne, où elles ont été bonnes – c'est ce qui se passe concrètement en 1866[45]. Les variations brusques des prix des céréales – qui pouvaient doubler ou tripler en quelques jours – se font plus rares. À ces effets d'amortissement des cours correspond un lissage des prix entre localités, alors que les différences pouvaient parfois être énormes sur une centaine de kilomètres seulement. La révolution ferroviaire joue aussi d'une autre façon : elle a un fort effet psychologique et diffuse une nouvelle vision du marché qui, en mettant en avant la possibilité toujours ouverte d'importer, s'oppose aux effets de panique. Or on sait que ces derniers jouaient un rôle clé dans les crises de subsistance, à côté des comportements spéculatifs opportunistes.

Cet effet joue aussi à l'échelle du Globe : le rail se combine au développement du fret maritime (grands voiliers puis vapeurs) pour découpler climat et marché alimentaire. Le prix du transport maritime fond dans le dernier tiers du siècle : il est divisé par sept entre New York et Liverpool entre 1870 et 1900[46]. Les céréales russes affluent en France via Odessa et Marseille ; Le Havre reçoit les blés américains. Les importations céréalières triplent entre les décennies 1847-1856 et 1887-1896. La population française, en comparaison, ne croît que d'un peu plus de 10 %.

Avec le reflux des disettes, l'anxiété climatique perd en intensité. Les mauvaises saisons ne portent plus avec elles une menace oppressante. Elles n'ont plus, de ce fait, la même importance politique : les autorités ne les guettent plus comme le premier maillon d'une chaîne pouvant mener à la panique, à l'émeute et parfois aux révolutions. Les préoccupations pour le changement climatique vont refluer avec celles, d'ordre public ou de nature vitale, qu'aiguillonnaient les étés pourris et les grands hivers.

Et ce d'autant qu'au recul de la vulnérabilité sociale aux aléas répond une conjoncture climatique de plus en plus favorable. Comme l'a montré la climatologie historique contemporaine, la décennie 1860 marque la fin du Petit Âge glaciaire (PAG) ouvert depuis les années 1300[47]. À cette très longue phase de climat froid succède une séquence de hausse des températures moyennes, de raréfaction des « grands hivers » et de recul des glaciers alpins qui a duré jusqu'à aujourd'hui[48].

Les deux premières décennies de l'après-PAG, les années 1860 et 1870, sont particulièrement favorables (Le Roy Ladurie parle de « fête impériale » pour les premières) et elles amorcent la débâcle au long cours des glaciers alpins. Il y a bien sûr des exceptions, comme l'hiver glacial de 1870-1871 et les saisons froides de 1879. Ce dernier cas autorise d'ailleurs une preuve contrefactuelle à Le Roy Ladurie : le prix du froment augmente à peine, alors que l'historien de l'« ancien régime économique » aurait attendu un doublement ou un triplement. Le chemin de fer, les blés russes et américains et une meilleure productivité sont passés par là.

Malgré les rechutes, la tendance s'impose : au moment même où se clôt le grand temps des disettes, le climat se fait riant, expulsant peu à peu du débat public et des préoccupations des gouvernants le spectre d'un changement climatique de la France.

*

L'empire du climat a battu en retraite – pour un temps – devant l'empire des techniques. La vulnérabilité aux aléas atmosphériques existe toujours, elle prend parfois des formes inédites, mais elle n'a plus l'épaisseur que lui conférait la menace des disettes. Au même moment, l'État mobilise savants et ingénieurs pour combattre d'autres risques. Des systèmes d'alerte contre les crues profitent de la rapidité du télégraphe pour prévenir les villes et leur permettre de se préparer. En altitude, des reboisements à grande échelle et une vague d'aménagements servent à stabiliser les sols, à briser les torrents, à réguler le régime des eaux. Le bilan est ambigu en termes d'efficacité : mais en déplaçant avec le temps l'attention du ciel au sol, cet agir technique en montagne contribue à faire reculer les anxiétés climatiques. Au même moment, les sciences de l'atmosphère connaissent une grande mutation. À compter des années 1860-1870, savants et États commencent à prévoir le « temps qu'il va faire » pour en informer les populations[49]. Comme pour les crues, le télégraphe joue un rôle clé en permettant un suivi en temps réel, ou presque, des phénomènes atmosphériques. En France, l'observatoire de Paris puis le Bureau central météorologique émettent des prévisions générales et des alertes ciblées destinées aux marins et aux agriculteurs. En annonçant vingt-quatre heures à l'avance les tempêtes côtières, les grêles et les orages, elles rendent elles aussi les populations moins vulnérables aux aléas du ciel. Dans ce nouveau monde fait de rails, de locomotives, de fils télégraphiques, de montagnes corsetées et de forêts au garde-à-vous, on peut rêver enfin de s'émanciper peut-être, un jour, complètement des humeurs de l'atmosphère.

Chapitre 14
Les énigmes du passé climatique

Dans toute l'Europe du XIXe siècle, les débats font rage entre savants sur de possibles transformations des climats à l'échelle de la décennie, du siècle, du millénaire et au-delà. Les anxiétés quant aux effets du déboisement en sont un catalyseur important en France, en Russie et plus tard en Autriche-Hongrie et en Amérique du Nord. Mais ces craintes ne résument pas le vaste horizon scientifique et culturel qu'embrasse la question des changements climatiques. Avec l'expansion des puissances continentales russes et états-uniennes, des empires coloniaux européens, archéologues, naturalistes et géographes sont confrontés à des climats qui leur semblent avoir subi, à travers les siècles, des évolutions naturelles lentes mais obstinées. Ils s'interrogent sur l'effet de ces processus sur le sol, la végétation, les sociétés du passé. L'exploration des sols et des sous-sols du Globe pose des questions non moins vertigineuses. Les fossiles, les roches : tout suggère une planète très différente, faite de climats torrides ou glacés, dans le lointain passé géologique.

Mais la science achoppe : sans moyen physique de datation, avec au mieux le recul de quelques décennies d'observations, comment saisir le changement ? Comment remonter aux causes ? Et comment comprendre les mécanismes en jeu, alors qu'il est déjà si difficile de cerner ce qui fait la régularité des climats, le retour de certains vents, de certaines plages de froid ou de chaleur ? Le temps géologique offrira plus de certitudes : le climat de l'histoire, lui, restera une énigme dont les sciences de l'atmosphère se détourneront pour un temps, tandis que refluent les grandes anxiétés climatiques. La science n'aura pas le dernier mot sur le changement anthropique. Les angoisses pour l'agir climatique humain s'effaceront peu à peu en Europe et en Amérique du Nord, à la fin du siècle, avec les conditions politiques et matérielles qui avaient décidé de leur essor : pas sous le couperet d'une parole savante.

Le labyrinthe du changement

Les débats sur l'évolution historique des climats mêlent au XIXe siècle des experts de toutes obédiences : géologues, géographes, botanistes, agronomes, physiciens, forestiers, ingénieurs, archéologues. Les points de vue abondent sur la fixité ou l'évolution des climats. Différentes causes de changement sont invoquées : déforestation, influences solaires, processus géologiques, volcanisme, évolution de l'orbite terrestre[1]. Mais aucun consensus n'émerge, en l'absence de normes épistémiques ou professionnelles communes, capables de convertir les désaccords en programmes de recherche et en constats partagés.

Aucun consensus n'existe même sur des *preuves* du changement. Comme on l'a vu, on invoque depuis la fin du XVIIIe siècle les mentions historiques d'événements extrêmes (saisons, gels de fleuves...) et la présence ou l'absence de plantes dans certaines régions pour argumenter en faveur d'évolutions climatiques. Mais au siècle suivant, cette façon de faire est de plus en plus contestée. Deux processus y contribuent.

D'abord, les avancées de la géographie des plantes, en plein essor dans les premières décennies du XIXe siècle. Or parmi ses acquis, il y a la quasi-impossibilité de se fonder sur les *plantes cultivées* pour obtenir une description fidèle du monde naturel. Choyées et protégées par les jardiniers, les cultivateurs, les propriétaires, ces espèces sont de mauvais témoins des dynamiques réelles qui lient végétation et conditions physiques des lieux[2]. Cela les disqualifie largement pour l'étude du passé climatique : or les textes parlent surtout d'elles.

C'est à cette conclusion sans appel qu'arrive le botaniste danois Joachim Schouw[3]. Son objectif est d'étudier les changements climatiques en se servant de certains phénomènes – comme la distribution des plantes – en tant que « thermomètre et hygromètre naturels[4] ». Mais il l'affirme et le démontre sur des cas concrets : le fait qu'une plante ne soit plus cultivée à un endroit où elle l'était ne permet *pas* de conclure à un changement climatique. C'est aussi l'avis de Charles Martins, l'un des meilleurs spécialistes européens de la météorologie et de la géographie des plantes. Chroniquant un livre sur le changement des climats de la France, il enfonce le clou : le fait qu'au Moyen Âge on cultivait la vigne en Picardie ne prouve rien. Jadis, on savait mal conserver le vin, le transport était lent et coûteux, les surfaces agricoles facilement disponibles : autant de facteurs qui jouaient en faveur d'une culture de proximité et faisaient que « le pauvre lui-même avait un intérêt à planter en vignes une partie de son héritage[5] ». Le climat n'a rien à y voir.

La montée d'un idéal de précision dans les sciences philologiques et historiques joue dans le même sens. Dès 1799, le lexicographe américain Noah Webster faisait le procès des preuves fondées sur des témoignages : citations sélectives, généralisations, témoins marqués par des événements extrêmes mais rares. En 1843, l'un de ses articles reparaît et connaît un grand écho[6]. C'est le moment où le chirurgien et météorologiste Samuel Forry publie *The Climate of the United States* – considéré comme la première description climatologique substantielle des États-Unis[7]. Or dans son livre et dans un article inspiré de Webster, Forry taille en pièces les « preuves » fondées sur les témoignages historiques[8]. En France au même moment, l'archiviste Ludovic Lalanne accable aussi ceux qui s'y essaient : quelle absurdité de prendre les récits de chroniqueurs du Moyen Âge pour des observations de la nature, alors que ceux-ci cherchaient à lire le futur dans les prodiges météorologiques[9].

À compter des années 1820-1830, les méthodes de la climatologie historique s'affinent. Par exemple, Schouw utilise deux plantes dont le site étudié est aux limites respectivement nord et sud de viabilité : il en déduit la température à l'époque où elles sont attestées[10].

C'est aussi à ce moment qu'émerge un outil central de la climatologie historique contemporaine : l'utilisation des « bans de vendanges » (qui donnent le début officiel de la récolte du raisin) comme proxy[11]. Cette méthode – rendue célèbre chez les historiens par les travaux d'Emmanuel Le Roy Ladurie[12] – est proposée dès les années 1820 (cf. chap. 11) et elle est d'abord mise en œuvre par un propriétaire-récoltant de Volnay, Denis Morelot[13]. Mais elle ne se diffuse qu'à compter des années 1830, lorsque Jean-Étienne Noirot, un spécialiste de la forêt, publie un article rapportant une série continue de dates de vendange en Bourgogne depuis la fin du XIVe siècle. Il en conclut qu'il n'y a eu aucun décalage et donc aucun changement de climat[14]. Pour Noirot, c'est une façon de prendre parti contre la régulation forestière, dont on débat au même moment à l'Assemblée. Son article fait grand bruit. La méthode deviendra, dans les décennies suivantes, un élément important des réflexions sur les climats du passé, même si certains pointent les limites de cet outil vu l'influence des facteurs économiques et culturels sur le moment des vendanges[15]. Il est malgré tout utilisé par tous les camps : par ceux qui pensent que les climats changent, par ceux qui croient à la fixité, par ceux qui parient sur des évolutions périodiques.

Comme Philipp Lehmann l'a souligné, les savants qui argumentent au XIXe siècle à propos des climats anciens ne manquent pas de données[16] : ils croulent sous les preuves exhumées par les uns et les autres, mais sans s'accorder sur leur valeur respective et sous le feu de critiques méthodologiques qui s'accentuent au fil du temps.

Ces dernières ne dissuadent pas une production foisonnante sur le sujet. Il faut dire que, s'agissant du changement anthropique, cette production est sans cesse relancée par des cycles de politisation qui placent la question forestière au-devant de la scène. C'est le cas en France entre 1790 et 1870, on l'a vu. Cela explique, par exemple, que le naturaliste et physicien Antoine-César Becquerel s'y intéresse sous le Second Empire : interpellé sur la question du déboisement en tant qu'élu local puis témoin des débats sur la politique forestière, il synthétise un demi-siècle de travaux et mène des expériences sur la chaleur des arbres, sur la température dans les bois pour caractériser l'effet des forêts sur la chaleur de l'air[17].

En Russie, les débats se cristallisent dans les années 1830-1880 autour du devenir des régions steppiques de l'Empire et de la possibilité d'y cultiver durablement des céréales[18]. En jeu notamment, un éventuel changement climatique causé par le déboisement. Cela provoque une vague de travaux sur la question, alimentés par l'écho que trouvent, auprès des hauts fonctionnaires et des forestiers russes, les débats français des années 1830 sur climat et défrichement[19]. Ces discussions sont aussi nourries des lectures de Becquerel et de George Perkins Marsh (cf. chap. 15)[20]. En Autriche-Hongrie, les enjeux de régulation forestière et les risques d'inondation suscitent des débats analogues entre 1870 et 1900. Cela incite le naturaliste Josef Roman Lorenz à estimer la portée des effets climatiques du déboisement – ce qui spécifierait l'échelon de gouvernement à mobiliser pour y faire face[21].

Ces apports abondent un champ d'étude et de réflexions où l'on débat en même temps de possibles évolutions autogéniques des climats, comme avec les thèses du prince Pierre Kropotkine sur un changement climatique de l'Eurasie qui serait en cours depuis le dernier âge glaciaire[22]. Avec son hypothèse, il cherche à expliquer autant la géographie des toundras, des steppes, des prairies sèches, que l'énigme archéologique que constitue l'existence de nombreuses ruines perdues dans des déserts[23]. Mais si d'un côté, il considère qu'on a trop souvent pris les signes de ce grand dessèchement pour des indices d'une action humaine, il n'hésite pas à recommander – avec des accents que n'aurait pas récusés Buffon – de planter d'immenses rideaux d'arbres pour contrer la sécheresse qui gagne[24].

Les nouvelles sciences du climat

Le champ des approches scientifiques de l'atmosphère connaît par ailleurs, après 1850, de profondes mutations. Des organismes météorologiques d'État sont créés dans la plupart des pays occidentaux : Autriche-Hongrie (1851), Hollande (1854), Angleterre (1854), Suède (1859), Espagne (1860), Italie (1863), États-Unis (1870), France (1878). Cette vague d'institutionnalisation répond souvent à la nécessité d'organiser, dans ces pays, un service opérationnel de prévision du temps[25]. Mais ces organismes entretiennent aussi des divisions climatologiques et des réseaux d'observation implantés au sein de l'armée et de la marine, de l'enseignement, des établissements scientifiques, des administrations techniques, des stations agricoles. Les données produites sont analysées et mises en cartes pour caractériser des régions climatiques et des climats types[26]. Cette climatologie d'État qui émerge dans la seconde moitié du XIXe siècle n'a en rien le monopole du discours sur le climat, à propos duquel géographes, naturalistes ou forestiers travaillent eux aussi avec leurs propres méthodes et leurs propres agendas de recherche. Mais sa puissance institutionnelle et sa légitimité épistémique en font un acteur majeur à compter des années 1860-1870.

Or, dans certains pays, la climatologie d'État se développe comme une pratique scientifique radicalement descriptive, dont le but est de documenter des états atmosphériques moyens pensés comme quasi fixes à l'échelle du siècle ou de la décennie. C'est le cas aux États-Unis où Cleveland Abbe, le premier chef météorologiste du Weather Bureau, écrit en 1889 : « Aucun changement climatique important n'a encore été démontré depuis le début de l'histoire de l'humanité. [...] Le véritable problème que le climatologue doit résoudre au cours du siècle actuel n'est pas de savoir si le climat a changé dernièrement, mais de déterminer quel est notre climat actuel, quelles sont ses caractéristiques et comment les exprimer le plus clairement possible en chiffres[27]. » L'un de ses successeurs, Willis Moore, appelé à traiter la question dans les années 1910, ne croit pas non plus à des changements climatiques rapides et/ou causés par l'Homme. Il réserve des critiques acerbes aux mesures météorologiques en forêt comme celles menées par Mathieu et Fautrat en France (chap. 13) et qui prétendent démontrer un effet – local – des arbres sur les précipitations. Il souligne qu'aucune donnée du Weather Bureau n'indique de changements de pluies qui auraient eu lieu aux États-Unis[28]. En France, la situation est la même : le Bureau central météorologique consacre tous ses efforts à produire des observations de précision, pour décrire les climats régionaux et alimenter des études de météorologie prévisionnelle. La prise en compte du changement climatique n'est pas à l'ordre du jour. Alfred Angot, le chef climatologue du Bureau, voit les climats comme globalement stables et il est sceptique sur l'existence d'un agir climatique humain. Il estime qu'il faudrait que l'humanité transforme des surfaces absolument immenses pour que l'impact soit significatif[29].

Tous les organismes météorologiques nationaux ne se cantonnent pas à des approches purement descriptives. Comme Deborah Coen l'a montré, le ZAMG[30] austro-hongrois est ainsi, dans le dernier tiers du siècle, le creuset d'une nouvelle façon d'appréhender les réalités climatiques[31]. Cette « climatologie dynamique » cherche à appliquer la physique des fluides et de la chaleur à l'atmosphère et à ses interactions avec les continents, les océans, le relief, la surface terrestre, pour expliquer les régularités climatiques au regard de dynamiques atmosphériques globales. Mais il faut attendre les années 1920 pour voir cette approche, combinée avec des apports venus de la physique statistique, être déclinée pour l'étude de la stabilité et du changement des climats[32]. Et c'est alors, semble-t-il, sans que l'impact climatique possible de la déforestation soit analysé plus avant[33]. L'essor de la météorologie dynamique, au début du XXe siècle, ne sera pas plus favorable aux analyses du changement climatique[34]. En prenant pour point de départ les équations physiques qui régissent l'atmosphère, cette approche se heurte en effet à un problème de taille : l'impossibilité de résoudre, en général, ces équations, ce qui force à utiliser des méthodes approchées et plus tard la simulation informatique. Mais en attendant, la science reste bien démunie quand il faut penser de possibles changements anthropiques des climats.

En 1890, le climatologue et géographe allemand Eduard Brückner publie un vaste travail sur les changements climatiques, où il dresse un bilan d'ensemble des recherches existantes[35]. La lecture de celles traitant du climat dans l'histoire le laisse confus et désorienté : « Nous sommes arrivés à la fin de notre tour d'horizon. Nous avons arpenté un labyrinthe, mais sans fil d'Ariane. Nous avons rencontré encore et encore les mêmes contradictions insolubles et irréconciliables. C'est presque une énigme pour la pensée : que pour les mêmes pays, des scientifiques sérieux aient diagnostiqué des changements climatiques qui s'excluent mutuellement. Il est tout aussi déconcertant de constater que la forêt est sans cesse désignée comme le bouc émissaire de toute une série de changements souvent contradictoires. Il en ressort quelque chose d'assez frappant : l'absence de tout progrès vers une solution[36]. » Brückner a son propre agenda : en mobilisant une énorme masse de données sur les dates de vendanges, les glaciers, les pluies, il défend l'existence de variations *cycliques* des climats, d'origine naturelle et d'une période de trente-cinq ans.

Mais il ne fait pas ici qu'argumenter pour son compte. Il capture aussi quelque chose du discrédit que connaît désormais, chez certains savants, le thème du changement historique des climats : « Dans cette confusion d'opinions contradictoires, souvent peu fondées, écrit Brückner, il ne semble pas étonnant qu'à l'heure actuelle, le fait même de traiter de cette question du changement climatique, et encore plus d'ajouter une nouvelle hypothèse à celles qui existent, viole presque le *modus vivendi* entre météorologistes[37]. »

Les tenants de la climatologie d'État, des nouvelles approches dynamiques de l'atmosphère, vont avoir tendance à laisser de côté ce sujet qui semble de plus en plus comme une aporie, comme un problème insoluble qui promet, à celui qui s'en empare, un labyrinthe d'hypothèses et de questions sans réponse. Soucieux de manifester la scientificité de leurs approches, ces climatologues font le pari de la fixité ou – au moins aussi souvent – affirment ne pas être en mesure de trancher. L'ouvrage le plus influent des approches climatiques fin de siècle, le *Handbuch der Klimatologie* de l'Autrichien Julius Ferdinand von Hann, explique ainsi qu'aucune preuve solide n'existe démontrant *ou réfutant* des changements climatiques *(« progressive changes »)* causés par l'Homme ou sensibles à son échelle[38]. Et ce, après un siècle de recherches sur la question.

La théorie de Brückner alimente aussi ce désintérêt, en ouvrant une voie pour penser le changement mais dans la stabilité et sans que l'Homme y joue un rôle. Sa théorie des cycles connaît un grand écho en réinterprétant les données disponibles sous l'hypothèse d'oscillations autour d'un point fixe. Grâce à elle, Brückner propose aussi une relecture décapante des théories du changement : selon lui, un bilan statistique de celles-ci, groupées par décennie depuis 1790, montre que tous leurs auteurs avaient tort mais aussi – en un sens – raison. À leur époque ils décrivaient, explique-t-il... la tendance alors en cours sur sa courbe périodique de trente-cinq ans. Ce qu'il appelle le « labyrinthe des hypothèses et des opinions sur le changement climatique » y trouve un ordre et une explication : l'effet psychologique d'une variation autour de la stabilité, productrice de l'impression – erronée – d'une tendance. Du changement climatique comme errement de la raison.

La fournaise du carbonifère

Au foisonnement et à l'impasse des débats sur l'évolution récente des climats, répond au XIXe siècle l'émergence d'une nouvelle histoire climatique des temps géologiques.

Elle passe d'abord par une lecture radicalement neuve du refroidissement buffonien et de ses effets sur les climats terrestres. On la doit à un savant, Jean-Baptiste Joseph Fourier, souvent cité comme le « fondateur » des théories de l'effet de serre. Sur ce point, la réalité est plus subtile et plus intéressante (cf. chap. 16). Il est aussi connu comme celui qui a formulé pour la première fois, les lois régissant la chaleur[39]. Mais ses intérêts ne se limitent pas à la physique théorique : en 1809, il applique ses équations à la répartition des températures terrestres causée par les rayons solaires[40]. Puis pendant dix ans il délaisse ce thème.

Mais avec l'hiver glacial de 1819-1820, la thèse de Buffon d'un refroidissement du Globe – et des climats – agite de nouveau l'attention du public. Fourier réagit avec un projet : soumettre l'« hypothèse d'une chaleur intérieure et centrale » à une « analyse exacte, fondée sur la connaissance des lois mathématiques de la propagation de la chaleur »[41]. En combinant calculs et observations prises dans des grottes et des mines, il parvient à un ordre de grandeur de l'excès de température créé, en surface, par cette chaleur venue de l'intérieur de la Terre. Or cet excès est minime, environ trois centièmes de degré. Quant à la chute de température éprouvée par l'humanité, elle n'a pu excéder, elle, trois *millièmes* de degré ! Fourier ne conteste pas que la Terre se refroidisse : mais sur un temps très long d'où l'Homme est absent. Ses travaux font grand bruit, ils sont repris un peu partout. Fourier, dira Arago en prononçant son éloge funèbre, a « substitué des preuves, des démonstrations » aux anciennes conceptions sur la planète : il a montré que la congélation tant redoutée n'était qu'un « pur rêve »[42]. C'est le coup de grâce à la théorie buffonnienne d'un refroidissement spontané des climats sensible à l'échelle de l'histoire humaine.

Dans ces mêmes années, la science progresse sur d'autres fronts. Les savants se passionnent pour les végétations étranges et exotiques qui ont laissé des traces dans les sous-sols européens[43]. La paléobotanique émerge dans le sillage de la paléontologie. Dans les années 1820 et 1830, l'étude des animaux anciens se développe dans toute l'Europe sous l'impulsion de savants comme William Buckland, Henry de La Beche, Georges Cuvier. Leur méthode : caractériser les groupes d'animaux disparus dont on retrouve des restes dans le sous-sol en les rapportant aux roches dont ils proviennent.

La botanique fossile est bien plus difficile. Les organes reproducteurs (fleurs, fruits, graines), centraux dans la nomenclature linnéenne, ont rarement été fossilisés. Les végétaux eux-mêmes ne subsistent que de façon très dégradée. Le défi est relevé, au début des années 1820, par un jeune savant, Adolphe Brongniart. En 1822, il démontre que certaines plantes fossiles identifiées dans les sous-sols de l'Europe correspondent à une végétation de type tropical, à des fougères notamment[44]. Ces plantes des pays chauds ont été découvertes dans les strates du carbonifère, des couches qui focalisent l'attention car elles recèlent les gisements de charbon.

Ces preuves indirectes confirment ce que l'on pressentait déjà depuis les dernières décennies du XVIIIe siècle (chap. 3) : les climats européens ont été, dans un lointain passé géologique, bien plus chauds que ceux de l'époque actuelle. En 1828, Brongniart va plus loin en proposant un schéma d'évolution global liant histoire de la Terre, du climat et des végétaux[45]. Selon lui, la Terre primitive était très chaude, et son atmosphère saturée en gaz carbonique. C'est grâce à ce gaz présent en grande quantité que la végétation primitive aurait pu se développer, même en l'absence de sol fertile, pour ensuite se déposer dans le sol sous forme de houille. L'atmosphère terrestre aurait ainsi été purgée de son gaz carbonique, tout en se refroidissant au fil du temps selon le processus décrit par Buffon et Fourier[46]. Et l'on serait passé peu à peu du monde luxuriant du carbonifère à la nature actuelle.

L'Homme est exclu du monde tropical qui se révèle ainsi. En effet au même moment, les avancées de la stratigraphie (l'étude des couches géologiques) donnent pour la première fois des esquisses d'échelle chronologique pour les formes de vie du passé. Or les restes d'hommes n'apparaissent qu'en extrême surface : l'histoire humaine ne serait qu'une fraction minuscule de l'histoire de la nature.

Le monde du carbonifère, par comparaison, semble infiniment distant. Ce qui n'empêche cependant pas, comme Fredrik Albritton Jonsson l'a montré, des rapprochements vertigineux : dans l'Angleterre victorienne, les plantes luxuriantes du carbonifère sont ainsi interprétées par les savants, et connues par le grand public, comme le moyen par lequel la Providence a permis aux sociétés modernes de se développer grâce au charbon et à une atmosphère respirable[47]. Pas d'humanité ni de sociétés industrielles sans ces climats torrides du passé profond.

Entrer dans l'holocène

Mais l'étude des climats très anciens ne parle pas, dans ces années, que de chaleur et de luxuriance. On découvre aussi une planète qui a été un monde de glace et de froid[48]. Comme on l'a vu, en Suisse en 1820-1821, l'administrateur des forêts Karl Kasthofer et l'ingénieur Ignace Venetz répondent à l'appel de la Société helvétique des sciences naturelles et rédigent deux mémoires sur un éventuel changement du climat des Alpes. Appelés à se prononcer sur la menace du refroidissement prédit par Buffon, tous deux minimisent – voire excluent – cette possibilité. Ils insistent en revanche sur les immenses glaciers qui recouvraient les montagnes suisses en des temps très reculés.

Leurs mémoires ne visent pas seulement à rassurer les autorités helvétiques. Ils interviennent aussi dans un débat en cours, parmi les savants, à propos des « blocs erratiques ». Ces blocs sont des rochers énormes, de composition différente des terrains environnants, et portant à leur surface des marques de déplacement. On en a identifié dans les Alpes mais aussi en Allemagne et en Scandinavie. Les hypothèses abondent, d'un méga-tsunami à une inondation à grande échelle : mais aucune ne fait l'unanimité.

La publication tardive du mémoire de Venetz, en 1829 et 1833, change la donne. En effet, il fournit une nouvelle explication : les blocs erratiques, avance-t-il, ont été charriés par des glaciers qui les ont laissés sur place lors de leur reflux. L'idée est reprise par le géologue germano-suisse Jean de Charpentier. En 1835, il publie un article où il décrit un « glacier monstre » qui couvrait, dans un passé lointain, la haute vallée du Rhône. Puis c'est un autre Suisse, Louis Agassiz, qui pousse l'hypothèse à son paroxysme et fait le saut décisif. À Neuchâtel en 1837, il présente la première théorie des âges glaciaires[49]. Agassiz ne parle plus de glaciers monstrueux, mais à présent de toute l'Europe recouverte d'une croûte de glace. Cette croûte aurait fondu au fil de l'histoire de la Terre, pour laisser d'abord subsister le glacier géant de Charpentier puis quelques résidus seulement. Malgré leur taille énorme, les glaciers actuels ne seraient que les restes dérisoires d'un vaste monde de glace.

Mais comment comprendre qu'il ait pu faire beaucoup plus froid dans le passé, alors que tous considèrent le refroidissement du Globe – sur les temps géologiques – comme une réalité indéniable ? Il faut admettre, avance Agassiz, que ce refroidissement se fait en subissant lui-même des variations qui amènent la Terre, par moments, dans des états de froid extrême. Et à l'aide de quelques signes typographiques bien ajustés, il propose une « courbe » de la température du Globe à l'échelle des temps géologiques : 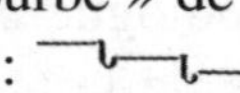

La théorie d'Agassiz, vivement débattue dans les années 1840-1860, finit par l'emporter. Les savants admettent désormais que le nord de l'hémisphère Nord était, dans un passé géologique lointain, une zone très froide et couverte de glace.

Au départ, les causes des âges glaciaires sont un mystère. Le mathématicien français Joseph-Alphonse Adhémar est le premier à suggérer une cause astronomique dans son livre de 1842 intitulé *Révolutions de la mer. Déluges périodiques*[50]. Il pense que la grande croûte de glace décrite par Agassiz pourrait être une extension de la banquise du pôle Nord, dont la disparition s'expliquerait par la précession des équinoxes – le lent changement de direction de l'axe de la Terre. En 1864, dans un article retentissant, l'Écossais James Croll s'inspire d'Adhémar pour présenter une théorie bien plus ambitieuse et complète des changements climatiques géologiques[51]. Croll prend en compte non seulement la précession mais aussi l'évolution de l'orbite terrestre, le poids des manteaux de glace, les courants marins, la circulation de l'atmosphère pour expliquer l'alternance de phases glaciaires et de séquences plus chaudes. Au XXᵉ siècle, cette théorie est encore perfectionnée par le Serbe Milutin Milanković. Elle est au fondement de notre connaissance actuelle des âges glaciaires.

Quelle place pour l'Homme dans ce tableau ? Grâce aux avancées de la physique, de la stratigraphie, de la paléontologie et de la théorie des âges glaciaires, on sait mi-XIXᵉ siècle que les climats ont une histoire longue et complexe, dont les humains sont pour l'essentiel exclus. C'est vrai aussi pour l'histoire du vivant : et c'est pour ménager une place à l'humanité dans la vaste chronologie de la vie que le paléontologue Paul Gervais forge en 1850 le terme « holocène[52] ». Il définit comme « terrains holocènes » ceux où l'on peut déceler, en plus de restes d'animaux, des traces de la présence de l'Homme. Et il appelle « âge holocène » (ou « anthropique ») l'espace de temps correspondant dont il estime, par ailleurs, qu'il n'a qu'une importance mineure en termes d'histoire longue de la vie sur terre[53]. L'expression est mobilisée lorsque, dans le dernier quart du siècle, on cherche à concevoir une chronologie géologique internationale normalisée. Le terme est promu par le Suisse Eugène Renevier, un personnage peu connu mais dont le rôle fut central pour fixer la géochronologie moderne[54].

Au même moment, le géologue écossais James Geikie s'empare d'une des grandes énigmes de la préhistoire : la chronologie et les causes de la transition entre paléolithique et néolithique. Pour lui, c'est la sortie du dernier âge glaciaire qui a été à l'origine de ce bouleversement à l'origine des sociétés modernes. Fredrik Albritton Jonsson a souligné l'influence de cette thèse, qui s'impose à la fin du XIXᵉ siècle même si aucun consensus n'existe encore sur une datation précise[55].

Au départ, des hommes écrasés par le froid, réfugiés dans des cavernes, chassant le renne et le rhinocéros laineux. Puis un grand radoucissement qui permet l'essor de l'agriculture, des villes, des sociétés complexes. Renevier, en faisant coïncider, dans ses chronologies, les débuts de l'holocène et du néolithique, complétera le tableau : celui du climat favorable de l'holocène comme condition de possibilité des grandes civilisations humaines, de l'Égypte antique à l'Empire victorien.

*

C'est ainsi qu'à la fin du XIXe siècle l'humanité se découvre une patrie climatique, douce et rassurante au regard des climats torrides du carbonifère, du grand froid des âges glaciaires. Avec cette catégorie d'holocène, les savants fixent une échelle du changement qui replace l'histoire humaine du climat dans une chronologie beaucoup plus vaste, dont elle n'est plus qu'une minuscule fraction. Au même moment, les grandes batailles à propos des changements historiques des climats ne cessent pas. Les nouvelles approches scientifiques de l'atmosphère ont tendance à négliger ces questions, et certains savants y voient désormais une aporie, une énigme à mettre de côté pour avancer. D'autres pensent un climat qui se transforme, mais selon des oscillations qui le ramènent, à plusieurs siècles ou décennies d'écart, à son point d'origine. Fernand Braudel, dans son grand livre sur la Méditerranée, invitera les historiens à enquêter sur ces cycles climatiques du froid et du chaud, du sec et de l'humide, qu'il met en parallèle avec ceux de la vie économique[56]. Il n'empêche : l'holocène reste encore un champ de bataille, et un mystère à percer pour tous ceux qui traquent, dans une ruine ou une citation ancienne, l'indice d'une transformation physique qui ne se résume pas au retour du même.

En parallèle, le spectre d'une dégradation climatique causée par l'Homme détruisant les forêts sort peu à peu de scène en Europe. L'éclipse des grandes luttes du XIXe siècle sur la régulation et la domanialité forestière, la perte de la centralité du bois comme source d'énergie, l'impact de la modernité technique sur la vulnérabilité climatique et la productivité agricole, l'absence, aussi, de preuves scientifiques convaincantes après des décennies de recherche, tout concourt à faire reculer la menace en Europe. La science n'aura pas réfuté le paradigme d'un agir climatique humain, qui au même moment connaît son apogée dans les empires. Mais la menace n'a plus, en cette aube du XXe siècle, la charge sociale et politique qui l'avait placée, en France puis dans toute l'Europe, au cœur des grands bouleversements de son temps.

Chapitre 15

Restaurer le monde, gouverner les empires

Aux XIXe et XXe siècles, les empires coloniaux britanniques et français s'étendent sur une grande partie des terres émergées. Ce sont des continents de forêts, de déserts, de savanes, d'espaces cultivés, gouvernés par des élites coloniales désireuses de les contrôler pour les « mettre en valeur ». On a vu que la croyance en une supériorité occidentale fondée sur une maîtrise de la nature est ancienne et sous-tend déjà, dans les Amériques des XVIe-XVIIIe siècles, le projet d'*améliorer le climat*, d'en civiliser les traits par le déboisement et l'agriculture.

Mais les empires des XIXe-XXe siècles y ajoutent une dimension nouvelle : désormais, les peuples colonisés sont accusés d'avoir *dégradé* leur climat. Les colonisateurs dénoncent l'impact des pratiques agricoles et forestières autochtones sur les pluies, les vents, les températures. Les Européens se donnent alors pour mission de *protéger* et de *restaurer* les climats. Le paradigme de la dégradation climatique conserve ainsi longtemps une influence centrale en contexte impérial – un aspect de mieux en mieux connu grâce aux travaux d'historiens comme Diana K. Davis, Caroline Ford ou Gregory Barton.

Cette influence est d'autant plus grande qu'elle permet aux conquérants de se dédouaner de tragédies immenses et longtemps sous-estimées : les terribles famines qui frappent dans ces décennies l'Inde, le Maghreb et l'Afrique-Occidentale française. Ces catastrophes coloniales naissent de la vulnérabilité climatique de régions dont les moyens de subsistance sont déstabilisés par la conquête et l'arrimage au système-monde capitaliste[1]. Pour les puissances coloniales, elles sont tout à la fois des affronts à leur prétention de mise en valeur des territoires et des énigmes scientifiques à élucider. Les récits de dégradation climatique leur fournissent, dans ce contexte, une grille de lecture idéale : contre toutes les apparences, la famine n'est pas le signe de leur mauvaise gestion des populations et des territoires, mais incrimine au contraire une destruction de l'environnement par les colonisés eux-mêmes, appelant, paradoxalement, à un renforcement du pouvoir impérial.

L'Arabe et le climat

Dans l'empire français, les populations arabes algériennes sont les premières visées. L'histoire de ce « mythe environnemental » du Maghreb colonial a été analysée en détail par Diana K. Davis, sur le travail duquel se base largement cette section[2].

La rhétorique de la faute et du déclin climatique émerge dans la décennie 1840. Et d'abord sous la plume de Jean-Jacques Baude, homme politique et haut fonctionnaire[3]. Baude est une figure du parti orléaniste, chargé par le roi Louis-Philippe, en 1836, d'une tournée d'enquête en Algérie. De cette expérience, il tire un livre qui déploie pour la première fois le grand récit du déclin. Le littoral algérien est, explique-t-il, en proie à une destruction de ses forêts : par les coupes, le pâturage, le feu des écobuages qu'y pratiquent les autochtones. Or l'enjeu, assène Baude, est immense car les arbres attirent la pluie, nourrissent les ressources hydriques. La France doit agir en protégeant et en restaurant ces massifs, ce qui serait aussi, écrit Baude, « un moyen puissant d'améliorer le climat[4] ».

Tout ici, résonne des débats qui agitent au même moment la métropole. Baude, qui est député, a assisté aux discussions parlementaires sur l'autorisation de défrichement ; il a vu Arago à la tribune qui mettait en garde contre les dangers climatiques du déboisement. Lui-même est un ardent partisan des régulations forestières et il déplore qu'en France on peine à les imposer. L'Algérie offre en la matière des opportunités fabuleuses[5]. Là-bas, se réjouit-il, rien ou presque ne peut entraver l'action de l'État : ni la propriété privée ni la capacité politique des habitants.

La voix de Baude n'est pas isolée. La monumentale *Exploration scientifique de l'Algérie* publiée dans les décennies 1840-1860 contribue elle aussi à faire émerger un grand récit décliniste anti-arabe. Elle lui donne une profondeur historique : la forêt algérienne, jadis vaste, aurait reculé sous la cognée des conquérants arabes qui ont déferlé au XIIe siècle et ont imposé leur mode de vie[6]. D'où des pluies raréfiées, des vents pervertis, des sources taries.

Tout est en place, des grandes lignes d'un récit maintes et maintes fois mobilisé, des premiers temps de la conquête au lendemain de la Seconde Guerre mondiale[7]. Ce récit est omniprésent et consensuel dans la société coloniale algérienne à partir de la fin des années 1860.

Il hérite de tout un imaginaire de l'effondrement, nourri de réflexions sur la chute des empires, l'Orient, le rôle du climat dans la fin des civilisations. Dès la fin du XVIIIe siècle, on l'a vu, les visions de cités ruinées et englouties dans les sables, vestiges du suicide climatique de sociétés entières, hantent les esprits. Elles servent à lancer l'alerte à propos de la France. Bernardin de Saint-Pierre, Rougier de La Bergerie, Chateaubriand, Mirbel évoquent la Perse, l'Égypte, l'Arabie, la Judée où le déboisement a tout desséché[8]. Rauch en fait le troisième acte de son grand récit du climat et de la civilisation (chap. 10) : on y voit Ninive et Babylone, Sumer, l'Asie Mineure, ces foyers de la civilisation, périr d'avoir coupé leurs arbres et changé leurs climats[9]. Ces visions dystopiques sont projetées sur les vestiges romains qui parsèment l'Algérie : ces ruines sont lues comme ce qui reste d'un pays jadis prospère et désormais stérile.

Ce discours sur le changement climatique a, en Algérie, une forte dimension ethnoraciale. La « race » arabe est dénoncée pour son caractère intrinsèquement destructeur[10]. À cet écoracisme anti-arabe, répondent trois autres discours racialistes qui le confortent par contraste[11]. D'abord, celui qui assimile les Français à la race des Romains qui peuplaient l'Algérie de l'Antiquité. Grâce à cette fiction, les Arabes peuvent être décrits comme des envahisseurs ! Les ruines romaines du Maghreb, en ce sens, ne sont pas seulement lues à l'aune de la collapsologie climatique, mais aussi comme les traces d'une civilisation morale, productive et ordonnée que l'empire français a vocation à faire revivre sous une forme moderne.

La seconde vision raciale se présente comme un espoir : celui de voir émerger, en Algérie, une nouvelle « race latine » forte et féconde, issue du mélange de colons venus de France mais aussi d'Italie et d'Espagne[12]. Laisser le Maghreb se dessécher encore, ce serait compromettre la vitalité de ces races européennes vouées à le mettre en valeur.

Enfin une troisième théorie raciale oppose les « Arabes » aux « Kabyles ». Le discours colonial décrit ces derniers comme les restes de populations vandales (et donc européennes) que les invasions arabes auraient forcées à se réfugier aux marges. L'opposition entre la figure de l'« Arabe » et du « Kabyle » est un *topos* bien connu, sous-produit de la domination française en Afrique du Nord. Elle a son volet écologique : l'Arabe serait l'ennemi de l'arbre et donc du climat ; le Kabyle, lui, saurait gérer son environnement – comme en témoignent les forêts de sa province.

L'écoracisme anti-arabe est très répandu en Algérie jusque tard dans le XXe siècle. Tonitruant sur place, il trouve aussi des échos réfractés dans l'Hexagone. Ainsi, en 1850, un chroniqueur des *Annales forestières* déplore la baisse de dotation de la foresterie algérienne, avant de dénoncer ces « compagnies d'Arabes, d'une autre espèce » – les spéculateurs – qui en métropole veulent mettre la main sur les massifs hexagonaux en profitant des aliénations du Domaine[13].

Comme Diana K. Davis l'a souligné, le grand récit du déclin climatique est intimement lié à l'expropriation des communautés algériennes de leurs forêts, un processus qui devient massif à partir de 1850 : domanialisation, restriction drastique des droits d'usage (coupes, pâturages, feux contrôlés)[14]. Il sert à justifier cette politique, à construire un cadre de perception où la coercition coloniale s'impose comme légitime au nom de la conservation de la nature et des ressources. Cette fonction apparaît de façon flagrante après que, dans les années 1860, Napoléon III a cherché à limiter les dépossessions foncières des communautés. La contre-attaque du parti des colons ? Propager partout l'argument du déclin climatique. Les indigènes ne sont pas dignes de leurs forêts : d'ailleurs, proclame un colon : « La France elle-même, si prospère, serait bientôt un désert, si elle était aux mains des Arabes[15]. »

Le parti des colons exploite aussi une catastrophe qui vient de frapper le pays. En 1866-1868, une sécheresse combinée à des invasions d'insectes et à un séisme provoque la mort d'environ 800 000 personnes – un cinquième de la population[16]. Pour les tenants du récit de dégradation, ces cadavres sont des coupables idéals. Dans un rapport de fin 1867 au gouverneur général de la colonie, l'agronome Robiou de La Tréhonnais consacre ainsi un long développement au changement climatique et à la responsabilité des Arabes[17]. D'autres, comme le journaliste Henri Verne, y voient une cause encore plus immédiate : les feux allumés par ces derniers en 1863-1865 et qui apparaissent comme une forme de résistance à la mainmise coloniale sur les bois[18]. Si l'on voulait avoir plus de pluies, écrit-il, il faudrait non seulement réprimer ces pratiques, mais aussi reboiser à grande échelle. La catastrophe est vue comme un signe de plus : le « royaume arabe » est un royaume de feu, de famine et de mort. Tout le pouvoir aux colons !

Ceux-ci peuvent compter sur une administration forestière alignée sur leurs positions. Depuis sa création en 1846, la foresterie algérienne n'a fait que gagner en puissance[19]. Ses gardes mettent en application sur le terrain la dépossession et la criminalisation des usages prévues par la loi. Dans les années 1880, ils dressent 13 000 procès-verbaux par an et recourent parfois aux travaux forcés[20]. Le déclin climatique est l'une des justifications majeures données à cette politique.

L'administration forestière marche main dans la main avec la Ligue du reboisement de l'Algérie, une association fondée en 1881 et qui compte près de 1 200 membres dès ses débuts[21]. Ses objectifs : promouvoir des plantations massives, durcir les lois forestières, évincer les Arabes des régions boisées[22]. À l'horizon, l'idéal d'une restauration climatique. Le souvenir de la grande sécheresse de 1866-1868 sert de rappel pour mobiliser, et la caution scientifique est fournie par des auteurs comme Rauch et Surell.

La Ligue est aussi une caisse de résonance pour une question qui n'avait jusque-là qu'une place limitée dans le récit éco-impérial : l'emprise croissante du Sahara. Il semble désormais vital de contrer cette menace, par exemple en plantant des remparts d'arbres sur les hauts plateaux du Sud[23]. Parfois, les rêves se font plus grandioses : le Sahara, qui est déjà constellé d'oasis, imagine un colon, pourrait être peu à peu couvert d'îlots de vie et d'humidité, grâce au creusement de puits artésiens[24].

Menaces sur le Raj

Des années 1840 au milieu du XXe siècle, l'Empire britannique est en proie aux mêmes anxiétés climatiques[25]. Des récits déclinistes justifient la dépossession des autochtones et la criminalisation de leurs usages de la nature. Mais ici point de transposition des angoisses depuis la Grande-Bretagne – le pays ne connaît pas les grandes controverses climatiques qui secouent la France de la première moitié du XIXe siècle. Ce sont les expertises et les travaux produits dans le contexte des débats français qui disséminent les thèses de l'agir climatique anthropique dans l'Empire victorien.

C'est d'abord le cas en Inde. Si le pays possède d'immenses forêts, le colonisateur britannique n'a pas, dans la première moitié du XIXe siècle, de politique forestière affirmée, ni d'administration chargée des forêts. Plus généralement, les capacités de la Grande-Bretagne sont faibles en ce domaine : en métropole, aucun service spécialisé n'existe non plus. C'est justement la faiblesse de l'expertise forestière britannique – comparée aux grandes traditions continentales – qui contribue à la globalisation des alertes climatiques : la foresterie impériale qui naît dans l'Inde victorienne embrasse les inquiétudes climatiques françaises qui l'aident à imposer son autorité dans tout l'Empire.

Alexander Gibson, Edward Balfour et Hugh Cleghorn sont des chirurgiens et des naturalistes, en charge des jardins botaniques de Bombay, Madras et Mysore. À la suite d'une vague de famine en 1838-1839, ils commencent à s'alarmer d'un dessèchement en cours de l'Inde, causé par le déboisement[26]. Ils craignent que ce processus funeste ne puisse compromettre, à terme, la viabilité même de la colonisation. La connexion qu'ils établissent entre déboisement et sécheresse leur a été inspirée par l'article de J.B. Boussingault sur les pluies tropicales, qui a sans aucun doute été le texte le plus influent dans la globalisation de l'alerte climatique (chap. 12)[27].

L'argumentaire de Boussingault, rédigé au départ dans le contexte des luttes politiques hexagonales sur les forêts, sert à présent de socle aux diagnostics des forestiers impériaux. Pour contrer le déclin du climat, proclament-ils, il faut que les autorités coloniales s'investissent dans la gestion des forêts[28]. Gibson est le premier à parvenir à ses fins : en 1847, il obtient la création d'un Bombay Forest Department, première esquisse d'un service forestier indien. Il en prend la tête. Pour forcer le destin, il s'est adressé depuis l'Inde aux administrateurs londoniens de la East India Company[29]. Il les mettait en garde : le déboisement du littoral ouest, par ses effets climatiques, est lourd de menaces pour les projets de culture de coton de la compagnie. Son argument porte.

Au même moment s'ouvre une grande phase d'accaparement et de mise sous tutelle des forêts indiennes par les Britanniques. En 1855, un Forest Charter confisque une grande partie des massifs du pays. La même année, un service forestier est créé à Madras sur le modèle de celui de Bombay, avec Hugh Cleghorn à sa tête. Une doctrine de gestion se dessine peu à peu au sein des deux services et s'impose dans l'Indian Forest Service (à vocation nationale) créé en 1864. Cette doctrine a deux objectifs principaux. D'abord, intensifier l'exploitation économique de certains massifs, comme ceux donnant le précieux bois de teck. Ensuite, assurer la conservation des climats.

Les modalités de gouvernement des forêts (domanialisation, répression des usages) sont pensées comme des outils pour contrer les changements climatiques. Le paradigme de l'agir humain sur le climat s'est définitivement enraciné dans le sous-continent. La montée en puissance de la technostructure forestière impériale ne fera que renforcer cette tendance qui connecte l'Inde et tout l'Empire victorien à plusieurs décennies de débats et d'expertises hexagonales sur le changement climatique. Le paradigme circule et s'auto-entretient. Nombre d'experts britanniques complètent leur cursus à l'École forestière de Nancy, où on leur enseigne le déclin écologique du Maghreb. Et s'ils partent se former en Allemagne, le résultat est à peu près le même. Le canon de la foresterie allemande, le *Grundriss der Forstwissenschaft* de Heinrich von Cotta, s'ouvre sur l'assertion suivante : « lorsqu'il y a peu de forêts, la pluie devient rare » : il se réfère aux travaux hexagonaux suscités par la grande enquête de 1821[30].

La différence avec l'Algérie est que ces théories s'appliquent dorénavant à une échelle beaucoup plus vaste. À la fin du XIXe siècle, l'inspecteur général des forêts indiennes Berthold Ribbentrop a fait ses calculs : un taux de couverture forestière de 30 % est un bon objectif[31]. Derrière ces chiffres abstraits et ce projet d'aménagement à l'échelle continentale, il y a cependant aussi une part de bluff. L'emprise que les forestiers britanniques ont sur les forêts indiennes est en effet moindre (vu l'immensité des surfaces) que celle (déjà contestée) des Français au Maghreb. La volonté de conservation ou de restauration climatique semble parfois comme un idéal disproportionné face à la tâche à accomplir. Il n'empêche que les forestiers britanniques font beaucoup d'efforts pour médiatiser leur croisade : comme en Algérie, les discours sur le climat sont aussi une manière de s'adresser à la métropole pour réclamer des moyens. Et comme dans le Maghreb, la visée est utilitariste. Il est peu question de beauté ou d'harmonie à préserver. Protéger les forêts signifie aménager des environnements coloniaux rationnels, sûrs et productifs dans la durée.

On retrouve aussi dans le Raj un écoracisme antimusulman qui est comme le reflet atténué de celui qui a cours dans l'empire français.

Ainsi pour Ribbentrop, la conquête musulmane du Moyen-Orient, de l'Asie centrale et d'une large partie de l'Inde est la catastrophe originelle qui a précipité ces régions dans un long processus de déforestation et d'assèchement[32]. En cause ici, la domination dans la péninsule indienne, d'abord de conquérants issus d'Asie centrale, puis de l'Empire moghol jusqu'à sa décomposition au début du XIXe siècle. Cette expansion musulmane aurait véhiculé avec elle, fatalisme et dédain de la propriété – ces *« communistic precepts »* qui font des forêts des choses que tout le monde possède[33]. L'interprétation des sites romains par les Français d'Algérie inspire les Britanniques dans leur perception des ruines présentes en Inde. Le discours de l'effondrement se globalise en même temps que les poncifs racistes mettant en cause une « civilisation musulmane » chargée de tous les vices.

Le climat de la frontière

L'écho des débats français ne se fait pas seulement entendre, après 1850, de l'autre côté de la Méditerranée. La menace climatique circule jusqu'aux États-Unis grâce à un auteur aujourd'hui considéré comme l'un des fondateurs de l'environnementalisme : George Perkins Marsh[34]. Ses écrits vont cristalliser, de 1860 à 1890 environ, une vague d'inquiétude pour les effets climatiques de la colonisation de l'Ouest américain.

Marsh est un philologue et homme politique qui représente plusieurs fois les États-Unis à l'étranger dans les années 1850-1860 : en Turquie, en Grèce, en Italie. Il voyage beaucoup dans le pourtour méditerranéen, où, sous l'influence du déclinisme climatique français, la nature lui apparaît dégradée et avilie par l'action humaine. En 1864, dans son livre *Man and Nature*[35], il généralise cette vision à la planète entière et livre un bréviaire des pouvoirs destructeurs de l'Homme. Marsh décrit toute une gamme d'atteintes à la nature, de la disparition des espèces aux pollutions. La destruction des forêts et ses effets sur le climat occupent une place cardinale dans son livre, nourri des débats français des décennies précédentes[36]. Marsh convoque Moreau de Jonnès, Arago, Becquerel et discute en détail les travaux de Boussingault et Humboldt.

L'ouvrage connaît un vif succès aux États-Unis. C'est le moment où, après la guerre de Sécession, le front de colonisation agricole atteint les grandes plaines arides du centre des États-Unis. De manière paradoxale, mais conforme à l'optimisme climatique des premières décennies de la république, certains voient en Marsh un nouveau prophète de l'amélioration climatique[37]. En 1867, Ferdinand V. Hayden, le chef de l'US Geological Survey dans l'Ouest, propose ainsi de planter un immense rideau d'arbres sur tout le flanc est des grandes plaines, ce qui – il en est sûr – améliorera leur climat sur une grande échelle. L'idée lui a été inspirée par *Man and Nature*, où il a découvert entre autres les travaux de Boussingault[38].

Les *boosters,* ces entrepreneurs qui spéculent sur les terres de l'Ouest, se servent de ces théories comme une harangue en faveur de la colonisation agricole. L'idée d'une amélioration climatique par les arbres est une façon de valoriser le potentiel économique de ces espaces. Ils promettent aussi que les labours profonds, l'irrigation et la mise en culture verdiront les grandes plaines et humidifieront leur climat[39]. Comme le résume en une célèbre formule Charles Dana Wilber, un entrepreneur du Nebraska : « *rain follows the plow*[40] » – c'est-à-dire qu'en brisant le sol dur des grandes plaines, on y changera le cycle de l'eau et donc le climat.

Mais les thèses de Marsh nourrissent aussi l'*inquiétude* quant à un déboisement rapide et excessif de l'Amérique, à un moment où l'exploitation de bois est en plein boom à la suite de l'essor du rail et de la navigation à vapeur[41]. Cela a un impact très concret sur la politique forestière : Franklin B. Hough parvient ainsi, en alertant sur les effets climatiques de la déforestation, à rencontrer le président Grant et à convaincre le Congrès de créer en 1876 le poste de Commissioner of Forestry – un jalon dans la prise en charge fédérale des forêts. Sa perception du problème est très influencée par les travaux français sur le changement climatique anthropique – il reproduit même *in extenso* dans ses écrits de larges extraits des travaux de Becquerel[42]. Trois ans auparavant, la première grande législation nationale, le *Timber Culture Act* de 1873, visait à combattre la menace climatique tout en veillant à la disponibilité de la ressource : il prévoyait l'octroi de terres aux fermiers s'engageant à planter et à entretenir des arbres.

Cette vague combinant optimisme et inquiétude climatique refluera dans les décennies 1890 et 1900, avec des fermiers plus familiers des réalités écologiques des plaines de l'Ouest et le renforcement des mesures de conservation forestière. Les grands services techniques fédéraux jouent aussi un rôle important en répudiant la théorie des influences climatiques. Les météorologistes du Weather Bureau, qui doutent de l'action climatique de la colonisation (chap. 14), attribuent cette croyance aux fortes précipitations qu'ont connues le Kansas et le Nebraska dans la première moitié des années 1880, et qui ont accrédité – à tort – que *« rain follows the plow »*. L'US Forest Service, lui, va faire du lien entre déforestation et inondation son cheval de bataille, mais, comme en France, à partir d'une lecture pédologique qui marginalise peu à peu les dimensions climatiques[43].

Marsh, finalement, s'éclipse pour un temps de l'espace public et de la mémoire collective, avant de revenir sur le devant de la scène quelques décennies plus tard et d'être intronisé (avec toutes les distorsions que suppose cet honneur) comme « précurseur » de la pensée écologique[44].

Du Sahara au Namib

Le déclinisme climatique brille au contraire de mille feux dans les empires britanniques et français, jusqu'encore loin dans le XXe siècle. Il ne se limite alors plus au Maghreb et à l'Inde, mais concerne maintenant l'ensemble de l'Afrique, du Cap au Sahel, du Kenya à Madagascar.

Sur tout le continent, d'énormes sécheresses marquent les décennies 1900-1930. Elles provoquent une vague d'angoisse chez les colons des nouveaux territoires d'Afrique-Occidentale française[45]. À l'horizon : la menace d'un « dessèchement » régional, voire continental. On s'alarme de l'avancée du Sahara qui pourrait engloutir le Sahel. Ces inquiétudes se nourrissent des représentations produites dans le Maghreb : la question saharienne sert d'interface entre les deux rives du désert. Parmi les fonctionnaires coloniaux (administrateurs, savants, militaires ou forestiers), beaucoup ont eu leurs premiers postes en Algérie. Avec eux, et avec les expéditions qui sillonnent le continent, circulent les tropes du déclin climatique.

Le botaniste Auguste Chevalier, l'un des futurs hommes forts de la science française, l'évoque dans son récit de l'expédition Chari-lac Tchad (1902-1904)[46]. Le lac, prophétise-t-il, périra par l'extension du « climat saharien » : il est promis à une « stérilité complète » à la manière des marécages de Baguirmi qui étaient autrefois des lagunes[47]. Le rapport de la grande mission forestière de l'A-OF menée quelques années plus tard est encore plus alarmiste : c'est un vrai réquisitoire contre les pratiques des populations locales (défrichement, pâturage, feux de brousse). « Le Sahara, y lit-on, progresse vers le sud ; cela du fait des hommes[48]. » Pour s'y opposer, il faudrait comme en Algérie interdire l'accès aux zones déboisées, restreindre les parcours, exploiter le bois avec méthode et ne plus laisser cette ressource au « bon plaisir des Noirs »[49].

En 1913-1914, une sécheresse très meurtrière s'abat sur les régions sahéliennes. La climatologie contemporaine la considère comme la plus sévère du siècle, devant celle des années 1970. Elle provoque une immense famine[50]. Comme les anthropologues l'ont montré, ce désastre a laissé des traces profondes dans la mémoire des populations[51]. On nomme aujourd'hui encore l'événement : *diaba* (la grande sécheresse) en bambara, *rafo-manga* (la grande famine) ou *kitanga* (la grande perte) en peul. Un administrateur français en poste à Bandiagara (Mali) estime cette année-là qu'un tiers de la population y est mort de faim.

Cette catastrophe suscite en 1917 une vaste enquête sur le dessèchement de l'Afrique de l'Ouest. Aux commandes, Henry Hubert, ancien de l'école coloniale et géologue, formé au Muséum puis sur le terrain en Afrique (il deviendra le patron du « service météorologique colonial » créé en 1929). Selon lui, l'assèchement de l'Afrique de l'Ouest est un processus qui a débuté en des temps très anciens, mais qui s'est accentué dans les dernières décennies. Tout l'atteste : réduction du débit des fleuves, chute du rendement de l'arachide dans un contexte où l'on cherche à intensifier sa production pour l'export[52]. Les témoignages qu'il recueille en A-OF vont dans le même sens : ils montrent aussi à quel point l'anxiété climatique est commune chez les élites coloniales, avec la crainte de nouvelles famines comme celle de 1913-1914[53].

Chez les forestiers coloniaux, aucun doute non plus : pour eux, la déforestation est en cours partout, de l'Afrique de l'Ouest à Madagascar, et cela explique la diminution des pluies, les crues, l'érosion qu'ils observent[54]. Ces arguments sont utilisés, sur place, par les cadres forestiers dans la lutte permanente qui les oppose aux exploitants européens, une lutte difficile où ils doivent contrer des intérêts économiques puissants, qui ont de forts relais dans l'administration et voient d'un mauvais œil une extension (même modeste) des régulations[55].

Le spectre du changement climatique hante aussi les colonies anglaises d'Afrique. Comme dans l'empire français, l'angoisse s'accroît pendant les années 1920 et 1930. Elle concerne avant tout l'extension du désert du Kalahari, un million de kilomètres carrés partagés entre Namibie, Afrique du Sud et Botswana. Les pratiques de subsistance des autochtones sont ici aussi sur la sellette. Dans les années 1920, une South African Drought Commission est créée pour évaluer la situation[56] et le géologue sud-africain Ernest Schwarz cherche à sensibiliser l'opinion à ce qu'il appelle le « *Kalahari Problem*[57] ». Il lui oppose un « *Kalahari Scheme* » de son invention, qui consiste à reboiser et à détourner les débouchés des grands fleuves d'Afrique australe, de la mer vers le désert. Une géo-ingénierie continentale qui est comme une version étirée jusqu'au grotesque des politiques concrètes de conservation climatique forestière.

Plus au nord, les services forestiers récemment créés en Afrique-Orientale britannique (Kenya/Ouganda), au Nigeria et en Sierra Leone sont traversés par les mêmes angoisses. Dans le Soudan sous hégémonie britannique, on craint comme en A-OF d'être englouti par le Sahara. Toutes les colonies britanniques d'Afrique partagent la même crainte du changement climatique anthropique – et en accusent les Africains eux-mêmes. Un peu plus tôt dans le siècle, la colonie allemande de Namibie (1884-1915) résonne des mêmes alertes[58]. Le scénario d'une dégradation végétale et climatique par les populations locales, fixé dès les premières années de la colonisation, y motivait alors un afflux de propositions grandioses de plantation d'arbres. L'une d'elles, citant les succès des forestiers britanniques du Cap, envisageait ainsi de créer une ceinture verte de forêts le long de la côte, pour venir à bout en cent ans du désert du Namib.

En ce début de XXe siècle, c'est tout le monde de la colonisation européenne qui, entre angoisse et *hubris* débridé, se pense en guerre contre le déclin climatique.

Une planète de déserts

La seconde moitié des années 1930 est l'apogée de ces anxiétés climatiques, mais voit aussi leurs premiers signes de reflux. Apogée, parce que l'avancée du Kalahari, du Sahara et des déserts indiens, les sécheresses en Afrique-Occidentale française, au Soudan et à Madagascar, mobilisent les élites coloniales, les experts, les États européens. Parce que les représentations, les discours savants, les pratiques de gestion circulent de colonies en colonies, dans et entre les empires.

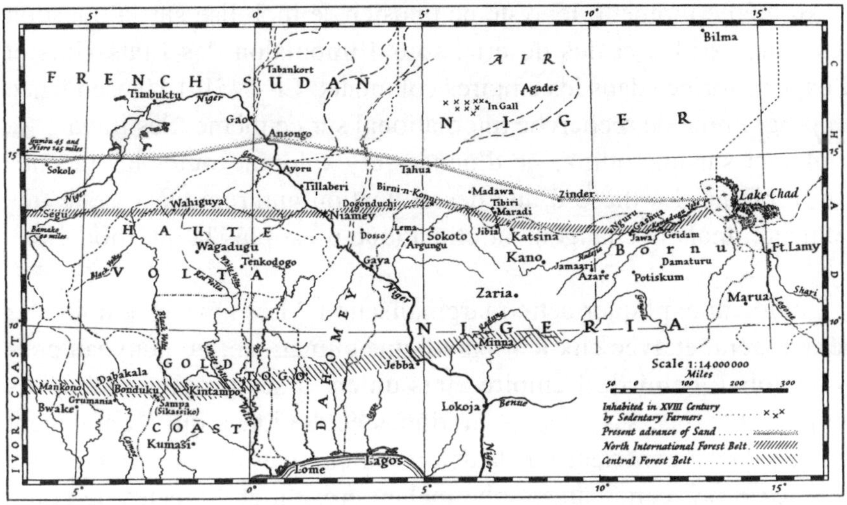

15. L'avancée du Sahara et le projet de deux ceintures de forêts pour l'arrêter et améliorer le climat des colonies britanniques et françaises d'Afrique de l'Ouest. Edward P. Stebbing, « The Encroaching Sahara : the Threat to the West African Colonies », *The Geographical Journal*, 85(6), 1935, p. 506-524 (p. 508)

La thèse du changement climatique, néanmoins, est de plus en plus contestée. Lorsqu'en 1935 le grand forestier britannique Edward P. Stebbing publie une étude sur l'avancée du Sahara causée par le déboisement, son travail est vivement critiqué[59]. Un rapport officiel le contredit en affirmant que le désert ne progresse pas, et que le vrai enjeu n'est pas le changement climatique, mais l'érosion des sols[60]. Bien sûr, Stebbing conteste, mais les critiques fusent : elles dénoncent ces prophètes de malheur qui surgissent dès que le climat passe par des séquences naturellement sèches[61].

La thèse d'une dégradation des environnements africains est très enracinée chez les experts coloniaux qui, après les indépendances, s'investissent dans les programmes du Commonwealth, de l'Union et de la Communauté française, dans les actions de coopération ou de « développement »[62]. Mais on doute de plus en plus d'un lien avec un changement climatique anthropique. Ainsi, lorsqu'il s'intéresse à la question en 1950, le naturaliste Théodore Monod, grand arpenteur du Sahara et meilleur spécialiste français des déserts, est sceptique. Il cite des travaux sud-africains et anglais, et souligne qu'ils concluent à l'absence d'action des forêts sur les pluies, à l'extrême ancienneté du désert égyptien et à l'extravagance des théories d'Ernest Schwarz sur le Kalahari[63].

Au même moment, le système onusien se mobilise sur la question des zones arides et des déserts, sous l'impulsion des États-Unis et d'experts formés dans les empires coloniaux. En 1951, l'Unesco lance un programme de recherche international sur ce thème. Ses travaux se déploient sur une quinzaine d'années et explorent toutes les facettes du problème. La thèse d'une désertification anthropique y reste très influente, mais le changement climatique n'est plus la question clé.

Comment expliquer cette marginalisation ? Les anciens empires se désagrègent, et avec eux leur paradigme climatique. Le nouveau pouvoir global, celui de l'empire états-unien, a ses propres récits, ses propres théories, ses propres pratiques écologiques qui s'enracinent non pas dans l'expérience de la déforestation, mais dans le traumatisme du *Dust Bowl*, cette catastrophe mêlant érosion et tempêtes de poussière, qui touche les grandes plaines dans les années 1920-1930[64]. Le gouvernement avait alors créé un puissant Soil Conservation Service dont les méthodes de protection et de restauration des sols deviennent la référence après 1945. C'est vrai dans le cadre onusien où les États-Unis sont en position de force, mais aussi dans certaines des colonies du Vieux Monde. Dans le Maghreb, les Eaux et forêts lancent, par exemple, dans les années 1940-1950 de vigoureux programmes de « Défense et de restauration des sols » en reprenant au Soil Service ses techniques de terrassement et de boisement[65].

En véhiculant une conception de la conservation centrée, à partir des années 1930, sur l'importance – physique, agricole et même culturelle – des sols, cette influence américaine marginalise l'idée d'un agir climatique humain. Une collapsologie chasse l'autre. En 1935, le chef du Soil Service, Hugh H. Bennett, explique que « le monde est parsemé des ruines de civilisations autrefois florissantes, détruites par l'érosion » et que cela menace l'Amérique[66]. Son chef adjoint Walter C. Lowdermilk est connu dans le monde entier pour ses articles sur l'érosion et l'effondrement des sociétés : par exemple, les Mayas ou l'ancien royaume de la reine de Saba[67]. Dans ses conférences, Lowdermilk projette des photographies. L'une d'elles présente des sols dégradés en Alabama : il faut agir très vite pour stopper ces processus en Amérique, intime-t-il. Une autre montre les ruines romaines de Timgad en Algérie. Sinon voilà ce qu'il pourrait advenir de la société américaine : comme dans le Maghreb, elle pourrait s'autodétruire à la suite d'un véritable suicide écologique[68].

16. Les ruines de l'ancienne ville romaine de Timgad (Algérie).
Lowdermilk commente cette image dans ses écrits en soulignant l'érosion des sols aux alentours, et leur incapacité à faire vivre désormais plus de quelques centaines d'habitants. Walter C. Lowdermilk, *Conquest of the Land through 7 000 Years*, Washington D.C., U.S. Dept. of Agriculture – Soil Conservation Service, 1953 (1re éd. 1948), p. 17

Lowdermilk est parfaitement clair : le changement climatique joue un rôle marginal, voire nul, dans les processus de désertification. Le dessèchement des sols consécutif à l'érosion peut parfois laisser penser que le climat a changé, mais il n'en est rien[69]. L'impact de l'état du terrain sur la *circulation* de l'eau de pluie suffit à expliquer les observations. Cette conviction s'est enracinée au cours d'un long séjour qu'il a passé en Chine, au milieu des années 1920. Là, il a pu constater que dans les paysages érodés du Shanxi, certaines zones étaient restées fertiles et boisées : les enceintes des temples où la végétation avait été préservée. Pour lui, c'est bien la preuve que le climat n'a pas changé : c'est le sol qui subit les effets du déboisement et impacte ensuite les cours d'eau[70]. Cette mince couche de terre est tout dans la vie des hommes : « Le destin des civilisations est déterminé, bien plus qu'on l'imagine, par ce qui arrive aux gouttes de pluie lorsqu'elles frappent le sol[71]. » Le destin d'une goutte d'eau fait et défait les empires.

*

Ce paradigme pédologique jouera un rôle important dans l'essor de l'environnementalisme aux États-Unis. En 1948, paraissent deux livres qui deviennent des best-sellers et sont traduits en plusieurs langues : *Road to Survival* de William Vogt et *Our Plundered Planet* de Fairfield Osborn[72]. Or tous deux, en plus de contribuer au succès de la pensée néomalthusienne aux États-Unis, sont centrés sur la question des sols et de leur destruction à l'échelle planétaire. Ils alimentent aussi la nouvelle lecture, pédologique, des dégradations écologiques globales. Osborn, dans son livre, consacre même un chapitre à « une nouvelle force géologique : l'Homme » (l'expression est du savant russe Vladimir Vernadsky). On trouve toujours des mentions incidentes à de possibles changements climatiques[73], mais l'essentiel est ailleurs : dans ce substrat nourricier qu'est le sol et qu'il faut protéger pour que survive l'Humanité. Le climat n'est plus au cœur de l'anthropocène d'Osborn et Vogt, lui qui faisait la substance de celui – heureux ou tragique – de Buffon, Rauch et Ribbentrop.

Chapitre 16
Le carbone innocent du XIXe siècle

En 1832, le mathématicien et inventeur Charles Babbage s'interrogeait sur le devenir du carbone versé à profusion dans l'atmosphère par l'industrie britannique. Les machines à vapeur, notait-il avec justesse, « jettent constamment dans l'atmosphère de grandes quantités d'acide carbonique et d'autres gaz nocifs pour la vie animale. Les moyens par lesquels la nature décompose ces éléments ou leur redonne une forme solide ne sont pas suffisamment connus[1] ». En France, Eugène Huzar, un philosophe catastrophiste aujourd'hui bien oublié, faisait en 1857 la prédiction suivante : « Dans cent ou deux cents ans, le monde étant sillonné de chemins de fer, de bateaux à vapeur, étant couvert d'usines, de fabriques, le monde dégagera des billions de mètres cubes d'acide carbonique et d'oxyde de carbone, et comme les forêts auront été détruites, ces centaines de billions d'acide carbonique et d'oxyde de carbone pourront bien troubler un peu l'harmonie du monde[2]. »

Aussi prémonitoires qu'elles paraissent, ces alertes n'ont rien à voir avec la catastrophe climatique contemporaine. Quand Babbage ou Huzar s'inquiètent de l'effet du charbon sur l'atmosphère, personne n'imagine encore que le CO_2 puisse avoir un effet sur la température du Globe. De manière plus surprenante, ces inquiétudes ne sont pas non plus particulièrement originales : une pléiade de savants, tout au long du XIXe siècle, étudie le cycle du carbone – et de manière subsidiaire l'impact de l'industrie sur celui-ci. Certains se préoccupent de la fertilité des terres, de chimie agricole et traquent les éléments chimiques constitutifs des récoltes ; d'autres se penchent sur la flore du carbonifère ou la formation des roches sédimentaires ; d'autres encore essaient d'expliquer la stabilité de l'atmosphère ou de prouver l'existence de Dieu. Mais le changement climatique n'est en tout cas pas leur problème. La perturbation anthropique du cycle de l'eau inquiète au XIXe siècle : c'est beaucoup moins le cas pour celui du carbone. Et même après que John Tyndall et Svante Arrhenius auront mis en évidence le rôle du CO_2 dans l'effet de serre, cet effet sera jugé positif pour le climat et pour l'humanité et ce jusqu'au milieu du XXe siècle.

La théologie du carbone

En 1787, lorsque naît le mot « carbone[3] », l'idée d'une compensation entre la respiration des animaux engendrant de l'acide carbonique et celle des plantes absorbant ledit acide est largement répandue parmi les chimistes[4]. Lavoisier s'étonnait déjà de la « merveilleuse circulation entre les trois règnes[5] ». Une vision chimique du monde s'impose qui conçoit la vie comme un ensemble de circulations matérielles. Et tout au long du XIXe siècle, cette vision attise l'imagination des théologiens naturels : l'ordre divin se lit avec plus de clarté à l'échelle des constituants de la matière et dans la langue de la nouvelle nomenclature. Tout comme l'astronomie newtonienne distinguait la main de Dieu dans la stabilité des orbites, la chimie post-lavoisienne prétend lire le dessein divin dans la circulation incessante des éléments chimiques : la nature est une horloge infiniment complexe reposant sur d'innombrables flux de matières reliant les êtres vivants entre eux et ces derniers au monde minéral. Ces « rouages », *« wheels »* ou « cycles » concourent au bon fonctionnement de l'ensemble et au maintien de l'habitabilité du monde. Au mitan du XIXe siècle, ouvrages de vulgarisation, sermons et conférences populaires entendent prouver l'existence divine en exhibant l'ordonnancement matériel de la Création grâce à la chimie[6].

Prenons, par exemple, *The Chemistry of Common Life* de l'Écossais James Finlay Johnston, un des ouvrages les plus aboutis du genre. Il expose successivement les cycles de matière essentiels à la vie : l'eau, le carbone et l'azote. Dieu les a organisés pour que soit maintenu l'équilibre chimique du monde indispensable à la vie. Celui du carbone est, selon l'auteur, le plus « beau », le plus mystérieux, le plus subtil, celui dont la portée apologétique est la plus claire. Le carbone se trouve en effet dans l'atmosphère en proportion à la fois infime et constante, et ce alors même que des masses gigantesques sont stockées dans la houille, dissoutes dans l'océan ou emprisonnées dans les roches calcaires[7]. L'interprétation théologique de ce cycle est ambivalente. Car si d'un côté elle paraît prouver l'existence, au sein de la Création, d'une « finalité bonne » et bien intentionnée envers l'Homme[8], de l'autre elle rend comme fragile et fugace l'existence même de la vie sur Terre. Selon Johnston, la vie « n'est qu'un petit épisode dans le grand poème de la Création[9] ». Selon un autre théologien-chimiste, « dans l'arrangement matériel du monde que la science a mis au jour [...] le changement, le plus petit soit-il doit être incompatible avec la sécurité et l'équilibre du tout[10] ».

Ces inquiétudes, ici formulées à propos du cycle du carbone, demeurent assez abstraites. Au XIXe siècle, la grande question politique sur l'équilibre chimique du monde, celle qui se réfracte dans des problèmes d'une immense portée, ne concerne ni l'atmosphère ni le carbone. Elle se rapporte au sol et aux cycles de l'azote, du potassium et du phosphore. L'urbanisation cristallise les angoisses des chimistes (dont le fameux Justus von Liebig) ou des penseurs socialistes (dont Karl Marx) : la concentration des hommes et de leurs excréments empêche le retour aux champs des substances minérales indispensables à leur fertilité. Le destin des déjections humaines est au cœur de débats politiques essentiels ayant trait à la question sociale (car le sol appauvri des campagnes fomenterait famines, paupérisme et révolutions) ; à l'effondrement (Rome, selon Liebig, est tombée faute d'avoir bien su gérer ses excréments) ; à la géopolitique du fait de l'accaparement des guanos du Pérou par la puissance britannique ; et enfin à la salubrité urbaine et donc à la dégénérescence de la population[11].

L'altération du cycle du carbone ne provoque pas la même inquiétude ou, quand elle s'exprime, celle-ci ne réside pas tant dans les émissions humaines que dans la tendance *naturelle* à l'appauvrissement de l'atmosphère en carbone. Selon Jonhston, la végétation laissée à elle-même absorberait en vingt-deux ans seulement la totalité du carbone atmosphérique ; selon Robert Ellis, l'auteur de *The Chemistry of Creation,* c'est en dix ans seulement que cette purge fatale pourrait avoir lieu. Heureusement que la respiration animale, le volcanisme et l'industrie humaine – cet « agent promouvant la circulation du carbone sur le Globe[12] » – restituent à l'atmosphère le carbone piégé par la végétation.

En pleine industrialisation, cette théologie du carbone possède naturellement une fonction justificatrice : contre des pollutions industrielles évidentes et des plaintes massives, les chimistes peuvent arguer de la fonction quasi providentielle des usines. Prenons un exemple. À partir de 1852, en Belgique, dans la région de Charleroi, la révolte gronde contre les usines chimiques : les récoltes de pommes de terre s'annoncent catastrophiques et les paysans accusent non pas le mildiou mais les fumées acides s'échappant des fabriques de soude. Ils réclament leur fermeture auprès des autorités. Lors d'une manifestation, la troupe tire et l'on compte deux morts. Léon Peeters, un pharmacien de Charleroi, est incarcéré pour avoir publié un pamphlet accusant les usines de détruire les récoltes. C'est dans ce contexte tendu qu'un professeur de chimie à l'université de Bruxelles, Corneille-Jean Koene, donne une série de conférences populaires. Leur titre est éloquent : *Sur la Création à partir de la formation de la Terre jusqu'à l'extinction de l'espèce humaine ou aperçu de l'histoire naturelle de l'air et des miasmes à propos des Fabriques d'acide et des plaintes dont leurs travaux font l'objet*[13]. Il apprend aux auditeurs, sans doute médusés, que les usines chimiques, loin de détruire les récoltes, contribuent au contraire à réguler la composition globale de l'atmosphère. Son raisonnement est le suivant : l'accroissement de la population humaine, de ses bestiaux et de ses bâtiments fixe du carbone et augmente la teneur en oxygène de l'atmosphère, rendant d'ailleurs ainsi la population plus « sensuelle, sensible et capricieuse ». L'industrie en brûlant du charbon stabilise la teneur en carbone de l'atmosphère, elle arrête la fermentation des esprits et la féminisation des corps. Mieux encore : l'acide chlorhydrique rejeté par les usines de soude qui concentrent les critiques détruit les miasmes alcalins et diminue ainsi le risque d'épidémie. Bref, les usines contribuent à la fois à la santé des hommes et au bon équilibre de la Création.

Des mécanismes régulateurs

L'homogénéité et la stabilité de la composition de l'atmosphère sont l'une des questions importantes de la chimie du XIXe siècle : les expérimentateurs les plus illustres – Cavendish, Davy, Thénard, Gay-Lussac, Humboldt, Boussingault, Regnault et d'autres encore – déploient des efforts considérables pour analyser l'air atmosphérique avec la plus grande précision possible. Et ce aux quatre coins de la planète et à des époques différentes. Leur but : s'assurer que la composition de l'atmosphère est partout la même et demeure stable. L'idée est aussi de fournir un point de référence pour détecter les évolutions à venir. Humboldt et Gay-Lussac expliquent que leurs analyses s'adressent autant à leurs contemporains qu'aux savants à venir : « il serait utile pour les siècles futurs de bien constater aujourd'hui l'état physique du Globe [...] de fixer authentiquement [...] la température moyenne de chaque climat *et la proportion des principes constituants de l'atmosphère*[14] » (nous soulignons).

Trente-cinq ans plus tard, Jean-Baptiste Dumas et Boussingault, récapitulant les nombreuses analyses de l'atmosphère, concluent que des savants opérant à des époques et en des lieux variés ont trouvé des résultats identiques : l'idée s'impose, contre-intuitive à l'époque, que l'atmosphère est un objet global, stable et parfaitement homogène[15]. Ils s'émerveillent – Dumas, en particulier, qui est un catholique fervent – de l'immuabilité de l'atmosphère « dans l'immensité des siècles[16] ». Selon eux, cette stabilité est due à un effet de masse : « les phénomènes de la vie organique... les combustions qui s'accomplissent à la surface de la Terre, tous ces événements que notre imagination se plaît à grandir [...] passent pour ainsi dire inaperçus en ce qui concerne la composition générale de l'air qui nous entoure[17] ». L'activité humaine et même la végétation ne modifient pas les proportions chimiques de l'atmosphère globale, tant celle-ci est volumineuse. En 1855, le chimiste Eugène Péligot reprend cette idée. Après avoir calculé que l'industrie européenne injecte chaque année 80 milliards de mètres cubes de dioxyde de carbone dans l'atmosphère, l'équivalent de la respiration de 500 millions d'individus, il rassure ses lecteurs : « ces quantités si considérables qu'elles nous paraissent ne sont rien sans doute eu égard à l'immensité de notre atmosphère[18] ». Le ciel est suffisamment vaste pour qu'on puisse y déverser sans risque les résidus gazeux de l'industrie.

L'idée, plus subtile, d'une stabilité engendrée non par la masse, mais par des processus planétaires autorégulateurs émerge de questions géologiques. Le lien entre l'histoire de l'atmosphère et celle de la Terre fait partie du bagage commun des savants. Par exemple, le fait que les roches calcaires contiennent de « l'air fixe » – le futur CO_2 – est connu depuis longtemps : une manière classique de produire ce gaz était d'ailleurs de faire réagir de l'acide sulfurique sur du calcaire. Les chimistes savent aussi que les volcans rejettent d'énormes quantités de CO_2[19]. Comment alors rendre compte de la stabilité de l'atmosphère sur une longue période en dépit des perturbations – éruptions volcaniques, fixation du carbone par les plantes – aussi massives qu'innombrables ?

La réponse à cette question tient à la découverte du cycle géologique du carbone et elle émerge d'une activité en apparence sans rapport : l'industrie de la porcelaine. Jacques-Joseph Ebelmen est un polytechnicien ingénieur des Mines[20]. En 1847, il dirige la Manufacture nationale de porcelaine établie à Sèvres. Or la matière première de la porcelaine est une argile blanche très spécifique : le kaolin[21]. Ebelmen, en voulant élucider l'origine et la formation du kaolin, découvre que la dégradation des roches primaires en argile stocke des quantités faramineuses d'acide carbonique, équivalentes à plus de 100 000 fois celles contenues dans l'atmosphère. La stabilité de la composition atmosphérique ne dépend plus du cycle organique du carbone mais est dorénavant liée à des processus géologiques. Si un volcan inondait l'atmosphère de CO_2, la végétation en serait certes stimulée, nous dit Ebelmen, mais le mécanisme régulateur serait essentiellement assuré par la décomposition plus rapide des roches par l'acide carbonique[22].

C'est à un autre chimiste français, Théophile Schlœsing, que l'on doit l'identification du second grand facteur de régulation de l'atmosphère, à savoir les océans. Polytechnicien, professeur à l'Institut national d'agronomie, Schlœsing, à l'instar de nombreux chimistes, se préoccupe des cycles de matière et de l'azote en particulier. En 1880, il montre de manière expérimentale que la proportion constante du CO_2 dans l'atmosphère se fait par le jeu de la formation et de la dissociation du bicarbonate dans l'eau. L'océan, écrit-il, est « un régulateur puissant » de la quantité de CO_2 atmosphérique[23]. L'article fait grand bruit, il est résumé dans plusieurs publications médicales et trouve un écho jusqu'à la *Revue des Deux Mondes*. L'analogie entre la régulation de la Terre et celle des corps est frappante. Albert Dastre, professeur de physiologie à la Sorbonne, souligne l'importance de la découverte de Schlœsing : la stabilité de l'atmosphère ne repose pas seulement sur le cycle organique du carbone – un cycle à l'équilibre précaire – mais sur la surface de l'océan tout entier. « Il fallait une sorte de mécanisme régulateur agissant automatiquement, qui établît cette rigoureuse correspondance des profits et des pertes. On en soupçonnait l'existence, écrit Dastre, M. Schlœsing nous l'a fait connaître[24]. » Dans le dernier tiers du XIXe siècle, l'idée s'impose donc que l'atmosphère est stable grâce à la vie, aux roches et aux océans. Son devenir est lié à celui de la Terre et à celui du monde organique. Selon Ebelmen, « les variations dans la nature de l'air ont été sans doute constamment en rapport avec les êtres organisés qui vivaient à chacune des époques[25] ».

Mais, une fois encore, personne ne relie le CO_2 à la température du Globe. Ebelmen est sans doute celui qui – avant la scientifique américaine Eunice Foote et le physicien John Tyndall – est allé le plus loin dans cette direction en invoquant non pas l'effet de serre mais la densité accrue de l'atmosphère. En écho aux thèses de son ami Adolphe Brongniart selon qui il devait faire au moins 8 °C de plus au carbonifère qu'aujourd'hui (voir chap. 14), Ebelmen explique que la grande quantité de CO_2 atmosphérique devait produire « une plus grande pesanteur de l'enveloppe gazeuse » et « correspondre à une plus forte concentration de la chaleur solaire »[26].

Des précurseurs de leur temps

Ce livre a décrit les contextes politiques, théologiques, impériaux et savants au sein desquels le changement climatique fut perçu, pensé, anticipé, craint, enduré mais aussi célébré depuis le XVIe siècle. Un autre récit est toutefois possible, qui dégage dans le maelström des théories du XIXe siècle – portant sur la chaleur, la physique du Globe, les âges glaciaires ou la spectroscopie des gaz – les avancées scientifiques ayant abouti au diagnostic contemporain du réchauffement global. Cette histoire est infiniment plus claire, plus courte mais aussi plus rassurante. Les savoirs en question ont été validés par la physique contemporaine, le doute en est exclu de même que la politique, les conquêtes, les forêts, les mauvaises récoltes, le peuple, la faim et les révoltes.

Cette seconde histoire a été écrite « en direct » par les climatologues eux-mêmes. Dès 1906, le suédois Svante Arrhenius établit la généalogie officielle de l'effet de serre : Jean-Baptiste Fourier, John Tyndall et lui-même. Elle est ensuite reprise par les pionniers du réchauffement global, par l'ingénieur britannique Guy Stewart Callendar en 1938, par le physicien canadien Gilbert Plass en 1956[27], puis à partir des années 1970, et dans un contexte différent, par à peu près tous les climatologues[28]. Cette histoire vise bien sûr à produire de l'autorité scientifique. S'inscrire dans les pas glorieux de Fourier, Tyndall et Arrhenius (les deux premiers comptent parmi les grands physiciens du XIXe siècle et Arrhenius est prix Nobel de chimie en 1903) renforce la crédibilité de la thèse du changement anthropique, à un moment où elle ne fait pas encore consensus. Cet usage de la figure du précurseur est la chose la plus banale qui soit en science. Mais c'est une très mauvaise entrée pour qui veut comprendre les vrais objectifs de Fourier, Tyndall et Arrhenius.

Prenons tout d'abord le cas de Fourier. Son article de 1824 « sur les températures du globe terrestre et des espaces planétaires » est constamment cité par les historiens et les climatologues comme le point de départ de la théorie de l'effet de serre, et donc du diagnostic du changement climatique global[29]. Il est vrai que dans cet article il décrit l'échauffement que pourrait causer la différence de transmission, par les couches atmosphériques, d'une part des rayons solaires et d'autre part de la chaleur restituée par la Terre par rayonnement[30]. Pour matérialiser le processus, il compare alors la planète et son atmosphère à un vase, clos d'une série de plaques de verre et exposé au soleil. Mais il n'évoque pas une action humaine qui pourrait accroître la température ni n'utilise le terme « effet de serre », qui est bien plus tardif et émerge d'abord en anglais dans les années 1900[31].

Ces recherches sur les équilibres thermiques du Globe ne procèdent pas, chez Fourier, d'une curiosité intellectuelle abstraite. Il n'est pas non plus un précurseur du changement climatique contemporain : s'il intervient en 1820 puis 1824, c'est pour répondre aux anxiétés de la société *de son temps*, quant à une possible dégradation des climats européens. Ses travaux cherchent à apaiser les angoisses suscitées par la séquence de l'après-Tambora et du grand hiver 1819-1820 : menace du refroidissement buffonien, vertiges face aux effets climatiques possibles du déboisement. Fourier est en première ligne pour saisir l'ampleur de ces alertes : entre 1802 et 1815, au moment même où il produit sa grande théorie de la chaleur, il est préfet de l'Isère et est confronté quotidiennement aux problèmes que posent les défrichements, les inondations, l'érosion en montagne. Puis il est secrétaire de l'Académie des sciences lorsqu'elle est chargée, par le ministère de l'Intérieur, de synthétiser les réponses à l'enquête d'avril 1821.

Si Fourier réfute les thèses de Buffon, c'est alors pour mieux pointer d'autres causes : « *L'établissement et le progrès des sociétés humaines*, l'action des forces naturelles, écrit-il, peuvent changer notablement, et dans de vastes contrées, l'état de la surface du sol, la distribution des eaux et les grands mouvements de l'air. De tels effets sont propres à faire varier, dans le cours de plusieurs siècles, le degré de la chaleur moyenne[32]. » Ses équations comportent un coefficient qui exprime *l'état de la surface terrestre*, coefficient dont la valeur joue fortement sur les températures. Pour lui, c'est bien la confirmation d'une possible action de l'Homme sur le climat : car, explique-t-il, « cet état de la superficie peut subir, *par les travaux des hommes*, ou par la seule action de la nature, des altérations accidentelles qui s'étendent à de vastes territoires. Ces causes influent progressivement sur la température moyenne des climats. On ne peut douter que les résultats n'en soient sensibles[33] ». Fourier fournit bien la formulation théorique d'un changement anthropique des climats, mais ce changement c'est celui redouté de son temps, celui que l'Homme pourrait produire en déboisant la Terre. En ce sens, ses travaux annoncent moins la théorie du réchauffement global qu'ils ne proposent une première réflexion mathématique sur les effets climatiques des forêts, du dessèchement et de la mise en culture.

On peut dire la même chose à propos de John Tyndall. Comme le souligne l'historien Joshua Howe, le lien qu'il établit entre le CO_2 et la température du Globe, et qui nous paraît aujourd'hui fondamental, est tout à fait marginal dans son travail : ce thème n'apparaît que dans deux brèves incises dans son article « séminal » de 1861[34]. Et Tyndall ne reviendra pas sur ce sujet au cours de sa longue carrière[35]. Le cœur de son travail porte en fait sur la thermodynamique et les rapports entre chaleur, mouvement, électricité et magnétisme, bref sur les grands problèmes de la physique de son temps. Sa principale innovation est expérimentale : le photo-spectromètre qu'il invente lui sert moins à mesurer l'effet de serre propre à différents gaz qu'à quantifier avec précision les facteurs de conversions entre lumière, chaleur et électricité.

Tyndall, Svante Arrhenius, Thomas Chamberlin ou d'autres « précurseurs » moins célèbres de l'effet de serre avaient aussi un autre objectif lorsqu'ils traitaient des températures du Globe : expliquer l'évolution des climats sur les temps géologiques – à la fois les grandes glaciations et les climats chauds du tertiaire[36]. De multiples hypothèses étaient invoquées : affaiblissement intermittent du rayonnement solaire, traversée par la Terre de régions « froides » de l'espace interstellaire, modification de son axe de rotation à la suite de grandes transformations géologiques, déplacement des continents modifiant l'albédo terrestre... Deux théories étaient surtout discutées : une théorie *astronomique* attribuant les glaciations aux évolutions de la trajectoire de la Terre et une théorie *atmosphérique* pointant les évolutions naturelles de son enveloppe gazeuse et ses effets sur les températures. Tyndall estimait que ses expériences renforçaient cette deuxième hypothèse. De même Arrhenius, dans un article inlassablement cité, calculait l'augmentation de la température moyenne annuelle qu'entraînerait une augmentation de la concentration en CO_2 (par exemple, au 50e degré de latitude, +3,65 °C pour 50 % d'augmentation). Mais ce n'était pas pour s'inquiéter de l'action de l'Homme sur le climat : il cherchait à rendre compte des climats chauds de l'époque tertiaire, ceux durant lesquels des éléphants et des rhinocéros s'ébattaient jusque dans les régions polaires[37].

Cela ne signifie pas que la question de l'action humaine ait été complètement absente de l'horizon de réflexion de ces savants. Arrhenius dans *L'Évolution des mondes* (1910) remarque ainsi dans une note de bas de page la croissance rapide de la consommation mondiale de charbon (510 millions de tonnes en 1890, 1 209 millions en 1907[38]). Mais c'est... pour s'en réjouir : le réchauffement offrira « au genre humain des températures plus égales et des conditions climatériques plus douces [...] qui permettront au sol de produire des récoltes considérablement plus fortes qu'aujourd'hui pour le bien d'une population qui semble en voie d'accroissement plus rapidement que jamais[39] ». De même, le météorologue Nils Eckholm explique que la consommation de charbon permettra « de réguler le climat futur de la Terre et par conséquent de prévenir l'arrivée d'un nouvel âge glaciaire[40] ». En 1936 encore, Guy Callendar, très proche dans son diagnostic des constats contemporains, se réjouit de sa découverte : l'accroissement du CO_2 augmentera les récoltes et surtout « le retour des glaciers mortels pourrait être retardé indéfiniment[41] ». À l'anthropocène angoissé du cycle de l'eau, de la Révolution française et des empires s'opposent, de la fin du XIXe siècle aux années 1960[42], une confiance dans la stabilité du cycle du CO_2 et même, parfois, l'espoir d'un adoucissement climatique par les émissions carbonées.

*

L'histoire des précurseurs du changement climatique sécrète une vision doublement positiviste des enjeux environnementaux contemporains : elle donne l'impression que l'alerte climatique a découlé spontanément des avancées de la science et que le changement climatique a été « découvert » par une poignée de grands savants héroïques. Il faudrait en somme que le réchauffement ait eu son Galilée.

Pourtant, l'histoire du changement global n'est en rien celle d'une « découverte ». Au milieu des années 1950, des savants américains comme Gilbert Plass, Edward Teller et Harrison Brown alertent à la fois le public et les compagnies pétrolières sur les conséquences climatiques de l'augmentation du CO_2 dans l'atmosphère. Exxon et Shell prennent au sérieux ces menaces et mènent dès cette époque des recherches approfondies et vite enterrées[43]. Ce qui émerge d'abord comme une curiosité et une menace lointaine devient un constat scientifique de plus en plus indiscutable grâce à la mise en relation de la climatologie glaciaire, des avancées dans l'étude du cycle du carbone (les isotopes jouent un grand rôle) et des premières simulations numériques de la circulation atmosphérique[44]. Ces recherches s'enracinent dans les efforts des États-Unis qui, engagés dans la guerre froide, érigent la connaissance de l'environnement physique de la Terre (continents, océans, atmosphère) au rang d'objectif stratégique. La planète doit être cartographiée, sondée, modélisée pour être maîtrisée en tant qu'espace d'évolution des missiles balistiques et des sous-marins. La possibilité d'un changement climatique est prise particulièrement au sérieux en raison de son impact sur les glaces du pôle Nord, ce futur champ de bataille de la troisième guerre mondiale[45]. Les moyens attribués aux sciences de l'environnement terrestre (et à la météorologie en particulier) décuplent[46].

Ce sont les avions d'observation, les ballons-sondes, les bouées thermométriques, les satellites ainsi que la logistique permettant d'organiser, standardiser, calibrer toutes ces mesures qui rendent peu à peu possible de saisir l'évolution du climat global. L'historien Paul Edwards résume cet effort scientifique par une image frappante : prouver le changement climatique, dit-il, revient à reconstituer un film à partir de millions de photographies prises par des photographes et des appareils différents. À cet énorme travail sur les observations, répond la mise en œuvre de super-ordinateurs et de modèles numériques globaux toujours plus puissants, fins et réalistes – des modèles autour desquels se structurent des communautés entières de savants apportant chacun leur pierre à l'édifice. C'est en ce sens que le diagnostic du réchauffement global n'est pas une « découverte » : c'est un constat d'autant plus robuste qu'il émerge d'un colossal effort collectif d'observation, d'analyse et de modélisation. Seule une immense infrastructure de connaissance mêlant les hommes et les machines a permis d'y parvenir.

En outre, rien n'aurait été possible si cette expertise n'avait pas rencontré, dans les années 1960-1970, une préoccupation croissante quant aux effets destructeurs de l'action humaine sur la planète. Comme pour l'expertise savante, cette réflexivité environnementale s'enracine dans un contexte marqué par des enjeux de guerre froide. On s'inquiète des effets des essais nucléaires sur l'atmosphère, d'un possible « hiver nucléaire » qui suivrait l'échange atomique. Les projets de « guerre météorologique » et d'ingénierie climatique fascinent et terrifient[47]. Tout ceci alimente à sa façon la montée du mouvement environnementaliste, qui lutte contre la pollution de l'air, contre les avions supersoniques, contre les atteintes à la couche d'ozone. L'atmosphère globale devient un enjeu politique qui mobilise savants, militants, mais aussi responsables politiques et opinion publique. Le changement climatique n'est au départ qu'une composante de ces alertes : il s'imposera peu à peu comme le grand défi auquel l'humanité doit aujourd'hui faire face.

Épilogue

Si le réchauffement global a été et reste un choc pour les consciences, c'est parce que depuis le début du XXe siècle la civilisation industrielle et la science nous ont inculqué deux idées confortables mais fausses. D'une part, que l'agir humain ne saurait perturber le climat, de l'autre, que les sociétés riches n'avaient, pour l'essentiel, plus rien à craindre de ses soubresauts. Notre sidération face à la crise existentielle du réchauffement tient largement à ces illusions rassurantes d'un climat à la fois inébranlable et inoffensif. Elle est l'épilogue funeste de l'histoire qu'a retracée ce livre.

À la fin du XIXe siècle, l'horizon climatique de l'Europe s'éclaircit. Le triomphe du rail et du bateau à vapeur a réduit la vulnérabilité aux aléas du ciel. L'augmentation de la production agricole et la globalisation de l'approvisionnement ont brisé l'enchaînement classique et récurrent entre événements météorologiques, mauvaises récoltes, paniques, troubles frumentaires et disettes. Les pays riches sont protégés des caprices d'un soleil qui, s'agissant de récoltes, brille toujours quelque part. Les transformations – craintes ou espérées – du climat en ont perdu leur centralité politique. En outre, les forêts ne sont plus cet enjeu politique qui chauffait à blanc les assemblées du siècle écoulé. Avec le charbon et l'acier, l'arbre ne paraît plus faire le destin des nations, des armées, des flottes, de l'industrie et des comptes publics. Certes on s'interroge, on débat des causes des sécheresses ou des inondations, mais on incrimine de moins en moins pour ces désastres l'action de l'Homme sur le climat.

Les débats qui ont traversé tout le XIXe siècle, sur la réalité et les causes de changements climatiques à l'échelle du siècle ou de la décennie, sont à bout de souffle. Cette bataille n'a pas eu de vainqueur : aucune expérience cruciale, aucun indice irréfutable, n'aura démontré la fixité des climats ou leur transformation, causée ou non par l'Homme. La science climatologique officielle promeut souvent des approches descriptives qui répudient, ou laissent de côté, l'hypothèse d'un agir anthropique. La menace a aussi trop servi : trop servi dans les combats politiques pour jeter l'opprobre sur les opposants ; trop servi administrateurs et forestiers qui en avaient fait un outil de leur pouvoir. Pendant ce temps, la connaissance de l'histoire de la Terre a avancé : oui, le climat a changé, et même énormément, mais sur des échelles de temps géologiques. Notre planète a été torride dans un passé lointain, elle a connu des âges glaciaires. L'humanité, elle, vit désormais dans la tiédeur d'une période taillée sur mesure pour raconter son épopée : l'holocène. On débat d'évolutions millénaires des climats, de cycles plus courts qui scanderaient l'histoire humaine. Mais la main du législateur, du gouvernant, de l'ingénieur ne tremble plus à la pensée des conséquences climatiques de ses actes.

L'idée reste plus longtemps influente dans les empires, comme mise en accusation des indigènes et de leurs modes de vie destructeurs. La colonisation promet protection et réparation : la raison, la force, la prévoyance et le joug sévère et paternel de l'homme blanc sont les garants de l'existence de la pluie elle-même. La menace du changement climatique anthropique se désagrégera finalement en même temps que les empires européens d'Afrique et d'Asie. Le nouvel impérium global – celui de la puissance états-unienne – a ses propres obsessions : la destruction des sols, déjà expérimentée à grande échelle dans les années 1930 avec la catastrophe du *Dust Bowl*. Bien des empires du passé se sont effondrés pour les avoir exploités à outrance : pourrait-il en être de même des États-Unis ? Après 1945, ces craintes sont transposées dans le tiers-monde à propos duquel on redoute une pénurie des sols agricoles. Elles nourrissent l'essor de l'environnementalisme et des premières politiques de développement.

Le reflux de la vision d'un climat fragile aura donc pris presque un siècle, du train traçant sa route dans les campagnes européennes aux missions des experts onusiens dans les régions arides du tiers-monde. Ainsi s'achèvent quatre siècles d'anthropocène confiant puis angoissé. Pendant un bref moment, l'Homme ne lira plus dans le miroir du ciel et du climat le reflet d'une nature prête à se révolter. C'est un interlude : celui d'un détachement des liens souvent oppressants qui enserraient, depuis l'aube de l'époque moderne, les sociétés européennes et leurs empires aux destinées d'un climat fragile.

Ce détachement est double : non seulement les sociétés humaines n'agissent plus sur le climat, mais ce dernier perd aussi de sa puissance d'agir. À la fin du XIXe siècle, des savoirs nouveaux émergent qui conçoivent la vie en dehors des causalités climatiques. La microbiologie, par exemple, fournit aux médecins des coupables précis et invalide les liens directs entre le milieu et la santé. De même, avec les avancées de la génétique, l'hérédité se coupe de l'environnement, ses mécanismes se retranchent au cœur de la cellule et plus tard de l'ADN. Le climat n'est plus la matrice du vivant qui avait longtemps fasciné les savants. Les sciences sociales connaissent des mutations comparables. La sociologie en voie de formation se construit – en France particulièrement – contre les explications naturalisantes. En économie, le courant « néoclassique » plus tard dominant se focalise sur la notion d'utilité et les méthodes mathématiques, en écartant les déterminismes naturels. En somme, au moment précis où les sociétés occidentales réduisent leur vulnérabilité, de nouveaux ordres explicatifs court-circuitent le climat et renforcent ce sentiment, confortable et passager, de détachement qu'on appelle parfois la modernité.

Notre sidération face au réchauffement global et notre procrastination devant les mesures douloureuses à prendre tiennent pour partie à ce double héritage. Pendant un bref interlude mêlant technique triomphante, incertitude scientifique, âges glaciaires, globalisation, microbes et sciences sociales, le climat a été délogé de nos consciences. Nous vivons encore dans cet épilogue, même si nous n'avons plus ce luxe : tenir le climat pour acquis.

Postface

Ce livre est né d'une trouvaille et d'un étonnement : il y a bientôt deux cents ans, le gouvernement français lançait une grande enquête sur le changement climatique et sur la responsabilité de l'Homme dans ce processus funeste. En étudiant en détail les réponses que nous avions exhumées des archives, il apparaissait peu à peu que l'anxiété climatique dont elles étaient la trace patente n'était en fait ni prophétique ni même étrange pour l'époque.

L'idée d'un agir humain sur le climat était alors très répandue parmi l'élite française. Elle héritait aussi d'une longue histoire remontant à la colonisation européenne du continent américain. La Révolution et les luttes politiques du XIXe siècle lui avaient conféré un sens différent, presque apocalyptique. Certes, il n'était question ni de CO_2 ni d'effet de serre, mais de problèmes tout de même fondamentaux : du devenir des forêts, des perturbations du cycle de l'eau, du destin des montagnes, des menaces d'inondation, du spectre des pénuries agricoles et des révoltes politiques. L'enquête de 1821 n'était qu'une toute petite partie d'un immense ensemble de réflexions, de débats et de savoirs sur le changement climatique qui, pendant cinq siècles, avaient animé l'Europe, l'Amérique du Nord et les empires coloniaux de l'Inde au Sahel.

La matière était gigantesque et il aura fallu de longues années d'enquête pour en venir à bout, avec à la clé des dettes multiples. D'abord auprès de la recherche publique et du CNRS qui, malgré les menaces pesantes qui les visent aujourd'hui, ont permis à ce livre d'exister. Un travail de longue haleine comme celui-ci, avec son patient effort de collecte et d'analyse documentaire, a besoin de temps. C'est la pérennité de notre statut de chercheur et l'autonomie qu'il autorise qui nous l'ont offert.

Notre reconnaissance va aussi aux personnes avec qui nous avons eu la chance d'échanger au fil de ces années et qui ont nourri notre réflexion. À Dominique Pestre d'abord, qui nous a tous les deux formés à l'histoire des sciences. Ce livre porte à coup sûr sa trace, celle d'une écriture de l'histoire qui prend au sérieux les savoirs, leur construction et leur matérialité, qui refuse le jugement rétrospectif et qui cherche à les resituer dans les contextes politiques et sociaux de leur époque. Merci aussi à Fredrik Albritton Jonsson, Monette Berthommier, Christophe Bonneuil, Samir Boumediene, Deborah Coen, Amy Dahan, Diana K. Davis, Michel et Josette Fressoz, Jérôme Gaillardet, Jean-François Gauvin, François Jarrige, Claude et Chantal Locher, Sara Miglietti, Séverine Nikel, Nicole Perrier, Caroline Pichon, Grégory Quenet, Marion Rampal et Martin Sarrazac, Simon Schaffer, Archie Shepp, Julien Vincent, Jean-Paul Zuniga et à notre éditeur Patrick Boucheron, pour leurs conseils, leurs critiques, leurs encouragements. Ce livre leur doit beaucoup.

Notre univers intellectuel a beaucoup évolué, au cours de la décennie écoulée : formés comme historiens des sciences, nous avons aussi été des acteurs de l'émergence, en France, du champ de l'histoire environnementale. La montée des enjeux écologiques dans nos sociétés, les bouleversements qu'ils induisent dans les questionnements des sciences sociales ont marqué nos vies de chercheurs et les pages de ce livre. Nos remerciements vont aussi à nos camarades du Groupe de recherche en histoire environnementale de l'EHESS, avec qui nous avons partagé cette expérience d'un chantier intellectuel émergent, encore riche en thèmes à explorer.

Nous avons apporté les dernières corrections à ce livre lors du confinement du printemps 2020, en des temps troubles, marqués par le retour de certaines figures familières à l'historien des siècles passés : l'épidémie comme reflet de nos angoisses sociales et environnementales, la forêt comme rempart et chance de salut, l'effondrement, encore et toujours, comme point de fuite. La nature change à toute vitesse, mais nos manières de penser ce changement héritent d'un long passé, de luttes et de savoirs, dont ce livre retrace une partie de l'histoire.

Notes

Notes de l'Introduction

1. La climatologie historique s'est beaucoup penchée sur cette séquence froide qui court du début du XIVᵉ à la fin du XIXᵉ siècle, depuis les travaux fondateurs d'Emmanuel Le Roy Ladurie et Hubert Lamb : Emmanuel Le Roy Ladurie, *Histoire du climat depuis l'an mil*, Paris, Flammarion, 1967, et *Histoire humaine et comparée du climat*, Paris, Fayard, 3 vol., 2004, 2006 et 2009 ; Hubert Lamb, *Climate : Present, Past and Future*, New York, Routledge, 2 vol., 2011 (éd. originale 1972 et 1977). Parmi une riche production récente liant climatologie historique et étude des processus sociaux, économiques et politiques, voir notamment Georgina H. Endfield, *Climate and Society in Colonial Mexico : A Study in Vulnerability*, Malden/Oxford, Blackwell, 2008 ; Emmanuel Garnier, *Les Dérangements du temps. 500 ans de chaud et de froid en Europe*, Paris, Plon, 2009 ; Geoffrey Parker, *Global Crisis. War, Climate Change and Catastrophe in the Seventeenth Century*, New Haven, Yale University Press, 2014 ; Sam White, *The Climate of Rebellion in the Early Modern Ottoman Empire*, Cambridge, Cambridge University Press, 2011 ; Dagomar Degroot, *The Frigid Golden Age : Climate Change, the Little Ice Age, and the Dutch Republic, 1560-1720*, Cambridge, Cambridge University Press, 2019.

2. Du XVIᵉ au XIXᵉ siècle, le sens du mot « climat » est multiple et changeant. Le terme est d'abord utilisé dans sa signification première, issue de la cosmographie grecque, pour désigner la portion du globe terrestre découpée par deux lignes de latitude. Il est aussi employé de manière très générale comme synonyme de région, de pays, de contrée. Puis, à partir du début du XVIIIᵉ siècle, s'impose de plus en plus la notion du « climat » comme un espace qui se distingue des autres par le froid ou le chaud, et le sec ou l'humide qui y règnent. C'est cette dernière acception qui, quantifiée par la météorologie savante, évoluera vers la notion contemporaine de climat comprise comme l'ensemble des caractères atmosphériques caractéristiques d'un lieu ou d'une région. À cela s'ajoute la notion médicale (néo-hippocratique) de climat.

3. Spencer R. Weart, *The Discovery of Global Warming*, Cambridge Ms./Londres, Harvard University Press, 2008 (1ʳᵉ éd. 2003).

4. Cette enquête s'inscrit dans un champ de recherche aujourd'hui en plein essor, et qui étudie la place du climat dans la vie des sociétés du passé en privilégiant le point de vue des acteurs. Citons Richard Grove, *Green Imperialism : Colonial Expansion, Tropical Island Edens and the Origins of Environmentalism, 1600-1860*, Cambridge, Cambridge University Press, 1995 ; Richard Grove, *Ecology, Climate and Empire. Colonialism and Global Environmental History, 1400-1940*, Cambridge, The White Horse Press, 1997 ; James R. Fleming, *Historical Perspectives on Climate Change*, NY-Oxford, Oxford University Press, 1999 ; Jan Golinski, *British Weather and the Climate of Enlightenment*, Chicago, University of Chicago Press, 2007 ; Diana K. Davis, *Resurrecting the Granary of Rome : Environmental History and French Colonial Expansion in North Africa*, Athens, Ohio University Press, 2007 ; Anoushka Vasak, *Météorologies : discours sur le ciel et le climat des Lumières au romantisme*, Paris, H. Champion, 2007 ; Vladimir Jankovic, *Confronting the Climate : British Airs and the Making of Environmental Medicine*, Basingstoke, Palgrave Macmillan, 2010 ; James R. Fleming, Vladimir Jankovic (dir.), *Osiris*, 26 (1), 2011, numéro spécial « Klima » ; Fredrik Albritton Jonsson, *Enlightenment's Frontier : the Scottish Highlands and the Origins of Environmentalism*, New Haven, Yale University Press, 2013 ; Diana K. Davis, *The Arid Lands. History, Power, Knowledge*, Cambridge Ms., MIT Press, 2016 ; Caroline Ford, *Natural Interests. The Contest over Environment in Modern France*, Cambridge Ms., Harvard University Press, 2016 ; Gillen d'Arcy Wood, *L'Année sans été. Tambora, 1816. Le volcan qui a changé le cours de l'histoire,* Paris, La Découverte, 2016 ; Anya Zilberstein, *A Temperate Empire : Making Climate Change in Early America*, New York City, Oxford University Press, 2016 ; Sara Miglietti et John Morgan (ed.), *Governing the Environment in the Early Modern World : Theory and Practice*, Londres/New York, Routledge, 2017 ; Deborah R. Coen, *Climate in Motion. Science, Empire, and the Problem of Scale*, Chicago, University of Chicago Press, 2018 ; Victoria C. Slonosky, *Climate in the Age of Empire : Weather Observers in Colonial Canada*, Boston, American Meteorological Society, 2018. Sans oublier des travaux plus anciens mais importants : Clarence J. Glacken, *Traces on the Rhodian Shore. Nature and Culture in Western Thought from Ancient Time to the End of the Eighteenth Century*, Berkeley, University of California Press, 1967 ; Jean Ehrard, *L'Idée de nature en France dans la première moitié du XVIIIe siècle*, Paris, SEVPEN, 1963, t. 2.

5. Dans la tradition néo-hippocratique longtemps dominante en médecine, c'est l'ensemble des « choses environnantes » et en particulier « les eaux, les airs et les lieux » qui décident de la santé ou de la maladie des animaux et des hommes. On parle de « climat » pour décrire l'ensemble de ces influences, mais ce qui nous importe en l'occurrence, c'est que les caractères météorologiques des lieux sont considérés comme prépondérants parmi celles-ci. Sur la médecine néo-hippocratique, voir notamment l'enquête classique de Jean-Paul Desaive, Jean-Pierre Goubert, Emmanuel Le Roy Ladurie, Jean Meyer, Otto Muller et

Jean-Pierre Peter, *Médecins, climat et épidémies à la fin du XVIIIᵉ siècle*, Paris, Mouton La Haye, 1972, et Andrea A. Rusnock, *Vital Accounts : Quantifying Health and Population in Eighteenth-Century England and France,* Cambridge, Cambridge University Press, 2002. Des travaux récents explorent les liens entre milieux, races et domination, cf. Claude-Olivier Doron, *L'Homme altéré : races et dégénérescence (XVIIᵉ-XIXᵉ siècle),* Paris, Champ Vallon, 2016, et Ferhat Taylan, *Mésopolitique. Connaître, théoriser et gouverner les milieux*, Paris, Sorbonne Éditions, 2018.

6. Voir en particulier Diana K. Davis, *Resurrecting the Granary of Rome*, *op. cit.*

7. James Lovelock, *La Terre est un être vivant : l'hypothèse Gaïa,* Paris, Flammarion, 2010 ; Hans Joachim Schellnhuber, « Earth System Analysis and the Second Copernican Revolution », *Nature*, t. 402, 1999, C19-C23 ; Clive Hamilton et Jacques Grinevald, « Was the Anthropocene Anticipated ? », *The Anthropocene Review,* 2015, t. 2, p. 1-14.

8. Caroline Ford, *Natural Interests*, *op. cit.* ; Paul Warde, *The Invention of Sustainability : Nature and Destiny, c. 1500-1870*, Cambridge, Cambridge University Press, 2018.

9. Richard Grove, *Green Imperialism*, *op. cit.*

Chapitre 1 : La vraie découverte de Christophe Colomb

1. Felipe Fernandez-Armesto, *The Canary Islands After the Conquest : The Making of a Colonial Society in the Early Sixteenth Century*, Oxford, Oxford University Press, 1982 ; *id.*, *Before Columbus : Exploration and Colonization from the Mediterranean to the Atlantic, 1229-1492*, Philadelphie, University of Pennsylvania Press, 1987 ; Anthony M. Stevens-Arroyo, « Inter-Atlantic Paradigm : The Failure of Spanish Medieval Colonization of the Canary and Caribbean Islands », *Comparative Studies in Society and History*, t. 35, n° 3, 1993, p. 515-543.

2. Fernando Colombo, *Historie del S.D. Fernando Colombo ; nelle quali s'ha particolare, & vera relatione della vita, & de' fatti dell'Ammiraglio D. Christoforo Colombo, suo padre*, Venise, Franceschi Sanese, 1571, p. 117-118.

3. *Ibid.*, p. 113. Christophe Colomb propose à d'autres reprises des raisonnements météorologiques. Par exemple, en novembre 1492, à Cuba, il remarque que « l'air y est plus tempéré qu'ailleurs, par l'altitude et la beauté des montagnes ». Cette « beauté » renvoie très certainement aux forêts : il constate avec étonnement que les pentes raides des montagnes sont continûment boisées sans que l'on puisse y distinguer des rochers nus (Christophe Colomb, *Journal de bord, 1492-1493*, Paris, Imprimerie nationale, cf. 14 et 26 novembre 1492). On sait aussi qu'il s'est entretenu avec l'humaniste italien et chroniqueur du Nouveau Monde Pietro Martire d'Anghiera sur la puissance et la largeur

extraordinaire des fleuves qu'il a découverts en Amérique centrale. Cf. Pietro Martire d'Anghiera, *De Orbe Novo*, Paris, Ernest Leroux, 1907, p. 210.

4. Antoine de Pinet, *L'Histoire du monde de Pline*, Cologne, Jacob Stoer, 1608, t. 1, p. 63.

5. Sur l'habitabilité du globe, voir Jean-Marc Besse, *Les Grandeurs de la Terre : aspects du savoir géographique à la Renaissance*, Paris, ENS Éditions, 2003, p. 66-75 ; John M. Headley, « The Sixteenth-Century Venetian Celebration of the Earth's Total Habitability : the Issue of the Fully Habitable World for Renaissance Europe », *Journal of World History*, t. 8, n° 1, 1997, p. 1-27 ; Craig Martin, « Experience of the New World and Aristotelian Revisions of the Earth's Climates During the Renaissance », *History of Meteorology*, 2006, t. 3, p. 1-15.

6. Piere d'Ailly, *Ymago Mundi*, Paris, Librairie orientale et continentale, 1930, p. 197. Voir Peter Hair « Was Columbus' First Very Long Voyage a Voyage from Guinea ? », *History in Africa*, t. 22, 1995, p. 223-237.

7. Christophe Colomb, *Journal de bord, 1492-1493*, *op. cit.*, 23 octobre et 27 novembre 1492.

8. Denis Crouzet, *Christophe Colomb. Héraut de l'Apocalypse*, Paris, Payot, 2006, et Jérôme Baschet, « Le *Journal de bord* de Christophe Colomb », Patrick Boucheron (dir.), *Une histoire du monde au* XV*e* *siècle*, Paris, Fayard, 2009, p. 582-587.

9. William et Carla Philips, *The World of Columbus*, Cambridge, Cambridge University Press, 1992, et William Philips, « Africa and the Atlantic Islands Meet the Garden of Eden : Christopher Columbus's View of America », *Journal of World History*, t. 3, n° 2, 1992, p. 149-164.

10. Nicolas Wey Gómez, *The Tropics of Empire. Why Columbus Sailed South to the Indies*, Cambridge Ms., The MIT Press, 2008 ; Peter Hair, « Columbus from Guinea to America », *History in Africa*, t. 17, 1990, p. 113-129.

11. Christophe Colomb, *Journal de bord, 1492-1493*, *op. cit.*, 25 novembre 1492.

12. Fernando Colombo, *Historie del S.D. Fernando Colombo*, *op. cit.*, p. 61.

13. *Ibid.*, p. 110.

14. Notons que les traductions anglaises et françaises du journal de Colomb ne rendent pas la tonalité péjorative de ce verbe. C'est sans doute ce qui explique que Richard Grove attribue à Colomb une vision négative de la déforestation et en fait un « précurseur » de l'alerte environnementale. Cf. Richard Grove, « Conserving Eden : The (European) East India Companies and their Environmental Policies on St. Helena, Mauritius and in Western India, 1660 to 1854 », *Comparative Studies in Society and History*, t. 35, n° 2, 1993, p. 318-351, et Richard Grove, *Green Imperialism*, *op. cit.*, p. 31.

15. Fernando Colombo, *Historie del S.D. Fernando Colombo*, *op. cit.*, p. 106.

16. Alfred Crosby, *Ecological Imperialism. The Biological Expansion of Europe, 900-1900*, Cambridge, Cambridge University Press 1986, p. 70-103 ; Jason Moore, « Madeira, Sugar, & the Conquest of Nature in the "First"

Sixteenth Century », *Review : A Journal of the Fernand Braudel Center* XXXIII, 1, p. 345-391.

17. Jacques Heers, *Christophe Colomb*, Paris, Hachette, 1991, p. 61-64.

18. Gomes Eanes de Zurara, *Chronique de Guinée* (1453), Paris, Chandeigne, 1994, p. 235.

19. Alvise Cadamosto, *Relation des voyages de la côte occidentale d'Afrique*, 1455, Paris, Le Roux, 1895, p. 27.

20. Jean de Béthancourt, *Le Canarien. Livre de la conquête et conversion des Canaries*, Rouen, Métérie, 1874, p. 117.

21. Légende rapportée par Girolamo Benzoni, *Historia del mondo nuovo*, Venise, 1565, Caracas, Academia nacional de la Historia, 1967, p. 275, et Théodore de Bry, *Tesauro de los viajes a las Indias Occidentales y Orientales,* t. 6, Lieja, 1597, p. 28.

22. Pietro Martire d'Anghiera, *De Orbe Novo, op. cit.*, p. 19 ; Andrés Bernáldez, *Memorias del reinado de los reyes católicas que escribía el bachiller Andrés Bernáldez*, Madrid, Real Academia de la Historia, 1962 (1471-1513), p. 136-137 ; Vincenzo Pigafetta, *Premier Voyage autour du monde dans l'escadre de Magellan*, 1536, Paris, Delagrave, 1888, p. 34-35.

23. Bartolomé de Las Casas, *Historia de las Indias*, 1540, Mexico, Fondo de cultura economica, 1951, p. 110.

24. Il est possible que Colomb ait voulu s'approvisionner à l'île de Fer lors de son premier voyage si une escadre portugaise ne l'y avait attendu. Cf. *Journal de bord*, jeudi 6 septembre 1492. Pietro Martire d'Anghiera affirme que la seconde expédition de Colomb forte de 1 200 hommes est partie de l'île de Fer, cf. d'Anghiera, *De Orbe Novo*, *op. cit.,* p. 19.

25. Les navires s'y ravitaillaient en vivres, en eau mais aussi en hommes : au XVIe siècle, plus de 10 000 Canariens partirent s'installer de l'autre côté de l'Atlantique. C'est de Ténériffe, de la Palma ou de Gran Canaria que les techniques (d'origine arabe) de culture, d'irrigation et de raffinage du sucre furent transférées vers les Antilles. Cf. James J. Parsons, « The Migration of Canary Islanders to the Americas : An Unbroken Current Since Columbus », *The Americas*, t. 39, n° 4, 1983, p. 447-481 ; Analola Borges, « Aproximación al estudio de la emigración canaria en América en el siglo XVI », *Anuario de estudios Atlánticos*, n° 23, 1977, p. 239-262.

26. Gonzalo Fernandez de Oviedo y Valdés, *Historia general y natural de las Indias, islas y tierra-firme del mar océano*, Madrid, Imprenta de la Real Academia de la Historia, 1851, t. 1, p. 239-241.

27. *Ibid.*

28. Cervantes de Salazar, *Crónica de Nueva España*, Madrid, The Hispanic Society of America, 1914, p. 10.

29. Oviedo aimait se présenter comme le « Pline du Nouveau Monde ». Sur Oviedo, voir Antonello Gerbi, *Nature in the New World, from Christopher Columbus to Fernandez de Oviedo*, Pittsburgh, University of Pittsburgh Press, 2010 ; Louise Bénat-Tachot, « Les représentations du monde indigène dans

la "Historia general y natural de las Indias" de Gonzalo Fernández de Oviedo y Valdés », thèse, Paris-III, 1996 ; Kathleen Ann Myers, *Fernandez de Oviedo's Chronicle of America. A New History for a New World*, Austin, University of Texas Press, 2007, et Nicolas Wey Gómez, « Memorias de la zona tórrida : el naturalismo clásico y la "tropicalidad" americana en el *Sumario de la natural historia de las Indias* de Gonzalo Fernández de Oviedo (1526) », *Revista de Indias,* 2013, t. 73, n° 259, p. 609-632.

30. Pline l'Ancien, *Histoire naturelle*, XVII, III-5 qui emprunte cette anecdote à Théophraste, *Recherches sur les plantes*, t. 3, trad. Suzanne Amigues, Budé, 1993, livre V 14, 2-5. Sur ce point, voir C.J. Glacken, *Traces on the Rhodian Shore..., op. cit.*, p. 127-130. Voir aussi Theophrastus, *On Winds,* trad. Robert Mayhew, Brill, 2018, p. 168.

31. Gonzalo Fernandez de Oviedo, *Historia general..., op. cit.*, p. 168.

32. *Ibid.*, p. 240.

33. Rolena Adorno, *The Polemics of Possession in Spanish American Narrative*, Cambridge Ms, Harvard University Press, 2007 ; Nicolas Wey Gómez, « Memorias de la zona tórrida », *op. cit.*

34. Gonzalo Fernandez de Oviedo, *Historia general..., op. cit.*, p. 240.

35. Juan Ginés de Sepulveda, *Democrates secundus o de las justas causas de la guerra contra los Indios*, 1545, Mexico, Fondo de cultura economica, 1996. Cf. Anthony Padgen, *The Fall of Natural Man : The American Indian and the Origins of Comparative Ethnology*, Cambridge, Cambridge University Press, 1982, chap. 5.

36. Voir, par exemple, Bartolomé de Las Casas, *Apologetica summaria*, chap. 20, qui compare Hispaniola avec l'Angleterre.

37. Elle ne paraîtra dans son intégralité qu'au milieu du XIXe siècle. Kathleen Ann Myers, *Fernandez de Oviedo's Chronicle of America..., op. cit*, p. 55-57.

38. Cité in *ibid.*, p. 122. Jean-Frédéric Schaub a bien montré comment le racisme fondé sur la généalogie et ancré dans les corps apparaît dès le milieu du XVe siècle en Espagne avec la persécution des juifs et des convertis. Cf. *Pour une histoire politique de la race*, Paris, Seuil, 2015. Selon Jorge Cañizares Esguerra, c'est au siècle suivant que le durcissement des différences raciales a lieu, au sein de l'élite créole d'ascendance espagnole, née en Amérique et qui doit se défendre des accusations de dégénérescence. Cf. Jorge Cañizares Esguerra, « New World, New Stars : Patriotic Astrology and the Invention of Indian and Creole Bodies in Colonial Spanish America, 1600-1650 », *The American Historical Review*, t. 104, n° 1, 1999, p. 33-68.

39. Kathleen Ann Myers montre bien comment les descriptions des mœurs des Indiens par Oviedo se font plus accommodantes, plus précises et plus « ethnographiques » au fur et à mesure de la rédaction de son *Histoire générale.* Cf. K.A. Myers, *Fernandez de Oviedo's Chronicle of America..., op. cit.,* chap. 7.

40. En ce sens, il nous paraît erroné de considérer comme « séminales » les mentions rarissimes de changement climatique anthropogénique tirées du

corpus antique. Cf. Richard Grove, *Green Imperialism, op. cit,* p. 20-23. Voir aussi J. Neumann, « Climatic Change as a Topic in the Classical Greek and Roman Literature », *Climatic Change,* t. 7, 1985, p. 441-454. Hormis deux courts passages de Théophraste, l'un sur la Crète et l'autre sur Larissa dans l'Attique, les citations données par Neumann – celle du *Critias* de Platon, par exemple – ne font pas mention de phénomènes météorologiques mais seulement de destruction du sol et d'érosion. Voir aussi Sénèque, *Questions naturelles*, III-XI, où il n'est question que de pédologie. En clair : le lien entre déboisement, érosion, glissement de terrain, disparitions des sources, inondation est bien connu des anciens mais ce n'est pas le cas du lien entre déboisement et changement climatique.

41. Gonzalo Fernández de Oviedo, *Sumario de la natural historia de las Indias*, México, Fondo de Cultura Económica, 1950, p. 118.

Chapitre 2 : Améliorer le monde ?

1. Marc Lescarbot, *Histoire de la Nouvelle France*, Paris, Chez Jean Milot, 1609 ; Pierre Biard, « Relation de la Nouvelle-France (...) faite par le P. Pierre Biard », in *Relations des Jésuites dans la Nouvelle-France*, t. 1, Québec, Augustin Coté, [1616] 1858.

2. C'était le cas, quelques années auparavant, du fou d'Henri IV. *La Response de maistre Guillaume au Soldat François*, s. éd., 1605, cité par Éric Thierry, « Le discours démonologique dans les récits de voyages au Canada et en Acadie au début du XVIIe siècle », *in* Grégoire Holtz, Thibaut Maus de Rolley (dir.), *Voyager avec le diable. Voyages réels, voyages imaginaires et discours démonologiques* (XVe-XVIIe siècle), Paris, PUPS, 2008, p. 209-220, p. 212.

3. Jean-Baptiste Fressoz, Fabien Locher, « L'agir humain sur le climat et la naissance de la climatologie historique, XVIIe-XVIIIe siècle », *Revue d'histoire moderne et contemporaine*, 62(1), 2015, p. 48-78 ; Colin Coates, Dagomar Degroot, « "Les bois engendrent les frimas et les gelées" : comprendre le climat en Nouvelle-France », *Revue d'histoire de l'Amérique française*, 68(3-4), hiver-printemps 2015, p. 197-219.

4. Pierre Biard, « Relation de la Nouvelle-France... », art. cit., avant-propos ; Marc Lescarbot, *Histoire de la Nouvelle France*, *op. cit.*, p. 624.

5. Pierre Biard, « Relation de la Nouvelle-France... », art. cit., p. 1, 66-67 ; Jacques Cartier, *Voyages au Canada*, Paris, La Découverte, [1545] 1992, p. 160.

6. Pierre Biard, « Relation de la Nouvelle-France... », art. cit., p. 66.

7. *Ibid.*, p. 3.

8. Marc Lescarbot, *Histoire de la Nouvelle France*, *op. cit.*, p. 143-228. Voir Frank Lestringant, « Champlain, Lescarbot et la "conférence" des histoires », in *Scritti sulla Nouvelle-France nel Seicento, Quaderni del Seicento francese*, Bari, Adriatica, et Paris, Nizet, 1984, p. 69-88, et Michel Bideaux, « Le discours expansionniste dans l'Histoire de la Nouvelle-France, de Marc

Lescarbot », *in* Frank Lestringant (dir.), *La France-Amérique (XVIe-XVIIIe siècles). Actes du XXXVe colloque international d'études humanistes*, Paris, Honoré Champion, 1998, p. 167-191.

9. Frank Lestringant, « Champlain, Lescarbot… », art. cit., et *id.*, « Europe et théorie des climats dans la seconde moitié du XVIe siècle », in *La Conscience européenne au XVe et au XVIe siècle*, Paris, Collection de l'École normale supérieure de jeunes filles, 1982, p. 206-226. Voir Jean Bodin, *Les Six Livres de la République*, Paris, Jacques Du Puys, 1576, livre V.

10. Brian Brazeau souligne cette tension dans *Writing a New France, 1604-1632 : Empire and Early Modern French Identity*, Farnham/Burlington, Ashgate, 2009, p. 23-41.

11. Ils émaillent ainsi les *Relations* jésuites publiées en France. Richard Arès, « Les relations des jésuites et le climat de la Nouvelle-France », *Mémoires de la société royale du Canada*, série 4, t. 8, 1970, p. 75-91.

12. Ce décalage des hivers canadiens par rapport aux attentes suscitées par l'identité des climats cosmographiques est souligné dès les années 1540, dans le mémoire que Jean Fonteneau, le pilote de l'expédition de Roberval, rédige à son retour en France. Jean Fonteneau, dit Alfonse de Saintonge, *La Cosmographie avec l'espère et régime du soleil et du nord*, Recueil de voyages et de documents pour servir à l'histoire de la géographie depuis le XIIIe jusqu'à la fin du XVIe siècle, n° 20, Paris, E. Leroux, 1904, p. 494-495 (ms. original, 1544).

13. Hierosme Lalemant, « Relation (…) ès années 1662 et 1663 », in *Relations des Jésuites dans la Nouvelle-France*, t. 3, Québec, Augustin Coté, 1858 (1664), p. 30 (pagination séparée).

14. Marc Lescarbot, *Histoire de la Nouvelle France*, *op. cit.*, p. 624-625.

15. Pierre Biard, « Relation de la Nouvelle-France… », art. cit., p. 5-6. Voir aussi sa lettre à Claude Aquaviva, général de la Compagnie, du 31 janvier 1612, *in* Auguste Carayon (dir.), *Première Mission des jésuites au Canada. Lettres et documents inédits*, Paris, L'Écureux, 1864, p. 82-83.

16. Samuel de Champlain, *Les Voyages du sieur de Champlain, xaintongeois, capitaine ordinaire pour le roy*, Paris, Chez Jean Berjon, 1613, p. 52-53.

17. Marc Lescarbot, *Histoire de la Nouvelle France*, *op. cit.*, p. 156, 228, 482.

18. William Cronon, *Changes in the Land : Indians, Colonists, and the Ecology of New England*, New York, Hill & Wang, 1983, p. 54-81.

19. En 1633, le jésuite Le Jeune relate les premières observations d'une amélioration climatique sensible sur place. Paul Le Jeune, *Relation de ce qui s'est passé en la Nouvelle-France en l'année 1633*, Paris, S. Cramoisy, 1634, p. 106-107. Un autre jésuite, François Le Mercier, promet lui en 1665 que la région deviendra « un païs, qui ne cedera en rien, pour la fertilité de la terre, & pour la douceur du climat, à ce qui se trouve de plus doux, & plus aimable en Europe » grâce au changement climatique par le déboisement. Cité par Colin Coates, Dagomar Degroot, « "Les bois engendrent les frimas et les gelées"… », art. cit., p. 216.

20. Nicolas Denys, *Description géographique et historique des costes de l'Amérique septentrionale*, Paris, chez Claude Barbin, 1672, 2 vol.

21. *Ibid.*, t. 2, p. 8-12 (citation p. 11-12).

22. On se base ici sur Brant Vogel, « The Letter from Dublin : Climate Change, Colonialism, and the Royal Society in the Seventeenth Century », *Osiris*, 26(1), 2011, p. 111-128. Sur le mystère des climats américains : Sam White, « Unpuzzling American Climate : New World Experience and the Foundations of a New Science », *Isis,* 106(3), 2015, p. 544-566 ; Karen Ordahl Kupperman, « The Puzzle of the American Climate in the Early Colonial World », *The American Historical Review*, 87(5), 1982, p. 1262-1289 ; Karen Ordahl Kupperman, « Climate and Mastery of the Wilderness in Seventeenth-Century New England », *in* David D. Hall et David G. Allen (ed.), *Seventeenth-Century New England. A Conference held by the Colonial Society of Massachusetts*, Boston, The Colonial Society of Massachusetts, 1984, p. 3-38.

23. Richard Whitbourne, *A Discourse and Discovery of New-Found-Land*, Londres, by Felix Kingston for William Barret, 1620, p. 57 ; Richard Eburne, *A Plaine Path-Way to Plantations*, Londres, by G.P. for John Marriott., 1624, p. 22 ; John Mason, *A Briefe Discourse of the Nevv-found-land*, Édimbourg, Andro Hart, 1620.

24. Paul Warde, « The Idea of Improvement 1520-1700 », *in* Richard Hoyle (ed.), *Custom, Improvement and the Landscape in Early Modern Britain,* Farnham, Ashgate, 2011, p. 127-148.

25. La coupe des arbres, explique Richard Whitbourne, *« make the country much the hotter winter and summer »*. Richard Whitbourne, *A Discourse and Discovery of New-Found-Land*, *op. cit.*, p. 57.

26. *« Of late the seasons be much altered, the rains coming oftener but more moderately, with lesser thunder and lightnings and sudden gusts of wind. »* William Wood, *New Englands Prospect*, Londres, by Tho. Cotes for John Bellamie, 1634.

27. *Speed's Theatre of the Empire of Great Britain*, Londres, 1676, p. 209 (cité par Brant Vogel, « The Letter from Dublin… », art. cit.).

28. La Virginie est l'archétype du climat amélioré par l'action des Européens, là où une autre colonie, la Caroline, est elle louée pour son climat *naturellement* bon et fécond, véritable invitation à coloniser. H. Roy Merrens, George D. Terry, « Dying in Paradise : Malaria, Mortality, and the Perceptual Environment in Colonial South Carolina », *The Journal of Southern History*, 50(4), 1984, p. 533-550 ; On retrouve le même type de discours à propos de la Géorgie dans la première moitié du XVIIIe siècle : Mart A. Stewart, *What Nature Suffers to Groe. Life, Labor and Landscape on the Georgia Coast, 1680-1920*, Athens, University of Georgia Press, 1996, p. 35-36.

29. Brant Vogel, « The Letter from Dublin… », art. cit., p. 119.

30. Larry Stewart, « Other Centres of Calculation, or, Where the Royal Society Didn't Count : Commerce, Coffee-Houses and Natural Philosophy in

Early Modern London », *The British Journal for the History of Science*, 32 (2), 1999, p. 133-153.

31. Sarah Irving, *Natural Science and the Origins of the British Empire,* Londres, Pickering & Chatto, 2008.

32. Robert Boyle, *Tractatus de cosmicis rerum qualitatibus, cosmicis suspicionibus etc.*, Amsterdam, J. Janssonius Van Waesberge, Hambourg, G. Schultze, 1671. Édition consultée : Robert Boyle, « Cosmical Suspicions », in *The Works of the Honourable Robert Boyle*, Londres, W. Johnston *et al.*, 1772, t. 3, p. 316-325.

33. Sur John Winthrop (à ne pas confondre avec son père homonyme), voir Walter W. Woodward, *Prospero's America : John Winthrop, Jr., Alchemy, and the Creation of New England Culture, 1606-1676*, Chapel Hill, Omohundro Institute and University of North Carolina Press, 2013, et Robert C. Black III, *The Younger John Winthrop*, New York et Londres, Columbia University Press, 1966 (sur la charte, voir p. 219-231). Winthrop avait une pratique assidue d'astronome et de naturaliste et renseigne la Royal Society après son retour en Nouvelle-Angleterre (*ibid.*, p. 307-319).

34. Simon Schaffer, Steven Shapin, *Le Léviathan et la Pompe à air. Hobbes et Boyle entre science et politique*, Paris, La Découverte, 1993 (1re éd. 1985).

35. « An Extract of a Letter, etc., from Dublin May the 10th, 1676 », *Philosophical Transactions of the Royal Society of London*, 11, 1676, p. 647-53. Ce courrier était sans doute adressé à Boyle par un Nicholson soucieux de susciter sa bienveillance et d'engager un échange. Le reste de la lettre répond point par point à des questions soulevées dans les *Cosmical Suspicions* (sur le magnétisme, sur le musc animal).

36. John Patrick Montaño, *The Roots of English Colonialism in Ireland*, Cambridge, Cambridge University Press, 2011 ; Brian Mac Cuarta (ed.), *Reshaping Ireland, 1550-1700 : Colonization and Its Consequences*, Dublin, Four Courts Press, 2011.

37. Sur le modèle anglais de colonisation de l'Irlande, voir J.P. Montaño, *The Roots of English..., op. cit.* Sur William Petty et l'Irlande, voir Mary Poovey, *A History of the Modern Fact*, Chicago, University of Chicago Press, 1998, p. 120-138.

38. « Observations botanico-météorologiques faites à Québec par M. Gaultier », *Histoire et Mémoires de l'Académie royale des sciences* pour 1746, p. 88-97.

39. Pierre-François-Xavier de Charlevoix, *Histoire et description générale de la Nouvelle-France*, Paris, Nyon fils, 1744, 3 vol.

40. « Il n'y a rien à répliquer contre l'expérience, qui nous rend sensible la diminution du froid, à mesure que le pays se découvre. » *Ibid.*, t. 3, p. 168.

41. David M. Hayne, « Pierre-François-Xavier de Charlevoix », *Dictionnaire biographique du Canada*, http://www.biographi.ca/index-f.html

42. Pierre-François-Xavier de Charlevoix, *Histoire et description générale de la Nouvelle-France*, *op. cit.*, t. 1, p. 173-174.

43. Sur Gaultier, voir Stéphanie Tésio, « Climat et médecine au Québec au milieu du XVIIIe siècle », *Scientia Canadensis : revue canadienne d'histoire des sciences, des techniques et de la médecine*, 31(1-2), 2008, p. 155-165, et Victoria C. Slonosky, *Climate in the Age of Empire..., op. cit.*, chap. 2.

44. « Observations botanico-météorologiques faites à Québec par M. Gaultier », art. cit., p. 88-97.

45. « Journal des observations &c. de Mr. Gauthier à Kebec », p. 17, 46. Archives de l'observatoire de Paris, A.A.7.6, n° 4-6.

46. Ce point est souligné par Colin Coates, Dagomar Degroot, « "Les bois engendrent les frimas et les gelées"... », art. cit., p. 216-217 ; sur Pehr Kalm et le changement climatique, voir Fredrik Albritton Jonsson, « Climate Change and the Retreat of the Atlantic : The Cameralist Context of Pehr Kalm's Voyage to North America, 1748-1751 », *The William and Mary Quarterly*, 3e série, 72(1), 2015, p. 99-126. Kalm rencontre aussi Gaultier sur place.

47. Jérémy Desarthe, « Duhamel Du Monceau, météorologue », *Revue d'histoire moderne et contemporaine*, 57(3), 2010, p. 70-91.

48. « Observations botanico-météorologiques faites à Québec par M. Gaultier », art. cit. pour 1744, p. 135-155 ; pour 1745, p. 194-229 ; pour 1746, p. 88-97 ; pour 1747, p. 466-488.

49. « D'une lettre écrite à M. l'abbé Nollet, le 20 juillet 1765, par M. De Caire, chevalier de l'ordre de Saint-Louis, & capitaine au corps du Génie, sur la cause du froid au Canada », *Mémoires de mathématiques et de physique, présentés à l'Académie des sciences, par divers Savans, & lûs dans les Assemblées* pour 1773, Paris, Imprimerie royale, 1776, p. 541-552.

50. Andrés García de Céspedes, *Regimento de Navegacion*, Madrid, Juan de la Cuesta, 1606, p. 175. Sur ce frontispice, voir Juan Pimentel, « The Iberian Vision. Science and Empire in the Framework of a Universal Monarchy, 1500-1800 », *Osiris*, 15, 2000, p. 17-30, et Jorge Cañizares Esguerra, « Iberian Science in the Renaissance : Ignored How Much Longer ? », *Perspectives on Science*, 12(1), 2004, p. 86-124.

51. Bacon, *Novum Organum* (1620), New York, Collier, 1902, p. 278.

52. C'est grâce au témoignage d'un mystérieux « master Lewis Jackson » que l'arbre de l'île de Fer fait son entrée dans le monumental *Theatrum Botanicum* de John Parkinson, herboriste du roi Charles Ier . Il acquiert le nom latin d'*Arbor aquam fundens* ou « arbre fontaine », nom qu'il conservera dans plusieurs langues européennes ; cf. *Theatrum Botanicum, or an Herball of Large Extent,* Londres, Thomas Cotes, 1640, p. 1649.

53. Thomas Birch, *History of the Royal Society*, t. 2, Londres, Millar, 1756, p. 38, séance du 19 avril 1665.

54. « Observations Made by a Curious and Learned Person, Sailing from England, to the Caribe-Islands », *Philosophical Transactions of the Royal Society of London*, 2, 1666-1667, p. 493-500 (p. 497). Cette critique climatique de la colonisation est assez étonnante, car la Royal Society était l'une des grandes promotrices de l'économie de plantation. Elle comptait parmi ses membres des

protagonistes de la Royal African Company (pourvoyeuse d'esclaves pour les Caraïbes) et de nombreux admirateurs de l'économie sucrière. On peut faire l'hypothèse que cette intervention est une accusation voilée contre les planteurs de canne établis durant l'interrègne de Cromwell. Critiquer cette première phase de la colonisation pour ses effets climatiques permettait d'ouvrir une nouvelle page de l'histoire des Caraïbes, qui serait écrite cette fois-ci par des colons royalistes guidés par la science.

55. John Evelyn, *Silva. Historical Account of the Sacredness and Use of Standing Groove*, 5e éd., 1729, p. 309.

56. Yi-Fu Tuan, *The Hydrological Cycle and the Wisdom of God. A Theme in Geoteleology*, Toronto, University of Toronto Press, 1968.

57. John Ray, *Wisdom of God Manifested in the Work of the Creation*, 1701, Glasgow, Robert Urie, 1744, p. 87.

58. Edmund Halley, *Miscellanea Curiosa,* Londres, R. Smith, 1708, p. 11.

59. John Ray, *Wisdom of God...*, *op. cit.*, p. 178.

60. John Ray, *Miscellaneous Discourses Concerning the Dissolution and Changes of the World,* Londres, Samuel Smith, 1692, p. 94.

61. *Ibid.*

62. Spencer R. Weart, *The Discovery of Global Warming*, *op. cit.*, p. 30.

63. John Woodward, « Some Thoughts and Experiments Concerning Vegetation », *Philosophical Transactions of the Royal Society*, 21, 1699, p. 193-227.

Chapitre 3 : Le climat de l'histoire

1. Dipesh Chakrabarty, « Le climat de l'histoire : quatre thèses », *Revue internationale des livres et des idées*, 15, 2010, p. 22-31 ; Christophe Bonneuil et Jean-Baptiste Fressoz, *L'Événement anthropocène. La Terre, l'histoire et nous*, Paris, Seuil, 2016.

2. Ici la bibliographie est immense. Citons Sara Miglietti et John Morgan (ed.), *Governing the Environment in the Early Modern World...*, *op. cit.* ; Sara Miglietti (ed.), « Climates Past and Present : Perspectives from Early Modern France », numéro spécial de *Modern Language Notes (French Issue)*, 132 (2017) ; sur la tradition (néo)hippocratique, David Cantor (ed.), *Reinventing Hippocrates,* Aldershot, Ashgate, 2002 ; Jan Golinski, *British Weather and the Climate of Enlightenment*, *op. cit.*, p. 140-150 ; Jean Ehrard, *L'Idée de nature en France...*, *op. cit.*

3. Jean-Baptiste Dubos, *Réflexions critiques sur la poésie et sur la peinture*, Paris, Jean Mariette, 1719, 2 vol. Sur Dubos, voir le travail ancien mais utile d'Alfred Lombard, *L'Abbé Du Bos, un initiateur de la pensée moderne (1670-1742)*, Paris, Hachette, 1913 ; Jacques Darriulat, « Jean-Baptiste Dubos. Réflexions critiques sur la poésie et sur la peinture (1719) », texte en ligne (http://www.jdarriulat.net/Auteurs/Dubos/indexDubos.html) ; Dominique Désirat, « La théorie des climats appliquée aux beaux-arts chez l'abbé Dubos », *in*

Alain Montandon (dir.), *Le Même et l'Autre : regards européens*, Clermont-Ferrand, Association des publications de la Faculté des lettres et sciences humaines de Clermont-Ferrand, 1997, p. 119-129 ; Theodore S. Feldman, « The Ancient Climate in the Eighteenth and Early Nineteenth Century », *in* Michael Shortland (ed.), *Science and Nature. Essays in the History of the Environmental Sciences*, Oxford, BSHS, 1993, p. 23-40 (p. 28-30).

4. Michael Cardy, « Discussion of the Theory of Climate in the Querelle des Anciens et des Modernes », *Studies on Voltaire*, 163, 1976, p. 73-88.

5. Abbé Bouhours, *Les Entretiens d'Ariste et d'Eugène*, Amsterdam, J. Lejeune, 1671.

6. Sur Dubos et la pensée du changement climatique, voir aussi James R. Fleming, *Historical Perspectives on Climate Change, op. cit.*, p. 12-16, et Jan Golinski, *British Weather and the Climate of Enlightenment, op. cit.*, p. 174-176.

7. Jean-Baptiste Dubos, *Réflexions critiques sur la poésie et sur la peinture, op. cit.*, t. 2, p. 263-268.

8. *Ibid.*, p. 268.

9. Jean Ehrard fait de l'essor de la philosophie matérialiste – dans ses versions empiristes et sensualistes – le principal moteur de l'essor des rationalités climatiques au XVIIIe siècle (Jean Ehrard, *L'Idée de nature en France..., op. cit.*).

10. Jean-Baptiste Dubos, *Réflexions critiques sur la poésie et sur la peinture, op. cit.*, t. 2, p. 268

11. Roger Mercier, « La théorie des climats des "Réflexions critiques" à "L'Esprit des lois" », *Revue d'histoire littéraire de la France*, 53, 1953, p. 17-37, 159-174. Voir, par exemple, les critiques acerbes de Fréron dans les *Jugemens sur quelques ouvrages nouveaux*, Avignon, Pierre Girou, t. 2, 1744, p. 112-123.

12. Roger Mercier, « La théorie des climats... », art. cit., p. 159-174 ; Denis de Casabianca, « Climats », Dictionnaire Montesquieu en ligne (http://dictionnaire-montesquieu.ens-lyon.fr/fr/accueil/) ; Sheila Mason, « La physiologie des mœurs selon Montesquieu. Cadre académique et postérité médicale », *in* Louis Desgraves (dir.), *Actes du colloque international [...] pour commémorer le 250e anniversaire de la parution de* L'Esprit des lois, Bordeaux, Académie de Bordeaux, 1999, p. 387-395 ; « Sur quelques sources prétendues du livre XIV de *L'Esprit des lois*. De l'*Essai sur les causes* à *L'Esprit des lois* : la théorie des climats existe-t-elle ? » (http://montesquieu.ens-lyon.fr/spip.php?article872).

13. Cité en introduction de Montesquieu, « Réflexions sur les habitants de Rome », *in* Montesquieu, *Œuvres complètes*, t. 9, Voltaire Foundation-Oxford, Instituto Italiano Per Gli Studi Filosofici-Napoli, 2006, p. 69-82.

14. Montesquieu, « Essai sur les causes qui peuvent affecter les esprits et les caractères », in *ibid.*, p. 203-270.

15. Montesquieu, « Réflexions sur les habitants de Rome », art. cit. Le mémoire est lu en décembre 1732, devant les académiciens bordelais.

16. Simon Pelloutier, *Histoire des Celtes, et plus particulièrement des Gaulois et des Germains*, La Haye, Isaac Beauregard, 1740. Sur Pelloutier, voir Colin Kidd, *British Identities Before Nationalism. Ethnicity and Nationhood in*

the Atlantic World, Cambridge, Cambridge University Press, 1999, p. 189-193, 207-209.

17. Simon Pelloutier, *Histoire des Celtes...*, *op. cit.*, p. 120-124.

18. Simon Pelloutier, « Lettre de M. P. à M. de B. sur les Celtes », *Bibliothèque germanique*, t. 28, pour 1733, Amsterdam, 1734, p. 33-51. Voir aussi, Simon Pelloutier, *Histoire des Celtes...*, *op. cit.*, p. 239, 295, 457.

19. Simon Pelloutier, « Dissertation sur un passage des Commentaires de Jules César De Bello Gallico », *Histoire de l'Académie royale de Berlin*, pour 1749, Berlin, Haude et Spener, 1751, p. 491-500.

20. Simon Pelloutier, *Histoire des Celtes...*, *op. cit.*, p. 122.

21. Paul-Henri Mallet, *Introduction à l'histoire de Dannemarc, où l'on traite de la religion, des lois, des mœurs et des usages des anciens Danois*, Copenhague, Imprimerie des héritiers de Berling, par L.H. Lillie, 1755.

22. Ian Wood, *The Modern Origins of the Early Medieval Ages*, Oxford/New York, Oxford University Press, 2013, p. 37-45 ; Thor J. Beck, *Northern Antiquities in French Learning and Litterature (1755-1855). A Study in Preromantic Ideas*, New York City, Institute of French Studies/Columbia University, t. 1, 1934, p. 19-44 ; Jane Rendall, « "Gothic Feminism" and British Histories, c. 1750-1800 », *in* Geoffrey Cubitt (ed.), *Imagining Nations*, Manchester/New York, Manchester University Press, 1998, p. 57-74.

23. Paul-Henri Mallet, *Introduction à l'histoire de Dannemarc...*, *op. cit.*, p. 252-256.

24. Robert Henry, *The History of Great Britain*, Londres, Strahan, t. 2, 1800, p. 287 (1re éd. 1771).

25. Michael Ignaz Schmidt, *Geschichte der Deutschen*, Ulm, Stettin, 1778, t. 1. Traduit en français, *Histoire des Allemands*, Liège, Plomteux, 1784. Sur Schmidt, voir Michael O. Printy, « From Barbarism to Religion : Church History and the Enlightened Narrative in Germany », *German History*, 23(2), 2005, p. 172-201.

26. Adam Ferguson, *Essai sur l'histoire de la société civile*, Paris, Desaint, 1783, p. 321 (1re éd. 1767). Voir aussi Jan Golinski, *British Weather and the Climate of Enlightenment, op. cit.*, p. 178-179.

27. Edward Gibbon, *The History of the Decline and Fall of the Roman Empire*, Londres, Strahan, 1776, t. 1, p. 218.

28. David Hume, « Sur le nombre d'habitants parmi quelques nations anciennes », *Discours politiques*, Amsterdam, Schreuder, [1742] 1757, p. 286-290. Sur Hume et le climat, voir aussi Jan Golinski, *British Weather and the Climate of Enlightenment*, *op. cit.*, p. 177-178.

29. Jean-Baptiste Moheau et Antoine Montyon, *Recherches et considérations sur la population de la France*, Paris, Moutard, 1778, t. 2, p. 156.

30. Buffon, *Histoire naturelle générale et particulière*, t. 1, Paris, Imprimerie royale, 1749, p. 242 (les forêts causent les pluies) ; t. 4, Paris, Imprimerie royale, 1753, p. 397 ; t. 12, Paris, Imprimerie royale, 1764, p. 79-117 (notice « L'Élan et le Renne »).

31. *Id.*, « L'Élan et le Renne », art. cit., p. 92.

32. Buffon, *Histoire naturelle générale et particulière*, supplément, t. 5 (« Des Époques de la Nature »), Paris, Imprimerie royale, 1778, p. 237.

33. *Ibid.*, p. 244.

34. Voir ici la mise au point de Jacques Roger, *in* Buffon, *Les Époques de la nature. Édition critique*, Paris, Éd. du Muséum, [1778] 1988, p. LXX-LXXI. Il ne s'agit pas de transformisme, mais d'une théorie de disparition/apparition des espèces à partir de la matière inanimée, sous l'influence des températures.

35. Thierry Hoquet, « La théorie des climats dans l'*Histoire naturelle* de Buffon », *Corpus. Revue de philosophie*, 34, 1998, p. 59-90 (et particulièrement p. 86-90).

36. Buffon, *Histoire naturelle générale et particulière*, supplément, t. 5, *op. cit.*, p. 237.

37. Jean-François-Clément Morand, *Du charbon de terre et de ses mines, Description des arts et métiers,* Paris, Desaint, 1761, p. 168 ; Romé de L'Isle, *Cristallographie*, Paris, Imprimerie de Monsieur, 1783, t. 2, p. 600 ; Jacques L. Bournon, *Essai sur la lithologie des environs de Saint-Étienne-en-Forez*, s.l., s.éd., 1785, p. 78 ; Jean-Louis Giraud Soulavie, *Histoire naturelle de la France méridionale*, Paris, Quillau, 1781, t. 4, p. 45-48.

38. Sur le contexte d'élaboration de la thèse buffonienne, les influences de Leibniz et Dortous de Mairan, voir Buffon, *Les Époques de la nature, op. cit.*, p. xxvii-xxxv, et Jean Gayon (dir.), *Buffon 88. Actes du Colloque international pour le bicentenaire de la mort de Buffon (Paris-Montbard-Dijon, 14 au 22 juin 1988)*, Paris, Vrin, 1992.

39. Buffon, « Premier mémoire. Recherches sur le refroidissement de la Terre et des planètes » et « Second mémoire. Fondemens des recherches précédentes sur la température des planètes », *Histoire naturelle générale et particulière*, supplément, t. 2, Paris, Imprimerie royale, 1775, p. 361-515, 516-564.

40. *Id.*, « Huitième mémoire. Expériences sur la pesanteur du Feu, et sur la durée de l'incandescence », *Histoire naturelle générale et particulière*, supplément, t. 2, *op. cit.*, p. 1-36.

41. *Id.*, « Second mémoire... », art. cit., p. 365.

42. *Id.*, *Histoire naturelle générale et particulière*, supplément, t. 5, *op. cit.*, p. 240.

Chapitre 4 : Naissance de la climatologie historique

1. Le *Journal de Paris* publie chaque jour, à partir de 1784, un bulletin météorologique très populaire auprès des Parisiens, tiré des observations de l'observatoire de Paris (archives de l'observatoire de Paris, D6-39).

2. C'est-à-dire des phénomènes « para-météorologiques », plus ou moins directement liés au temps qu'il fait, et appréhendables via des sources historiques.

3. Sur les liens entre observation savante et construction des subjectivités : Vladimir Jankovic, *Reading the Skies. A Cultural History of English Weather, 1650-1820*, Chicago-Londres, University of Chicago Press, 2000 ; Fabien Locher, *Le Savant et la Tempête. Étudier l'atmosphère et prévoir le temps au XIXe siècle*, Rennes, PUR, coll. « Carnot », 2008, et Jan Golinski, *British Weather and the Climate of Enlightenment, op. cit.*

4. Robert Hooke, « Method for Making a History of the Weather », *in* Sprat, *History of the Royal Society*, Londres, Printed by T.R. for J. Martyn, 1667, p. 173-178 ; Jean-Pierre Legrand, Maxime Le Goff, « Louis Morin et les observations météorologiques sous Louis XIV », *Comptes rendus de l'Académie des sciences*, série générale, 4(3), 1987, p. 251-281 ; Richard C. Cornes, « Early Meteorological Data From London and Paris : Extending the North Atlantic Oscillation Series », Thesis, University of East Anglia, 2010 ; Alfred Fierro, *Histoire de la météorologie*, Paris, Denoël, 1991, p. 75-79.

5. *Encyclopédie*, article « Climat ».

6. Louis Cotte, *Traité de météorologie*, Paris, Imprimerie royale, 1774, p. 519.

7. En comparaison, les observations de Cotte à Montmorency courent sur treize ans seulement, de 1769 à 1782.

8. Les vocables utilisés (« conjectures », « règles de prévoyance ») et la référence au théorème de Bernoulli par Giuseppe Toaldo témoignent de la volonté de se démarquer des vendeurs d'almanachs. En 1805, s'inspirant de Toaldo, Cotte publie des prévisions météorologiques s'étendant jusqu'à la fin du XIXe siècle. Louis Cotte, *Mémoire sur la période lunaire de dix-neuf ans*, Paris, Huzard, 1805.

9. Giuseppe Toaldo, *Essai météorologique sur la véritable influence des astres, des saisons et changemens de tems,* Chambéry, Gorrin, 1784, p. 189.

10. *Ibid.*, préface, p. XVII, 220-222.

11. *Ibid.*, préface, p. XII.

12. *Observations sur la physique,* 1777, t. 10, p. 243-279, 333-367 ; *Journal des savants*, décembre 1786, p. 815. Le traité sera traduit en italien, en espagnol et en allemand.

13. Louis Cotte, *Mémoires sur la météorologie*, Paris, Imprimerie royale, 1788, t. 1, p. x.

14. Giuseppe Toaldo, *Della vera influenza degli astri, Saggio meteorologico*, Padoue, Manfre, 1770, p. 146.

15. *Journal des savants*, octobre 1771, p. 103.

16. Giuseppe Toaldo, *Essai de météorologie appliquée à l'agriculture*, Montpellier, Martel, 1774, p. 58, et *Meteorologia applicata all agricultura*, Venise, Storti, 1775, p. 40.

17. Giuseppe Toaldo, *Essai météorologique... op. cit.*, p. 174.

18. Norton Wise (ed.), *The Values of Precision,* Princeton, Princeton University Press, 1995, et Christian Licoppe, *La Formation de la pratique scientifique : le discours de l'expérience en France et en Angleterre, 1630-1820*, Paris, La Découverte, 1996.

19. Jean Gaussen, *Dissertation sur le thermomètre de Réaumur*, Béziers, Fuzier, 1789, p. 227.

20. *Observations sur la physique*, 1774, t. 4, p. 480, et *Histoire de l'Académie royale des sciences*, année 1774, Paris, Imprimerie royale, 1778, p. 688.

21. *Observations sur la physique*, 1778, t. 13, p. 456.

22. Emmanuel Le Roy Ladurie, *Histoire humaine et comparée du climat, op. cit.*, 2006, t. 2, p. 28-103. L'hiver 1772 est désastreux, puis trois ans plus tard les récoltes sont de nouveau insuffisantes.

23. Charles Messier, « Mémoire sur le froid extraordinaire qu'on a ressenti [...] au commencement de cette année 1776 », *Histoire de l'Académie royale des sciences,* année 1776, 1779, p. 63.

24. Baumé, *Opuscules chimiques*, Paris, Agasse, an VI, p. 214.

25. Simon Linguet, « Du dérangement dans l'ordre des saisons », *Annales politiques, civiles et littéraires*, t. 1, 1778, p. 477-489.

26. Cotte, *Mémoires de météorologie..., op. cit.,* t. 2, p. 482-485.

27. Charles Messier, « Mémoire sur le froid extraordinaire qu'on a ressenti... » *op. cit.,* p. 42.

28. Bézout, Lavoisier et Vandermonde, « Expériences faites par ordre de l'Académie, sur le froid de l'année 1776 », *Mémoires de mathématique et de physique tirés des registres de l'Académie royale des sciences*, année 1777, 1780. Cf. Jean-François Gauvin, « The Instrument that Never Was : Inventing, Manufacturing, and Branding Réaumur's Thermometer During the Enlightenment », *Annals of Science,* 69 (4), p. 515-549.

29. Baumé, *Opuscules chimiques*, *op. cit.*, p. 214. Si les académiciens consacrent de longues expériences et pas moins de quatre mémoires à la mesure du froid de 1775, c'est aussi parce que cette affaire révèle l'instabilité de thermomètres dont dépendent de nombreuses pratiques savantes (allant de la chimie à l'astronomie de position) et commerciales (les étalons de mesure étant établis à 12 °Réaumur).

30. Giuseppe Toaldo, « Discorso sopra l'anno 1776 », *Giornali astrometeorologici dall'anno 1773 all anno 1798*, Venise, Francesco Andreola, 1802, t. 1, p. 138-147 ; *id.*, *Essai météorologique..., op. cit.,* 1784, p. 244-253. Notons que, dès le milieu du XVIIIe siècle, des médecins publient des chroniques météorologiques dont le but n'est pas d'étudier l'évolution du climat mais de recenser les conjonctions entre épidémie et météorologie. Cf. Thomas Short, *A General Chronological History of the Air, Weather, Seasons, Meteors &c. in Sundry Places and Different Times*, Londres, Longman, 1749 ; John Rutty, *Chronological History of Weather and Seasons and of the Prevailing Diseases in Dublin*, Londres, Robinson, 1770.

31. Anton Pilgram, *Untersuchungen über das Wahrscheinliche der Wetterkunde durch vieljährige Beobachtungen*, Vienne, Joseph Edlen, 1788.

32. Théodore Mann, *Mémoire sur les grandes gelées et leurs effets, où l'on essaie de déterminer ce qu'il faut croire de leurs retours périodiques et de la gradation en plus ou moins froid de notre globe*, Gand, Goesin, 1792. Ce

mémoire a été réédité avec une présentation de Muriel Collart, préface Emmanuel Le Roy Ladurie, Paris, Hermann, 2012.

33. *Ibid.*, p. 112.

34. Van Swinden, « Lettre sur les grands hivers adressée au citoyen Cotte », *Journal de physique et de chimie*, 1800, t. 1, p. 279-281.

35. Charles Messier, « Mémoire sur le froid extraordinaire qu'on a ressenti... », art. cit., 1776, p. 63-79.

36. Antoine Deparcieux, « Mémoire sur les inondations de la Seine », *Mémoires de l'Académie des sciences*, année 1764, Paris, Imprimerie royale, 1767, p. 457-487.

37. Louis Cotte, « Notice des grands hivers [...] et des grandes inondations de la Seine à Paris », *Journal de Physique*, t. 48, nivôse an VII, 1799, p. 270-280, et « Notes sur la chaleur et la sécheresse extraordinaires de l'été de l'an VIII (1800) », *Journal de physique*, 1800, t. 51, messidor an VIII, p. 216.

38. Soulavie identifie, par exemple, pour les montagnes du Vivarais six climats – au sens de région – définis par leur espèce dominante : l'oranger, l'olivier, la vigne, le châtaignier, le sapin et les gazons alpins. Cf. Jean-Louis Giraud Soulavie, *Histoire naturelle de la France méridionale. Les végétaux*, 1783, Paris, Quillau, 1783, t. 2, p. 285. Marie-Noëlle Bourguet, « Landscape with Numbers Natural History, Travel and Instruments in the Late Eighteenth and Early Nineteenth Centuries », *in* M.-N. Bourguet, C. Licoppe et O. Sibum (ed.), *Instruments, Travel and Science. Itineraries of Precision for the Seventeenth to the Twentieth Century*, Londres, Routledge, 2002, p. 97-126.

39. Louis Cotte, *Traité de météorologie*, *op. cit*, 1774, p. 420-422, 451-457. G. Pueyo, « La météorologie à la Société royale d'agriculture au cours de la seconde moitié du XVIIIe siècle », *Comptes rendus des séances de l'Académie d'agriculture de France*, 1975, p. 217-226.

40. « Observation sur la chaleur des climats par M***, gentilhomme du Vivarais », *Observations sur la physique*, 1774, t. 3, p. 245-251.

41. Reynier, « Mémoire sur l'abaissement de la région boisée », *Mémoires d'agriculture, d'économie rurale et domestique,* 1790, p. 63.

42. Jean-Louis Giraud Soulavie, *Histoire naturelle de la France méridionale*, *op. cit.*, p. 241.

43. Samuel Pegge, « The Question Considered Whether England Formerly Produced Wine from Grapes », *Archaelogia*, 1775, t. 3, p. 53-95.

44. Marjorie Hope Nicholson, *Mountain Gloom and Mountain Glory : The Development of the Aesthetics of the Infinite*, Ithaca, Cornell University Press, 1959. Sur la « découverte » savante des montagnes au XVIIIe siècle : Numa Broc, *Les Montagnes au siècle des Lumières,* Paris, CTHS, 1969, 1991, et Peter H. Hansen, *The Summits of Modern Man. Mountaineering After the Enlightenment*, Cambridge Ms., Harvard University Press, 2013.

45. Marc-Théodore Bourrit, *Guide du voyageur aux glaciers de Chamouni*, Genève, Abraham, 1828, t. 1, p. 187, et *Nouvelle Description des glacière et glaciers de Savoye,* Genève, Paul Barde, 1785, t. 2, p. 196. Notons que l'avancée

glaciaire est déjà bien remarquée – et subie – par les communautés montagnardes dès le milieu du XVIIe siècle. Cf. Raoul Blanchard, « La crue glaciaire dans les Alpes de Savoie au XVIIe siècle », *Recueil des travaux de l'institut de géographie alpine*, t. 1, n° 4, 1913, p. 443-454 ; Emmanuel Le Roy Ladurie, *Histoire humaine et comparée du climat, op. cit.*, t. 1, « Canicules et glaciers, XIIIe-XVIIIe siècle », p. 409-529.

46. Buffon, *Les Époques de la nature*, 1778, Paris, Imprimerie royale, 1780, t. 1, p. 143-144.

47. Bernhard Friedrich Kuhn, « Versuch einer Beschreibung des Grindelwald Thales », *Magazin für die Naturkunde Helvetiens*, Zurich, 1787, p. 117-136. Voir aussi Gottlieb Sigmund Grüner, *Die Eisgebirge des Schweizerlandes*, Berne, Wagner, 1760 ; trad. fr., *Histoire naturelle des glacières de Suisse*, Paris, Panckoucke, 1770, p. 329-334.

48. César Bordier, *Voyage pittoresque aux glacières de Savoye fait en 1772*, Genève, La Caille, 1773, p. 225.

49. « Sur le froid de 1776 », *Histoire de l'Académie des sciences,* année 1776, Paris, Imprimerie royale, 1779, p. 13 ; Nicolas Desmarest, « Précis d'un mémoire sur le mouvement progressif des glaces dans les glacières et sur les phénomènes qui dépendent de ce mouvement successif », *Observations sur la physique*, t. 13, 1779, p. 383.

50. Groupe intergouvernemental d'experts sur l'évolution du climat.

51. http://pds.lib.harvard.edu/pds/view/7785862?n=34 (accédé le 21 février 2014).

Chapitre 5 : Un arsenal dans l'océan Indien

1. Stephen Hales, *Vegetable Statics*, Londres, Innys, 1727. Ce livre fondamental pour l'étude de la physiologie végétale et le phénomène de l'évapotranspiration est traduit par Buffon en 1735. Cf. Grove, *Green Imperialism*, p. 153-167. Duhamel Du Monceau, *La Physique des arbres où il est traité de l'anatomie des plantes et de l'économie végétale*, Paris, Guérin et Delatour, 1758. Duhamel du Monceau et Buffon recommandent de couper les bosquets situés près des cultures sensibles comme la vigne ou les arbres fruitiers. Cf. « Observations des différents effets que produisent sur les végétaux les grandes gelées d'hiver et les petites gelées de printemps », *Œuvres complètes de Buffon*, t. 2, Paris, Pillot, 1838, p. 365. Voir aussi Duhamel Du Monceau, *De l'exploitation des bois*, Paris, Guérin, 1764, t. 1, p. 99.

2. AN F20 154, Thomas Riboud de Bourg « Mémoire sur le département de l'Ain relativement à la culture et sur quelques espèces qui y deviennent rare », Paris, an VIII, (février 1800).

3. Robert Hinckmann, « La pratique des enclos, adoptée en Angleterre, estelle avantageuse aux défrichements ? », *Mémoires sur les questions proposées*

par l'Académie des sciences et belles lettres de Bruxelles, Bruxelles, Boubers, 1774, p. 82.

4. Boucher, « Description du climat de la ville de Lille en Flandres », *Journal de médecine, chirurgie, Pharmacie*, 1757, t. 7, p. 234. Même dans les climats chauds, l'effet refroidissant – et donc *a priori* bénéfique – des forêts paraît contrebalancé par l'obstacle qu'elles mettent à la circulation de l'air. Cf. *Lettres édifiantes et curieuses écrites des missions étrangères par quelques missionnaires de la compagnie de Jésus*, XVIIIe recueil, Paris, Guérin, 1758, p. 47 ; MacCartney, *Voyage dans l'intérieur de la Chine*, t. 1, Paris, Buisson, 1798, p. 207.

5. *Encyclopédie, ou dictionnaire universel raisonné des connaissances humaines*, Yverdon, t. 34, 1774, p. 173.

6. Michèle Duchet, *Anthropologie et Histoire au siècle des Lumières*, Paris, Flammarion, 1977, p. 13.

7. Richard Grove, *Green Imperialism, op. cit.*, et Grégory Quenet, « Protéger le jardin d'Éden », *in* Richard Grove, *Les Îles du Paradis. L'invention de l'écologie aux colonies. 1660-1854*, Paris, La Découverte, 2013, p. 77-120.

8. La plupart des archives concernant Pierre Poivre sont accessibles en ligne grâce au précieux travail de transcription de Jean-Paul Morel : www.pierre-poivre.fr.

9. *Discours prononcé par M. Poivre, Commissaire du roi,* Londres, 1767. Il faut noter la constance avec laquelle Poivre évoque le problème du changement climatique. Il en parle ainsi devant l'Académie royale des sciences de Lyon en 1763 et la question est aussi abordée dans les instructions officielles que lui délivre Louis XV et qu'il a sans doute rédigées lui-même. Cf. A.N. Col C/4/17 f° 3-22. « Si les bois ne repoussent pas, les pluies seront moins fréquentes, le sol trop découvert sera brûlé par le soleil. »

10. « Ordonnance de police n° 183. Règlement concernant la préservation des forêts. A l'Isle de France, le 15 novembre 1769 », Delaleu, *Code des Iles de France et de Bourbon*, Port-Louis, Tristan Mallac, 1826, p. 222-224.

11. 30 novembre 1767, Poivre au ministre Praslin, Brest, Service historique de la Défense, département Marine. Ms. 89, n° 57.

12. Archives nationales. A.N. Col C/4/18, f° 381.

13. « Récapitulation du compte rendu par le Sieur Poivre Intendant de la Marine, de son administration des Isles de France et de Bourbon », A.N. Col C/4/30 f° 231.

14. Poivre au ministre Praslin, 30 novembre 1767. A.N. Col C/4/18, f° 216.

15. *Ibid.*, 18 février 1769, A.N. Col C/4/25, f° 28.

16. La Bourdonnais, *Mémoires historiques de B.F. Mahé de La Bourdonnais*, Paris, Pélicier, 1827, p. 64.

17. Archives nationales A.N. Col C/4/18, f° 398 ; Col C/4/30, f° 242.

18. Poivre, *Discours prononcé par M. Poivre…, op. cit.*

19. Richard Grove, *Green Imperialism, op. cit.*, p. 193.

20. Abbé Prévost, *Les Voyages du capitaine Robert Lade*, Paris, Didot, 1744, t. 2, p. 93. Berta Pico, « Les récits des voyageurs français aux Canaries :

entre le mythe et la réalité. L'arbre saint de l'île de Fer », *Seuils et Traverses : Enjeux de l'écriture du voyage*, 1, 2002, p. 79-88.

21. Bibliothèque municipale de Lyon, Ms Coste 1094, « Mémoires d'un voyageur touchant les îles du détroit de la Sonde, Siam, la côte Coromandel, les Isles de France, quelques endroits de la côte d'Afrique ».

22. Louis-Bertrand Castel, *Esprit, saillies et singularités du P. Castel,* Amsterdam, Vincent, 1763, p. 183-222. Sur Castel, voir Jean-Olivier Richard, « The Art of Making Rain and Fair Weather. The Life and World System of Louis-Bertrand Castel (1688-1757) », PhD Diss. Johns-Hopkins University, 2015.

23. Castel, *Esprit..., op. cit.*, p. 184.

24. A.N. Col C/1/2, f° 161à 215, Journal d'un voyage à la Cochinchine.

25. Jean-Nicolas Céré, « Mémoire sur la culture du riz à l'Île de France », *Mémoires d'agriculture, d'économie rurale et domestique publiés par la Société royale d'agriculture de Paris,* 1786, trimestre d'été, p. 3-5.

26. Martyn Lyons, « Les best-sellers », Roger Chartier et Henri-Jean Martin (dir.), *Histoire de l'édition française,* Paris, 1990, p. 409-448.

27. Voir ses œuvres, *Voyage à l'isle de France* (1773), *Études de la nature* (1784), *Harmonies de la nature* (1815, posthume). Jean-Michel Racault, Chantal Meure et Angélique Gigan (dir.), *Bernardin de Saint-Pierre et l'océan Indien*, Paris, Classiques Garnier, 2011.

28. Lettre à Hénin, le 18 avril 1770, *Correspondance de J.H. Bernardin de Saint-Pierre*, Paris, Ladvocat, libraire, 1821. t. 1, p. 155.

29. Maurice Souriau, *Bernardin de Saint-Pierre d'après ses manuscrits*, Société française d'imprimerie et de librairie, Paris, 1905, p. 116.

30. Il obtiendra même après la Révolution le poste d'intendant du Muséum d'histoire naturelle.

31. Colas Duflo, « Le finalisme esthétisant des *Études de la nature* de Bernardin de Saint-Pierre », Catriona Seth, Eric Wauters (dir.), *Autour de Bernardin de Saint-Pierre : les écrits et les hommes des Lumières à l'Empire*, Rouen, Publication des universités de Rouen et du Havre, 2010, p. 157-164.

32. Malcolm Cook, *Bernardin de Saint-Pierre, A Life of Culture,* Oxford, Oxford University Press, p. 90 ; Maurice Souriau, *Bernardin de Saint-Pierre d'après ses manuscrits,* 1905, Genève, Slatkine, 1970, p. 228 ; Kurt Wiedemeier, *La Religion de Bernardin de Saint-Pierre,* Fribourg, Éd. universitaires de Fribourg, 1986, p. 185-211.

33. Bernardin de Saint-Pierre, *Études de la nature,* t. 2, Paris, Imprimerie de Monsieur, 1787, p. 324.

34. *Ibid.*, p. 318.

35. *Ibid.*, p. 323-324.

36. *Ibid.*, t. 1, 1784, p. 354.

37. Jérôme Buridant, « Le premier choc énergétique : la crise forestière dans le nord du bassin parisien début XVIIIe-début XIXe siècle », thèse HDR, Paris-IV, 2008 ; Reynald Abad, « L'Ancien Régime à la recherche d'une transition énergétique. La France du XVIIIe siècle face au bois », Yves Bouvier et

Léonard Laborie (dir.), *L'Europe en transitions. Énergie, mobilité, communications,* XVIIIe-XXIe *siècles,* Paris, Nouveau Monde Éditions, 2017.

38. *Mémoires de la société littéraire de Grenoble*, Grenoble, Allier, 1787, p. 100-102.

39. Nicolas de Condorcet, « Éloge de M. Morand », *Histoire de l'Académie royale des sciences, année 1784*, Imprimerie royale, Paris, 1787, p. 48-53.

40. André Thouin, « Mémoire sur les avantages de la culture des arbres étrangers pour l'emploi de plusieurs terrains de différentes natures abandonnés comme stériles », *Mémoires de la Société royale d'agriculture,* 1786, hiver, p. 44.

41. Jared Diamond, *Effondrement. Comment les sociétés décident de leur disparition ou de leur survie*, Paris, Gallimard, 2006, chap. 11. Christopher Churches, Peter Wampler, Wanxiao Sun, Andrew Smith, « Evaluation of Forest Cover Estimates for Haiti Using Supervised Classification of Landsat Data », *International Journal of Applied Earth Observation and Geoinformation,* t. 30, 2014, p. 203-216.

42. Denis-Bernard Quatremère-Disjonval, « Essai sur les caractères qui distinguent les cotons des diverses parties du monde », *Collection de mémoires chimiques et physiques*, Paris, Didot, t. 1, p. 296-300.

43. Louis-Marthe de Gouy d'Arsy, *Première Dénonciation solemnelle d'un ministre, faite à l'Assemblée nationale, en la personne du Comte de La Luzerne,* Paris, Demonville, 1790, p. 121-131.

Chapitre 6 : Le climat de la Révolution

1. Pierre-François Boncerf, *Mémoire sur les moyens de mettre en culture les terres incultes, arides et stériles de la Champagne,* Paris, Gorsas, 1790.

2. AN AD IV/19 Jacques-Michel Coupé, *De l'amélioration générale du sol français, dans ses parties négligées ou dégradées*, s.l. n.d., p. 1.

3. Reynald Abad, *La Conjuration contre les carpes*, Paris, Fayard, 2006, et Jean-Michel Derex, « Le dessèchement des étangs et des marais dans le débat politique et social français du milieu du XVIIIe siècle à la Révolution », Salvatore Ciriacono (dir.), *Eau et développement dans l'Europe moderne,* Paris, 2004, MSH, p. 231-247.

4. Jacques-Antoine Boudin, *Mémoire sur le dessèchement et la mise en culture des étangs, de la Sologne, de la Bresse, de la Brenne*, Paris, Convention nationale, 22 brumaire an II, 1793, p. 14.

5. *Ibid.* Et Marie-Émile-Guillaume Duchosal, *Discours sur la nécessité de dessécher les marais, de supprimer les étangs et de replanter les forêts, prononcé le 12 mai 1791 dans la Société patriotique de la section de la Bibliothèque*, 1791, p. 9.

6. Claude-Louis Berthollet *et al.*, *Rapport général sur les étangs*, Paris, Imprimerie de la Feuille du Cultivateur, 5 nivôse an III, p. 121.

7. Valmont de Bomare et Pierre-François Boncerf, *Moulins à bras et à manège*, Paris, Valade, 24 août 1790.

8. Emmanuel Le Roy Ladurie, *Histoire humaine et comparée du climat, op. cit.*, t. 2, p. 143-180.

9. En Provence en particulier, on se lamente des gelées et des grêles plus fréquentes depuis les années 1770. Cf. *Archives parlementaires de 1787 à 1860*, t. 3, p. 446, Sénéchaussée d'Aix.

10. L'orage du 13 juillet 1788 est ainsi méticuleusement étudié par l'Académie des sciences qui estime la perte pour l'agriculture à 25 millions de livres (5 % du budget de l'État). Cf. Leroi, Buache et Tessier, « Second mémoire sur l'orage de grêle du 13 juillet 1788 », *Histoire et Mémoires de l'Académie des sciences, op. cit.*, p. 263-285.

11. Les cahiers de doléances regorgent de récriminations contre les maîtres des eaux et forêts – et de demandes pour une gestion communale des bois. Peter McPhee, « "The Misguided Greed of Peasants" ? Popular Attitudes to the Environment in the Revolution of 1789 », *French Historical Studies*, 2001, t. 24, n° 2, p. 247-269 ; Kieko Matteson, *Forests in Revolutionary France, Conservation, Community and Conflict*, Cambridge, Cambridge University Press, 2015.

12. Rougier de La Bergerie, *Mémoire et Observations sur l'abus des défrichemens avec un projet d'organisation forestière*, Auxerre, Fournier, an IX, 1800, p. 7.

13. *Archives parlementaires de 1787 à 1860*, Paris, Librairie administrative, t. 2, p. 243 (bailliage de Bar-le-Duc).

14. AN AD19, Jacques-Michel Coupé, *De l'amélioration générale du sol français, op. cit.*

15. Rougier de La Bergerie, *Mémoire et observations sur l'abus des défrichemens..., op. cit.*, 1800. Un décret de 1766 exemptant d'impôt les terres nouvellement mises en culture est dans le viseur des forestiers révolutionnaires. Pas moins de 359 000 arpents de bois auraient disparu entre 1766 et 1774, lors de la grande vague de défrichement lancée par le marquis de Turbilly.

16. Mona Ozouf, « Régénération », *in* François Furet et Mona Ozouf (dir.), *Dictionnaire critique de la Révolution française*, Paris, Flammarion, 1988, p. 821-831, et Emma Spary, *Le Jardin de l'Utopie : l'histoire naturelle en France entre Ancien Régime et Révolution*, Paris, Muséum national d'histoire naturelle, 2005.

17. AN AD/IV/20 Bourlet, *Précis sur la nécessité d'organiser promptement l'administration forestière*, s.l. n.d., p. 3.

18. Jacques-Antoine Boudin, *Du dessèchement des marais et terreins submergés*, Comité de salut public, Imprimerie nationale, s.l. n.d., p. 27.

19. Claude-Louis Berthollet *et al.*, *Rapport général sur les étangs*, *op. cit.*, p. 120.

20. Pierre Laureau de Saint André, « Destruction générale de la mendicité dans toute la France », *Archives parlementaires*, *op. cit.*, 21 janvier 1792, t. 37, p. 566-570.

21. François-Antoine Rauch, *Plan nourricier ou Recherches sur les moyens à mettre en usage pour assurer à jamais le pain au peuple français*, Paris, Didot, 1792, p. 20.

22. *Ibid.*, p. 91.

23. Pierre-François Boncerf, *Précis de la défense du citoyen Boncerf au tribunal révolutionnaire*, 18 ventôse an II de la République, p. 2. Sa brochure de 1776 sur les *Inconvénients des droits féodaux* aurait inspiré les décrets de la nuit du 4 août.

24. *Id., Mémoire sur les moyens..., op. cit.,* 1790, p. 8.

25. Laureau de Saint André est aussi un historien. Son *Histoire de France avant Clovis* reprenait le cercle historico-climatique décrit dans le chapitre 3. Selon lui le mot « celte » signifiait d'ailleurs « climat froid » dans cette langue langue. Cf. Pierre Laureau de Saint André, *Histoire de France avant Clovis*, Paris, Nyon, t. 1, 1789, p. 7, 30-37.

26. *Id.,* « Destruction générale de la mendicité... », art. cit.

27. 260 000 bâtiments, 4,7 millions d'hectares, au bas mot 10 % du patrimoine national. Cf. Bernard Bodinier et Éric Teyssier, *L'Événement le plus important de la Révolution : la vente des biens nationaux en France et dans les territoires annexés : 1789-1867,* Paris, CTHS, 2000. Avec les forêts royales, le domaine forestier national compte même deux millions d'hectares. Cf. *Archives parlementaires, op. cit.*, t. 40, p. 721, et *L'Administration des eaux et forêts du* XII*e* *au* XX*e* *siècle*, CNRS, 1987.

28. AN AD IV 19 « Décret de l'Assemblée nationale du 6 août 1790 qui excepte les grandes masses de bois et forêts de l'aliénation des biens nationaux ». Notons que le Directoire fait passer la limite à 300 arpents (loi du 2 nivôse an IV).

29. *Archives parlementaires,* t. 39, p. 303. Vuillier profitera de la vente des biens nationaux pour se tailler un domaine près de Dôle. Cf. Claude-Isabelle Brelot, *Grands notables du Premier Empire*, Jura, Haute-Saône, Doubs, Paris, CNRS, 1979, p. 57.

30. L'assignat devait permettre de résoudre le paradoxe suivant : l'État français ne pouvait rembourser ses créditeurs alors même qu'il se trouvait assis sur une masse énorme de biens immobiliers. Alain Alcouffe, « Vandermonde, la monnaie et la politique monétaire de la Révolution », *Annales historiques de la Révolution française, op. cit.*, n° 273, 1988, p. 254-264 ; Michel Bruguière, « Assignat », *in* François Furet et Mona Ozouf (dir.), *Dictionnaire critique de la Révolution française. Institutions et créations*, Paris, Flammarion, 1992 ; Rebecca Spang, *Stuff and Money in The Time of the French Revolution*, Cambridge, Mass., Harvard University Press, 2015 ; Jean-Luc Chappey et Julien Vincent, « A Republican Ecology ? Citizenship, Nature and the French Revolution (1795-1799) », *Past and Present*, t. 243, n° 1, p. 109-140.

31. *Archives parlementaires,* t. 40, p. 748.

32. *Archives parlementaires,* t. 39, p. 292, « Rapport des comités réunis sur la question de la vente des forêts nationales ».

33. *Observations sur la question de l'aliénation des forêts nationales présentées à l'assemblée nationale par la Société royale d'agriculture le 3 février 1792*, Paris, La Feuille du cultivateur, 1792. La Société d'agriculture penchait au départ pour la privatisation. Cf. *Observations sur l'aménagement des forêts et particulièrement des forêts nationales, présentées à l'assemblée nationale par la société royale d'agriculture le 9 juin 1791*, Paris, La Feuille du cultivateur, 1791.

34. *Opinion de L.C. Chéron sur les dangers de l'aliénation des forêts nationales*, Paris, Imprimerie nationale, 1792.

35. Rougier se déclare néanmoins *en faveur* de l'aliénation, car les particuliers « emploieraient des milliers de bras » à l'entretien des forêts. Les forêts ne doivent pas être vendues à de grandes compagnies, mais être découpées en petites parcelles pour pouvoir être acquises par des citoyens peu fortunés qui seraient ainsi, grâce aux bois, liés à la nature de la France. Cf. A.P., t. 39, p. 310.

36. Rougier de La Bergerie, *Mémoire et observations sur l'abus des défrichemens..., op. cit.*, 1800, p. 30.

37. Cité et discuté *in* Denis Woronoff, « La "dévastation révolutionnaire" des forêts », *in* Denis Woronoff (dir.), *Révolution et espaces forestiers*, Paris, L'Harmattan, 1988, p. 44-52. Mesurer l'effet de la Révolution sur les forêts est impossible : il faudrait en effet connaître les défrichements dans les bois privés qui ne sont plus soumis à contrôle à partir de 1791. Toutes les évaluations de la surface boisée avant 1830 sont assez fantaisistes car elles sous-estiment considérablement les bois privés. Cf. B. Cinotti, « Évolution des surfaces boisées en France : proposition de reconstitution depuis le début du XIXe siècle », *Revue forestière française*, t. 48, n° 6, p. 547-562. Il faut plutôt replacer l'évolution du couvert forestier sous la révolution dans une dynamique de long terme allant du XVIe au milieu du XIXe siècle. Selon Buridant, la période 1780-1840 correspond à l'étiage des surfaces forestières, mais la superficie totale n'a pas fondamentalement diminué durant la période. Cf. Jérôme Buridant, « Le premier choc énergétique... », thèse citée.

38. Toute cette section doit beaucoup à Florence Gauthier, *La Voie paysanne dans la Révolution française. L'exemple de la Picardie,* Paris, Maspero, 1977, et Anatoli Ado, *Paysans en révolution. Terre, pouvoir et jacquerie 1789-1794,* Paris, Société des études robespierristes, 1996.

39. Kieko Matteson, *Forests in Revolutionary France, op. cit* ; François Vion-Delphin, « Forêts et cahiers de doléances : l'exemple de la Franche-Comté », *in* Denis Woronoff (dir.), *Révolution et espaces forestiers, op. cit.*, p. 11-22 ; Marcel Dorigny, « Usages forestiers communautaires et demandes protoindustrielles dans l'Autunois », in *ibid.*, p. 28-36.

40. Pas moins de 40 % en Picardie. Dans cette province, rares sont les communes qui possèdent encore des forêts. Cf. Florence Gauthier, *La Voie paysanne dans la Révolution française..., op. cit.*, p. 78-81.

41. Cf. Anatoli Ado, *Paysans en révolution..., op. cit.*, p. 211 *sq.*

42. AN AD IV 19 Loi du 4 novembre 1790, du 19 décembre 1790, du 27 décembre 1790, 22 avril 1791. Cf. *La Feuille villageoise*, t. 2, n° 46, 11 août 1791, p. 367.

43. Peter McPhee, *Revolution and Environment in Southern France, 1780-1830 : Peasants, Lords, and Murder in the Corbieres*, Oxford, Oxford University Press, 1999.

44. Cité par Anatoli Ado, *Paysans en révolution..., op. cit.*, p. 211.

45. AN F10 403.

46. On trouve beaucoup d'exemples d'interventions policières dans les forêts dans les archives de la police à l'époque révolutionnaire AN F7 3647 (Ain) à AN F7 3686 (Haut-Rhin).

47. Marie-Noëlle Grand-Mesnil, « La loi du 29 septembre 1791 », *in* Denis Woronoff (dir.), *Révolution et espaces forestiers, op. cit.*, p. 200-205.

48. Emmanuel Le Roy Ladurie, *Histoire humaine et comparée du climat, op. cit.*, t. 2, p. 194-234.

49. Rougier de La Bergerie, *Traité d'agriculture pratique, ou Annuaire des cultivateurs du département de la Creuse et pays circonvoisins, avec des vues générales sur l'économie rurale*, Paris, 1795, p. 378.

50. *Ibid.*, p. 97.

51. *Ibid.*

52. Jean Boulaine, « La carrière agronomique de l'abbé Grégoire », *Comptes rendus hebdomadaires des séances de l'Académie d'agriculture de France*, 1990, t. 76, n° 1, p. 83-89.

53. *Rapport et Projet de décret, sur les moyens d'améliorer l'agriculture en France par l'établissement d'une maison d'économie rurale dans chaque département*, Paris, Convention nationale, 1793, p. 4-5.

54. Mona Ozouf, « Du mai de liberté à l'arbre de la liberté : symbolisme révolutionnaire et tradition paysanne », *Ethnologie française*, t. 5, 1975, p. 9-32.

55. AN F10 276, Circulaire du 22 fructidor an V.

56. Par exemple : Philippe Bertrand, « Mémoire important sur l'économie politico-rurale des pays de montagnes », *Introduction à « La Feuille du cultivateur »*, Paris, *La Feuille du cultivateur*, 1793, p. 3-6 ; Céré, « Mémoire sur la culture du riz à l'Île de France par le C. Céré, communiqué par Larochefoucauld », *in ibid.*, p. 34. Rougier de La Bergerie, « De l'utilité de garnir d'arbres les sommets des montagnes », *La Feuille du cultivateur*, t. 5, p. 105-110. « Sur la nécessité de multiplier les arbres en France », *La Feuille villageoise*, vol 5, n° 50, p. 210.

57. Le prospectus invite les « curés patriotes » à rassembler chaque semaine les paysans pour leur en faire la lecture. Cf. *La Feuille villageoise*, t. 1, p. 8.

58. Rougier de La Bergerie, *Traité d'agriculture pratique*, Paris, 1795, p. VIII.

59. Le météorologue Louis Cotte montre qu'il s'agit probablement de l'été le plus sec du siècle qui s'achève. Cf. Louis Cotte, « Notes sur la chaleur et la

sécheresse extraordinaires de l'été de l'an VIII (1800) », *Journal de physique,* 1800, t. 51, messidor an VIII, p. 216.

60. Cadet de Vaux, « Observation sur la sécheresse actuelle, ses causes et les moyens de prévenir la progression de ce fléau », *Le Moniteur universel,* 1er fructidor an VIII, 19 août 1800.

61. Rougier de La Bergerie, *Mémoire et observations sur l'abus des défrichemens..., op. cit.* Discours qui sera repris immédiatement par la *Décade philosophique*, n° 18, an X, p. 513.

62. Rougier de La Bergerie, *Mémoire et observations sur l'abus des défrichemens..., op. cit,* p. 58.

63. *Ibid.,* p. 64.

64. AN AD/IV, *Discours de Delpierre, tribunat, séance du 9 floréal an XI,* p. 4.

65. Eusèbe de Salverte, *Conjectures sur la baisse apparente des eaux sur notre globe*, Paris, Demonville, 1799.

Chapitre 7 : Patriotismes climatiques

1. Conrad Malte-Brun, *Précis de géographie universelle,* Paris, Aimé André, 1826, t. 6, p. 42.

2. Juan Francisco de Masdeu, *Historia critica de España y de la cultura española*, Madrid, Antonio Sancha, t. 1, 1783, p. 1.

3. Benedict Anderson, *L'Imaginaire national. Réflexions sur l'origine et l'essor du nationalisme,* Paris, La Découverte, 1996.

4. Antonello Gerbi, *The Dispute of the New World. The History of a Polemic, 1750-1900*, Pittsburgh, Pittsburgh University Press, 2010 (éd. originale 1955).

5. Jacques Roger, « Buffon, Jefferson et l'homme américain », in *Bulletins et Mémoires de la Société d'anthropologie de Paris,* nouvelle série, t. 1, fascicule 3-4, 1989, p. 57-65.

6. Cornelius de Pauw, *Recherches philosophiques sur les Américains*, Berlin, George Jacques Decker, 2 vol., 1768 et 1769 ; William Robertson, *History of America*, Dublin, Whitestone, Watson, etc., 1777, 3 vol. Robertson est plus nuancé que Pauw : pour lui, le climat est plus un retardateur ou un accélérateur du progrès des sociétés qu'une détermination absolue. Jan Golinski, *British Weather and the Climate of Enlightenment, op. cit.*, p. 179-181.

7. Hugh Williamson, « An Attempt to Account for the Change of Climate, which has been Observed in the Middle Colonies in North-America », *Transactions of the American Philosophical Society*, 1, 1771, p. 272-280. Ce texte a un retentissement important. Il est reproduit dans *Observations sur la physique et l'histoire naturelle*, t. 1, 1773, p. 430-436, et dans le *Journal des Sçavans*, octobre 1773, p. 177-196.

8. Thomas Jefferson, *Notes on the State of Virginia*, Londres, John Stockdale, 1787. Jan Golinski, *British Weather and the Climate of Enlightenment,*

op. cit., p. 200 ; James R. Fleming, *Historical Perspectives on Climate Change*, New York/Oxford, Oxford University Press, 1998, p. 24-27 ; Jacques Roger, « Buffon, Jefferson et l'homme américain », art. cit.

9. Thomas Jefferson, *Notes on the State of Virginia, op. cit.*, p. 134. Jefferson restera un observateur assidu du temps, incitant ses correspondants à l'imiter pour documenter le changement climatique en cours en Amérique. Cf. lettre de Thomas Jefferson à Lewis E. Beck, du 16 juillet 1824, in *The Writings of Thomas Jefferson*, Washington D.C., The Thomas Jefferson Memorial Association, t. 16, 1903, p. 71-74.

10. Cité par Gillen d'Arcy Wood, *L'Année sans été, op. cit.*, p. 212.

11. Samuel Williams, *Natural and Civil History of Vermont,* [1794], Burlington, Mills, 1809, t. 1, p. 73. D'après son journal météorologique, Williams estime que la température a augmenté de 6 °C à Cambridge (Massachusetts) en 150 ans depuis l'arrivée des colons. Cf. Anya Zilberstein, *A Temperate Empire... op. cit.*, p. 164-168.

12. William Curry, *An Historical Account of the Climates and Diseases of the United States of America*, Philadelphie, T. Dobson, 1792, p. 79-93, 398-407.

13. Constantin-François Volney, *Tableau du sol et du climat des États-Unis*, Paris, 1803, t. 1, p. 290.

14. Hugh Williamson, *Observations on the Climate in Different Parts of America,* 1811, New York, T.&J. Swords, p. III et 2.

15. Gilbert White, *The Natural History of Selborne*, 1784, Philadelphie, Carey & Lea, 1832, p. 242.

16. John Campbell, *A Political Survey of Britain*, Londres, 1774, p. 60.

17. John Sinclair, *Code of Agriculture,* Hartford, Hudson, 1818, p. 4.

18. L'un des premiers à émettre cette hypothèse très populaire aux XVIIIe et XIXe siècles est Richard Bradley, professeur de botanique à Cambridge, membre de la Royal Society. Cf. Richard Bradley, *A General Treatise of Husbandry and Gardening*, Londres, Woodward, 1726, t. 2, p. 437.

19. Erasmus Darwin, *The Botanic Garden*, New York, Sword, 1798, p. 32.

20. William Hamilton, « Memoir on the Climate of Ireland », *Journal of Natural Philosophy, Chemistry, and the Arts*, décembre 1798, t. 2, p. 435.

21. Fredrik Albritton Jonsson, *Enlightenment's Frontier..., op. cit.*, p. 77-81.

22. Jan Golinski, *British Weather and the Climate of Enlightenment, op. cit.*, p. 52-66.

23. John Williams, *The Climate of Great Britain or Remarks on the Change it Has Undergone, Particularly in the Last Fifty Years,* Londres, Baldwin, 1806. Vladimir Jankovic mentionne son projet de déshumidification de l'Angleterre, cf. *Reading the Skies..., op. cit.*, p. 1.

24. Dans le premier chapitre de *L'Origine des espèces,* Charles Darwin le cite comme l'un des pionniers de la théorie de l'évolution et ses expériences sur l'hérédité anticipent celles de Mendel. Cf. Murray Mylechreest, « Thomas Andrew Knight (1759-1838) and the Application of Experimentation to Horticulture », *Annals of the History and Philosophy of Biology*, t. 15, 2010, p. 15-27.

25. James Main, *Horticultural Register*, t. 4, 1835, p. 203 ; Williams, « On the Method of Hastening the Maturation of Grapes. Letter from John Williams to Joseph Banks », *Transactions of the Horticultural Society*, t. 1, 1812, p. 107-112.

26. Bill Gwilliam, *Old Worcester, People and Places,* Broomsgrove, Halfshire Books, 1993, p. 189.

27. John Williams, *op. cit.*, p. 108-111.

28. *Ibid.*, p. 30.

29. *Ibid.*, chap. 12.

30. Ronald Meek, *The Economics of Physiocracy*, Cambridge Ms., Harvard University Press, 1963, p. 323-414.

31. Lettre de Thomas Knight à John Williams, 21 janvier 1818, *in* Thomas Andrew Knight, *A Selection From The Physiological and Horticultural Papers,* Londres, Longman, 1841, p. 37-38.

32. Conrad Malte-Brun, *Précis de géographie universelle, op. cit.*

Chapitre 8 : À l'ombre du volcan

1. Clive Oppenheimer, « Climatic, Environmental and Human Consequences of the Largest Known Historic Eruption : Tambora Volcano (Indonesia) 1815 », *Progress in Physical Geography*, 27(2), 2003, p. 230-259 ; Emmanuel Le Roy Ladurie, *Histoire humaine et comparée du climat, op. cit.,* t. 2, « Disettes et Révolution (1740-1860) », p. 277-308.

2. C.R. Harington (ed.), *The Year Without a Summer ? World Climate in 1816*, Ottawa, Canadian Museum of Nature, 1992. Les climatologues évaluent à 0,7 °C la baisse de température globale consécutive à cette explosion.

3. La soudure agricole est la période précédant les premières récoltes d'une année, et où le grain de la récolte précédente peut venir à manquer.

4. *Gazette de Lausanne,* 8 juillet 1817.

5. Pour l'histoire globale des effets de 1816, voir Gillen d'Arcy Wood, *L'Année sans été, op. cit.*, et Bernice de Jong Boers, « Mount Tambora Explosion in 1815 ; a Volcanic Eruption in Indonesia and its Aftermath », *Indonesia,* 1995, n° 60, p. 37-60.

6. J.T. Ross, « Narrative of the Effects of the Eruption from the Tombora Mountain in the Island of Sumbawa », *Batavian Transactions*, 8, 1816, p. 1-25.

7. Hubert Chambert-Loir, « Mythes et archives. L'historiographie indonésienne vue de Bima », *Bulletin de l'École française d'Extrême-Orient,* 2000, t. 87, n° 1, p. 215-245, p. 236.

8. Heinrich Zollinger, *Besteigung des Vulkanes Tambora auf der Insel Sumbawa und Schilderung der Erupzion desselben im Jahr 1815,* Winterthur, Wurster, 1855, p. 20.

9. Gillen d'Arcy Wood, *L'Année sans été, op. cit.*, p. 115-143, et Shuji Cao, Yushang Li, Bin Yang, « Mt Tambora, Climatic Changes, and China's Decline in the Nineteenth Century », *Journal of World History*, 2012, t. 23, n° 3, p. 587-607.

10. *The Asiatic Journal*, t. 4, 1831, p. 166. Sur le lien entre Tambora et choléra, voir encore Gillen d'Arcy Wood, *L'Année sans été, op. cit.*, p. 91-117.

11. James Jameson, *Report on the Epidemik Cholera Morbus*, Calcutta, Government Press, 1820, p. LXVIII. La recherche biomédicale contemporaine réexamine les causes climatiques des grandes épidémies du XIXe siècle en étudiant la transformation de l'écologie du vibrion du choléra et ses mutations génétiques. Cf. Rita Colwell, « Global Climate and Infectious Disease : The Cholera Paradigm », *Science,* t. 274, 1996, p. 2025-2031.

12. John D. Post, *The Last Great Subsistence Crisis in the Western World*, Baltimore, Londres, Johns-Hopkins University Press, 1977.

13. Cité par Robert Marjolin, « Troubles suscités par la disette de 1816-1817 », *Revue d'histoire moderne*, 1933, t. 8, n° 10, p. 438.

14. Nicolas Bourguignat, « Le maire nourricier : renouvellements et déclin d'une figure tutélaire dans la France du XIXe siècle », *Le Mouvement social,* n° 224, 2008, p. 89-104 ; Louis Gueneau, « La disette de 1816-1817 dans une région productive de blé, la Brie », *Revue d'histoire moderne*, t. 4, n° 19, 1929, p. 18-46.

15. En juillet 1816, le *Times* note ainsi brièvement que « si le temps pluvieux actuel devait continuer […] les conséquences ne pourraient être que ruineuses pour le peuple en général », *The Times*, 20 juillet 1816. D'autres journaux préfèrent incriminer le protectionnisme des pays continentaux comme ceux du marasme économique, cf. John D. Post, *The Last Great Subsistence Crisis, op. cit.*, p. 16-28. *Farmer's Magazine*, 1818, p. 168.

16. Joseph Banks à William Scoresby, 22 septembre 1817, *The Letters of Sir Joseph Banks : A Selection, 1768-1820*, ed. Neil Chambers, Imperial College Press, 2000, p. 329.

17. John Gascoigne, *Science in the Service of Empire : Joseph Banks, the British State and the Uses of Science in the Age of Revolution*, Cambridge, Cambridge University Press, 1998, p. 115-117.

18. Thomas Brande, « Some Remarks on the Deterioration of the Climate of Britain, with an Attempt to Point out its Cause », *The Journal of Science and the Arts*, t. 4, 1818, p. 281-287.

19. *Gentleman's Magazine,* 1818, t. 88, p. 134-136.

20. *Farmer's Magazine,* 1818, p. 72.

21. *Literary Panorama*, t. 8, p. 89.

22. *Carlisle Patriot, Bath Chronicle, Cambridge Chronicle Journal, Stamford Mercury, Northampton Mercury, Hull Packet, Pertshire Courier, Durham County Advertiser, Worcester Journal, Morning Advertiser, Leeds Intelligencer, Cheltenham Chronicle, Taunton Courier, Kentish Weekly Post.*

23. Voir, par exemple : « Refutation of the Alleged Deterioration of Climate », *Chester Chronicle*, 27 mars 1818 ; « Climate of Great Britain », *Cheltenham Chronicle*, 7 mai 1818 ; *The Scots Magazine*, 1er juillet 1818 ; *Pertshire Courier*, 20 août 1818, *Edinburgh Magazine*, 1818, t. 82, p. 71.

24. « Remarks on Climate », *Farmer's Magazine*, 1818, p. 324.

25. Siobhan Carroll, « Crusades against Frost : Frankenstein, Polar Ice, and Climate Change in 1818 », *European Romantic Review*, t. 24, n° 2, 2013, p. 211-230 ; Anya Zilberstein, « A Considerable Change of Climate. Glacial Retreat and British Policy in the Early-Nineteenth-Century Arctic », *in* Sara Miglietti et John Morgan, *Governing the Environment in the Early Modern World..., op. cit.*

26. John Leslie, « Polar Ice, and a North-West Passage », *Edinburgh Review*, t. 30, juillet 1818, p. 1-59.

27. John D. Post, *The Last Great Subsistence Crisis, op. cit.*, p. 114, Emmanuel Le Roy Ladurie, *Histoire humaine et comparée du climat, op. cit.*, t. 2, p. 303.

28. *Gazette de Lausanne*, 11 avril 1817, p. 2.

29. *Ibid.*, 24 septembre 1816.

30. Marc Henriod, « L'année de la misère en Suisse et plus particulièrement dans le canton de Vaud, 1816-1817 », *Revue historique vaudoise*, 1917, p. 139.

31. Moïse Matthey-Doret, *Mémoire sur les moyens de prévenir la disette en Suisse,* Vevey, Loertscher, 1820, p. 23.

32. *Gazette de Lausanne*, 2 février 1816, p. 3.

33. *Ibid.*, 31 juillet 1818.

34. *Ibid.*, 25 juin 1816.

35. *Ibid.*, 17 septembre 1816.

36. *Ibid.*, 28 août 1817.

37. *Ibid.*, 2 août 1816. La *Gazette de Lausanne* consacre plusieurs articles aux taches solaires, rappelant que ce phénomène a été observé par tous les astronomes depuis Galilée et paraît être sans effet sur le climat terrestre. Cf. *ibid.*, 5, 16 et 23 juillet 1816, 30 août 1816.

38. Archives de l'État de Berne, GA SNAW, 170, 7 octobre 1817.

39. Tobias Krüger, *Discovering the Ice Ages, op. cit.*, p. 98.

40. Georges-Chrétien Desloges, *La Décadence de la nature,* 1819, p. 16.

41. Archives de l'État de Berne, GA SNAW, 170, 25 juillet 1820.

42. Karl Kasthofer, « Mémoire sur les changements du climat des Alpes », *Nouvelles Annales des voyages*, t. 29, 1826, p. 369-390.

43. Archives de l'État de Berne, GA SANW, 170, 26 juillet 1820 ; Escher, Charpentier, Treschel, *Rapport sur l'état actuel de la vallée de Bagnes*, Zurich, 1821, p. 61.

44. Sur l'affaire du val de Bagnes, voir Gillen d'Arcy Wood, *L'Année sans été, op. cit.*, p. 175-195 ; Ignace Marietan, *La Vie et l'Œuvre d'Ignace Venetz*, 1788-1859, et Stefan Berchtold, *Ignaz Venetz im 1788-1859, Ingenieur und Naturforscher*, Brig, Rotten-Verlag, 1990.

45. Ignace Venetz, « Mémoire sur les variations de la température dans les Alpes de la Suisse. Par M. Venetz, ingénieur en chef du canton du Valais. Rédigé en 1821 », *Denkschriften der allgemeinen schweizerischen Gesellschaft für die gesamten Naturwissenschaften*, 1833, p. 1-38.

46. Par exemple, au glacier de Fiesch, l'écart de 2 100 mètres entre le glacier et la moraine semble à Venetz presque incroyable tant cela représenterait un « glacier démesuré ».

47. « Résumé des observations météorologiques de l'année 1816 », *Annales de chimie et de physique*, 1816, t. 3, p. 443.

48. *Journal des débats*, 21 octobre 1817 ; François-Antoine Rauch, *Régénération de la Nature végétale, ou recherches sur les moyens de récréer dans tous les climats les anciennes températures et l'ordre primitif des saisons par des plantations raisonnées*, Paris, Didot Aîné, 1818, t. 1, p. 264.

49. *Journal des débats*, 18 mai 1818.

50. « Du dérangement de la saison, et de la fin du monde », *L'Ami de la religion et du roi*, n° 207, 3 août 1816, p. 369.

51. Lafortelle, Brazier et Merle, *La Fin du monde, Les taches dans le soleil*, Paris, Huet-Masson, 1818, p. 16.

52. Nicolas Bourguignat, « Libre commerce du blé et représentations de l'espace français : Les crises frumentaires au début du XIXe siècle », *Annales. Histoire, Sciences sociales*, t. 56, n° 1, 2001, p. 125-152.

53. Pons de Villeneuve, *De l'agonie de la France*, Paris, Méquignon, 1835, p. 210.

54. Cité par Nicolas Bourguignat, « Libre commerce du blé et représentations de l'espace français… », *op. cit.*, p. 141.

55. Cité *in* Pierre-Paul Viard, « La disette de 1816-1817, particulièrement en Côte-d'Or », *Revue historique*, t. 159, n° 1, 1928, p. 106.

56. « Extrait d'un rapport fait au roi par M. Lainé », *Annales de l'agriculture française,* t. 1, 1818, p. 366.

57. Cf. Louis Guéneau, « La disette de 1816-1817… », art. cit., p. 27.

58. Un paysan briard résume ainsi l'année 1816 : « Hiver pluvieux. Printemps tardif et froid. Été pluvieux et tardif. On a commencé à couper le blé au 20 août. En raison des pluies continuelles on ne pouvait couper deux jours de suite », cité par Guéneau, art. cit., p. 22. Dans le Nivernais, un menuisier note que « de mai 1816 jusqu'au 22 septembre la pluie tomba sans relâche, les seigles et les blés ne mûrirent point, les grains germaient dans les javelles », cité par Guy Thuillier, « Les transformations agricoles en Nivernais de 1815 à 1840 », *Revue d'histoire économique et sociale*, t. 34, n° 4, 1956, p. 426-456.

59. Jean-Toussaint Merle, Garmouche et Frédéric de Courcy, *L'Heureuse Moisson ou le Spéculateur en défaut,* Paris, Barba, 1817.

60. « Extrait d'un rapport fait au roi par M. Lainé », art. cit., p. 367.

61. François Arago, « Sur la prétendue détérioration du climat de l'Europe », *Annales de chimie et de physique*, t. 9, 1818, p. 292-303.

62. Constantin-François Volney, « Au rédacteur du *Mercure*, 14 décembre 1817 », *Mercure de France*, janvier, t. 5, 1818, p. 111-117.

63. « Extrait d'une lettre du professeur Brandes sur des cartes météorologiques », *Bibliothèque universelle des sciences, belles-lettres et arts*, t. 4, 1817, p. 264 ; Heinrich W. Brandes, *Beiträgen zur Witterungskunde*, Leipzig, Barth, 1820. Brandes ne mettra pas en œuvre son projet pour l'été 1816. Mais, en 1820, il publie un livre où il étudie jour par jour le temps en Europe en 1783, grâce à des données tirées des recueils de Louis Cotte et de la Société météorologique du Palatinat. Mais il ne juge pas bon (ou est empêché) de publier les cartes qui ont (semble-t-il) guidé son raisonnement. C'est finalement dans une thèse en latin publiée en 1826 qu'il donne la toute première représentation spatiale d'un champ de pression, à une date et heure données.

Chapitre 9 : Faut-il vendre les forêts nationales ?

1. Alya Aglan, « L'invention de la Foi publique (1816-1838) », *in* Alya Aglan, Michel Margairaz et Philippe Verheyde (dir.), *1816 ou la genèse de la Foi publique. La fondation de la Caisse des dépôts et consignations*, Genève, Droz, 2006, p. 80.

2. *Archives parlementaires*, *op. cit.*, t. 12, séance du 22 juillet 1814, p. 184 ; 1er sept 1814, p. 550.

3. Michel Bruguière, *La Première Restauration et son budget*, Genève, Droz, 1969, p. 110 *sq*.

4. *Archives parlementaires,* t. 12, 31 août 1814, p. 528.

5. *Ibid.*, 29 août 1814, p. 457.

6. Jacques-Joseph Baudrillart, *Traité général des eaux et forêts, chasses et pêches*, seconde partie, t. 1, Paris, Huzard, 1823, p. 784.

7. Par exemple, Joseph Fiévée un journaliste ultraroyaliste fameux, qui officie au *Conservateur.* Préfet de la Nièvre de 1813 à 1815, il justifie ainsi son refus : « dans l'espoir très incertain d'attirer au gouvernement du Roi la partie spoliatrice et révolutionnaire de la nation, on en éloigne tous ceux qui étaient restés attachés à ce gouvernement à travers tous les périls et tous les sacrifices ». Cf. Antoine Calmon, *Histoire parlementaire des finances de la Restauration*, Paris, Michel Lévy, 1868, t. 1, p. 102.

8. Eugene White, « Making the French Pay : the Costs and Consequences of the Napoleonic Reparations », *European Review of Economic History*, 2001, t. 3, p. 337-365 ; André Nicolle, *Comment la France a payé après Waterloo ?*, Paris, Boccard, 1929.

9. Lettre de Nicholas Vansittart à Castlereagh, 19 septembre 1815, in *Correspondance, Despatches, and Other Papers of Viscount Castlereagh*, Londres, John Murray, 1853, t. 3, p. 21.

10. « Memorendum from lord Castlereagh on the Means of Increasing French Revenue », *Supplementary Despatches and Memoranda of Field Marshal Arthur, Duke of Wellington*, t. 11, Londres, John Murray, 1864, p. 192.
11. *Archives parlementaires*, t. 18, 24 janvier 1817.
12. Loi sur les Finances du 28 avril 1816, article 115.
13. Villèle l'explique dans sa correspondance : « Le gouvernement anglais a lui-même secondé l'emprunt : il est presque terminé, mais à des conditions très onéreuses pour nous : on exige que tous les bois soient donnés à la caisse d'amortissement [...]. C'est ce qui fait monter les fonds publics depuis deux ou trois jours. » Lettre de M. de Villèle à Mme de Villèle, 10 janvier 1817, *Mémoires et correspondances du comte de Villèle,* Paris, Perrin, 1888, p. 164.
14. *Ibid.,* p. 209.
15. *Archives parlementaires*, t. 18, 7 février 1817, p. 628.
16. *Ibid.,* t. 18, 14 janvier 1817, p. 157.
17. *Ibid.,* t. 16, 14 mars 1816, p. 546.
18. *Ibid.,* t. 18, 5 février 1817, p. 545.
19. *Ibid.,* t. 19, 22 février 1817, p. 83.
20. *L'Ami de la religion et du roi,* 4 mars 1817, t. 11, p. 120.
21. *Archives parlementaires*, t. 19, 4 mars 1817, p. 285.
22. *Ibid.,* 22 mars 1817, p. 559.
23. *Ibid.,* 21 mars 1817, p. 498.
24. *Ibid.,* 21 mars 1817, p. 503.
25. *Ibid.,* 4 mars 1817, p. 264.
26. *Ibid.,* 22 mars 1817, p. 520.
27. *Ibid.,* 5 mars 1817, p. 301.
28. *Ibid.,* 4 mars 1817, p. 271.
29. *Ibid.,* t. 12, 2 septembre 1814, p. 581.
30. *Ibid.,* 20 septembre 1814, p. 669.
31. Antoine Calmon, *Histoire parlementaire des finances de la Restauration, op. cit.*, p. 164.
32. Jules Clavé, « L'aliénation des forêts de l'État », *Revue des Deux Mondes*, t. 62, 1866, p. 197-214. D'autant qu'aux aliénations il faut ajouter la surface forestière, d'ailleurs difficile à évaluer précisément, rétrocédée aux nobles rentrés d'exil en 1814.
33. A. Legoyt, *La France et l'Étranger : études de statistique comparée*, t. 1, p. 246.

Chapitre 10 : Les croisades de François-Antoine Rauch

1. Raphaël Larrère, préface à *L'Harmonie hydrovégétale et météorologique ou l'Utopie forestière* (extraits du texte de Rauch), Rungis, INRA, 1985 ; « L'harmonie hydrovégétale et météorologique : l'utopie forestière de Rauch », *Milieux*, 21, 1985, p. 40-45 ; Jean-Baptiste Fressoz, Fabien Locher, « Régénérer

la nature, restaurer les climats : François-Antoine Rauch et les *"Annales européennes de physique végétale et d'économie publique"*, 1815-1830 », *Le Temps des médias*, 25, 2015, p. 52-69 ; Caroline Ford, *Natural Interests*, *op. cit.*, p. 16-42 ; Guillaume Decoq, Bernard Kalaora, Chloé Vlassopoulos, *La Forêt salvatrice : Reboisement, société et catastrophe au prisme de l'histoire*, Seyssel, Champ Vallon, 2016, chap. 3.

2. Il est entré comme auditeur libre à l'École des Ponts en 1783, à vingt et un ans. Après des postes dans les États de Liège et dans le Roussillon, il réintègre cette même école, cette fois comme élève en titre, à l'automne 1792. Dossier « Rauch (François-Antoine) », AN F14/2308/2.

3. François-Antoine Rauch, *Plan nourricier ou Recherches sur les moyens à mettre en usage pour assurer à jamais le pain au peuple français*, *op. cit.*

4. *Rauch, ingénieur des Ponts et chaussées, ayant l'arrondissement des districts de Dieuze, Sarrebourg et Salin-libre... aux agriculteurs, manufacturiers, commerçans et hommes éclairés de la contrée*, Dieuze, s. éd., an III, p. 10-11.

5. Lettre de Rauch au Directoire exécutif, du 30 germinal an VI. Dossier « Rauch » (AN F14/2308/2).

6. En 1799, les Ponts l'affectent à un nouveau poste, mais il refuse de quitter la Meurthe et est placé en disponibilité. En 1802, il accepte de redevenir ingénieur dans le Bas-Rhin, mais il quitte définitivement les Ponts en 1810, à moins de cinquante ans, après avoir refusé une nouvelle affectation. En parallèle, il a une activité agricole en s'essayant à la culture du tabac, à la production de sucre de betterave dans sa propriété de Vergaville (Meurthe). Rapport de l'ingénieur en chef de la Meurthe du 9 frimaire an VII. Dossier « Rauch » (AN F14/2308/2).

7. François-Antoine Rauch, *Plan nourricier...*, *op. cit.*, p. 112-116.

8. *Id.*, *Harmonie hydrovégétale et météorologique, ou Recherches sur les moyens de recréer avec nos forêts la force des températures et la régularité des saisons*, Paris, Levrault, an X, 2 vol. Il présente une esquisse de ses idées dès 1800 à son ministre de tutelle, Chaptal. Lettre de Rauch à Chaptal (ministre de l'Intérieur) du 24 frimaire an IX, Dossier « Rauch » (AN F14/2308/2).

9. François-Antoine Rauch, *Régénération de la Nature végétale...*, *op. cit.*, t. 1, p. vii.

10. *Ibid.*, p. 8.

11. *Ibid.*, p. 10.

12. *Ibid.*, p. 60-69.

13. *Id.*, *Harmonie hydrovégétale et météorologique...*, *op. cit.*, t. 1, p. 13.

14. *Id.*, *Régénération de la Nature végétale...*, *op. cit.*, t. 1, p. 30, et Lettre de Rauch au ministre de l'Intérieur du 22 mai 1817, dossier « Rauch » (AN F14/2308/2).

15. *Id.*, *Régénération de la Nature végétale...*, *op. cit.*, t. 1, p. 8.

16. *Annales européennes,* t. 3, p. 251.

17. François-Antoine Rauch, *Régénération de la Nature végétale...*, *op. cit.*, t. 1, p. 24.

18. *Ibid.*, t. 2, p. 187.

19. *Id., Harmonie hydrovégétale et météorologique..., op. cit.*, t. 1, p. II.

20. *Annales européennes,* t. 3, p. 10.

21. Mémoire de J.B. Serre, sous-préfet d'Embrun, du 31 décembre 1822. Dossier « Basses-Alpes », fonds Académie des sciences de l'enquête du 25 avril 1821. Voir chap. 11.

22. Voir, par exemple, François-Antoine Rauch, *Harmonie hydrovégétale et météorologique..., op. cit.*, t. 1, p. 76-80, 104-110 ; *id., Régénération de la Nature végétale..., op. cit.*, t. 1, p. 281 ; *Annales européennes,* t. 1, p. 363 ; *ibid.,* t. 5, p. 414, 443 ; t. 8, p. 335 ; t. 9, p. 207.

23. Voir, par exemple, François Dominique de Reynaud de Montlosier, chap. 11 de cet ouvrage.

24. François Petit-Perrin, « La météorologie de Lamarck », mémoire de maîtrise, Université Paris-I Panthéon-Sorbonne, 2005.

25. Cf., par exemple, *Journal des débats* du 21 octobre 1817 ; François-Antoine Rauch, *Régénération de la Nature végétale..., op. cit.*, t. 1, p. 264.

26. *Annales européennes,* t. 1, p. 340.

27. *Dictionnaire des sciences naturelles*, Strasbourg/Paris, Levrault, 1824, t. 30. Cf. le prospectus pour les *Annales européennes* publié en fin d'ouvrage, p. 16.

28. François-Antoine Rauch, *Harmonie hydrovégétale et météorologique..., op. cit.*, t. 1, p. 62-63.

29. *Id., Régénération de la Nature végétale,... op. cit.*, t. 1., p. 108.

30. *Id., Harmonie hydrovégétale et météorologique..., op. cit.*, t. 1, p. 56.

31. *Annales européennes,* t. 3, p. 308.

32. Charles de Clarac, archéologue célèbre, avait visité en 1816 la forêt amazonienne. Pedro Corrêa do Lago et Louis Franck, *Le Comte de Clarac et la forêt vierge du Brésil*, Paris, Louvre-Chandeigne, 2003.

33. *Annales européennes,* t. 5, p. 140.

34. François-Antoine Rauch, *Régénération de la Nature végétale..., op. cit.*, t. 1, p. 94.

35. *Annales européennes,* t. 1, p. 116.

36. *Ibid.,* p. 106.

37. *Ibid.,* p. 110.

38. François-Antoine Rauch, *Harmonie hydrovégétale et météorologique..., op. cit.*, t. 1, p. 45, et *Annales européennes,* t. 1, p. 105.

39. François-Antoine Rauch, *Harmonie hydrovégétale et météorologique..., op. cit.*, t. 1, p. 47.

40. *Le Moniteur universel* du 8 juin 1822.

41. Voir le prospectus pour les *Annales* dans le dossier d'ingénieur de Rauch (AN F14/2308/2).

42. *Journal de Paris* du 10 mars 1822.

43. Par exemple, un érudit des Vosges, membre de la commission départementale des antiquités, lui apporte des preuves de l'existence de vignes au

cœur des Vosges autour de l'an mil. Le climat se serait dégradé subitement au milieu du XVIIe siècle du fait des déboisements liés aux besoins militaires. *Annales européennes,* t. 4, p. 1-17.

44. Ses théories sont reprises par des sociétés locales et relayées par *L'Ami du bien*, un journal philanthropique marseillais. *Annales européennes,* t. 10, p. 64, et t. 11, p. 136.

45. *Ibid.,* t. 5, p. 257.

46. *Bulletin d'industrie agricole et manufacturière*, 1825, t. 3, p. 120.

47. Il publie le long discours de Louis de Bonald tonnant contre l'aliénation des forêts nationales en 1817. *Annales européennes,* t. 4, p. 23.

48. *Ibid.,* t. 10, p. VII.

49. En 1819, le géographe Malte-Brun, dans les colonnes du *Journal des débats*, publie une longue recension de la *Régénération* félicitant l'auteur de ses succès auprès du ministre de l'Intérieur, mais rappelant que le ministère des Finances continue de brader les forêts. *Journal des débats*, 26 juillet 1819, p. 3-4. La même année, l'organe ultra, *L'Ami de la religion et du roi*, critique Rauch tout en saisissant les avantages politiques que l'on pourrait tirer de sa croisade climatique. *L'Ami de la religion et du roi,* t. 20, 1819, p. 160.

50. Lettre du comte de Chabrol au préfet du Nord du 9 mars 1818. AD du Nord, M500/15 ; *Annales européennes,* t. 5, p. 52.

51. *Société de fructification générale de la terre et des eaux de la France, ayant pour but : la régénération généralement désirée et qui peut s'effectuer dans l'espace de dix ans de toute la nature végétale*, Paris, Trouvé, 1824.

52. Lettre du ministre de l'Intérieur à Rauch, du 13 juillet 1825, AN F12/6809.

53. Il s'est associé à Michel Duverdier de Vauprivas, un ancien militaire chargé de fonctions protocolaires à la Cour. Acte du 26 mai 1826, devant le notaire Benjamin-Victor Vernois (AN ET/III/1431), et acte du 28 août 1826 (AN ET/III/1432).

54. « Société anonyme de fructification générale », *Bulletin des sciences agricoles et économiques,* juillet 1825.

55. Acte des 14-15-16 et 18 septembre 1827 (AN ET/III/1446).

56. Acte du 21 septembre 1827 (AN ET/III/1441). Il est parvenu cette fois à s'associer deux partenaires de poids : d'abord Aimé Jourdan, qui avait été premier commis des Finances au début de la Restauration (un poste important) ; ensuite le baron Plein, ingénieur des Ponts et ancien officier général du génie. Des associés, donc, dont les statures personnelles sont *a priori* à même de rassurer les investisseurs.

57. Acte du 15-16 janvier 1828 (AN ET/III/1441).

58. *Annales européennes,* t. 6, p. 261.

59. *Ibid.,* t. 5, p. 33.

60. Par exemple, *Annales européennes,* t. 2, p. 47, et t. 7, p. 257.

61. *Ibid.,* t. 10, p. 189.

62. *Ibid.,* t. 8, p. 188.

63. *Ibid.*, t. 9, p. 274.

64. AN F14/11167 et Jean-Paul Haghe, *Les Eaux courantes et l'État en France (1789-1919)*, thèse de géographie de l'EHESS, 1998, p. 83-86.

65. *Compagnie générale de dessèchement. Assemblée des actionnaires du 27 avril 1833*, Paris, Félix Locquin, 1833.

66. Jean-Paul Haghe, *Les Eaux courantes...*, *op. cit.*, p. 83-86.

67. Du moins jusqu'à la déconfiture de ses activités bancaires au début des années 1830.

68. Inventaire après décès de François-Antoine Rauch, acte du 12 avril 1837 (AN ET/III/1498).

Chapitre 11 : La circulaire n° 18

1. Le fonds de Météo France avait attiré l'attention de Vincent Bainville, Philippe Ladoy, « Préoccupations environnementales au début du XIXe siècle. La circulaire n° 18 du 25 avril 1821 », *La Météorologie*, avril 1995, p. 88-94.

2. « Circulaire du 25 avril 1821. Intérieur. Sciences et Beaux-Arts, n° 18 », fonds Météo France.

3. Anselme Payen, « Éloge historique de M. de Mirbel », Paris, Vve Bouchard-Huzard, 1858 ; Élie Margollé, *Vie et travaux de M. de Mirbel*, extrait de la *Revue germanique et française*, Saint-Germain, L. Toinon et Cie, 1863.

4. Charles-François Brisseau de Mirbel, *Éléments de physiologie végétale et de botanique*, Paris, Magimel, 1815, t. 1, p. 447-453.

5. « Climat », *Nouveau Cours complet d'agriculture*, Paris, Déterville, t. 4, 1809, p. 113-119. Bosc est aussi un adepte de la thèse buffonienne du refroidissement, au point de déconseiller le reboisement des montagnes, de toute façon vouées à être figées dans les glaces.

6. *Journal des débats* des 6, 9, 11, 12, 13, 17, 18, 19, 20, 21 et 31 décembre 1820.

7. *Ibid.*, 2 février 1820.

8. *Journal de Marseille* du 5 février 1820.

9. Jean Nicod, « Grandeur et décadence de l'oléiculture provençale », *Revue de géographie alpine*, 44(2), 1956, p. 247-295.

10. *Rapport sur les travaux du Conseil d'agriculture, pendant l'année 1820*, Paris, Imprimerie royale, 1821, p. 19. Archives nationales, F10/275.

11. *Collection de mémoires ou de lettres relatives aux effets, sur les oliviers, de la gelée du 11 au 12 janvier 1820*, Paris, Mme Huzard, 1822, p. 17-19, 139-140.

12. Le 22 février 1817, le député du Var Jacques Aurran-Pierrefeu en fait ainsi état à la Chambre, pour s'opposer à une nouvelle taxe sur la production d'huile.

13. Adrien de Gasparin, « Mémoire sur la culture de l'olivier dans le midi de la France », *Bibliothèque universelle de Genève*, t. 7, mars 1822, p. 49-74 (p. 71).

14. *Procès-verbaux de l'Académie des sciences de Paris*, t. 8, 1824-1827, p. 26.

15. Voir notamment Jean-Paul Métaillé, « Lutter contre l'érosion : le reboisement des montagnes », *in* Andrée Corvol (dir.), *Les Sources de l'histoire de l'environnement. Le XIXe siècle*, Paris, L'Harmattan, 1999, p. 97-106.

16. À propos des Pyrénées, voir, par exemple, Louis Ramond de Carbonnières, *Lettres de M. William Coxe à M.W. Melmoth sur l'état politique, civil et naturel de la Suisse*, Paris, Belin, 1781, p. 192, 276 (trad. et ajouts par Ramond) ; Serge Briffaud, « Le rôle des catastrophes naturelles. Cas des Pyrénées centrales », *in* Andrée Corvol (dir.), *La Nature en Révolution. 1750-1800*, Paris, L'Harmattan, 1993, p. 134-144.

17. Charles-François Brisseau de Mirbel, « Des forêts », *Journal des maires* du 15 août 1820. Pierre-Henri Dugied, *Projet de boisement des Basses-Alpes*, Paris, Imprimerie royale, 1819. Dugied l'a d'abord rédigé comme un mémoire manuscrit destiné au Conseil d'agriculture. *Rapport sur les travaux du Conseil d'agriculture, pendant l'année 1819*, Paris, Imprimerie royale, 1820, p. 15-17. Archives nationales, F10/275.

18. Pierre-Henri Dugied, *Projet de boisement des Basses-Alpes*, *op. cit.*, p. 7.

19. *Procès-verbaux de l'Académie des sciences de Paris*, t. 7, 1820-1823, p. 205. Sur les enquêtes de la Restauration (mais sur le versant politique), cf. Pierre Karila-Cohen, *L'État des esprits. L'invention de l'enquête politique en France, 1814-1848*, Rennes, Presses universitaires de Rennes, coll. « Carnot », 2008.

20. Louis Cotte (cf. chap. 4) était le maître d'œuvre du réseau de la Société de médecine, sous l'égide du médecin Félix Vicq d'Azyr. Sur ces réseaux d'observation, voir notamment Jean-Paul Desaive *et al.*, *Médecins, climat et épidémies à la fin du XVIIIe siècle*, *op. cit.*, 1972, et Fabien Locher, « Le nombre et le temps. La météorologie en France (1830-1880) », thèse de doctorat de l'EHESS, 2004, chap. 1.

21. Sur la SDF, voir le livre de Marie-Noëlle Bourguet, *Déchiffrer la France. La statistique départementale à l'époque napoléonienne*, Paris, Éd. des Archives contemporaines, 1989. Voir aussi Alain Desrosières, *La Politique des grands nombres. Histoire de la raison statistique*, Paris, La Découverte, 2000 (1re éd. 1993) ; Jean-Claude Perrot, *L'Âge d'or de la statistique régionale française*, Paris, Société des études robespierristes, 1977. Une des questions annexes de la SDF portait déjà sur de possibles changements climatiques. Circulaire de Chaptal aux préfets du 19 germinal an IX : « On pourrait chercher si la température de l'air est changée, et pourquoi ; si les défrichemens y ont influé. » Document reproduit *in* Marie-Noëlle Bourguet, *Déchiffrer la France*, *op. cit.*, p. 419.

22. Voir les listes partielles conservées dans le fonds Académie et Météo France et les *Procès-verbaux de l'Académie des sciences de Paris*, t. 8, 1824-1827, p. 27.

23. *Annales européennes*, t. 3, 1821, p. 127.

24. *Ibid.*, p. 15-19 et par ex. p. 392-403 (Var). Voir aussi le *Mémorial de l'industrie française, des sciences et des arts*, t. 5, avril 1821, p. 201-204.

25. François-Antoine Rauch, « Demandes à faire à monsieur Grille », s.d. et billet à M. Blanchard, 27 septembre 1822, fonds Météo France.

26. *Cours d'agriculture pratique*, t. 7, Paris, Audot, 1822, p. 49-51.

27. Lettre du préfet de la Haute-Marne au ministre de l'Intérieur du 12 novembre 1821. Dossier « Haute-Marne », fonds Météo France.

28. Lettre du préfet des Ardennes au ministre de l'Intérieur, s.d. Dossier « Ardennes », fonds Météo France.

29. Vincent Bainville, Philippe Ladoy, « Préoccupations environnementales au début du XIXe siècle », art. cit., p. 91.

30. *Annales européennes*, t. 3, 1821, p. 385. Il a changé d'avis depuis sa première réponse au ministère (dossier « Ardèche », fonds Météo France).

31. C'est bien là deux questions distinctes, une grandeur évoluant dans le temps pouvant parfaitement devenir plus variable autour de sa valeur moyenne sans que celle-ci ne change, et vice versa.

32. Lettre du préfet de l'Hérault au ministre de l'Intérieur du 9 mai 1822. Dossier « Hérault », fonds Météo France.

33. Lettre de Mareschal, maire de Meyreuil. Dossier « Bouches-du-Rhône », fonds Météo France.

34. *Annales européennes*, t. 6, 1824, p. 386-396.

35. *Ibid.*, p. 389.

36. Dossiers « Ariège », « Charente-Inférieure », « Deux-Sèvres », fonds Académie des sciences. Au total, seul revient un constat, étrangement répandu sans que l'on puisse vraiment l'expliquer : une diminution des chutes de neige depuis la Révolution (Gers, Basses-Alpes, Mayenne, Haute-Marne, Meurthe, Maine-et-Loire, Hautes-Pyrénées, Aveyron, Vendée...).

37. Dossiers « Var », « Vendée », « Seine-et-Oise », fonds Météo France.

38. Louis-Augustin d'Hombres-Firmas, « Essai sur le déboisement des montagnes en France... », s.d., dossier « Gard », fonds Météo France.

39. Voir aussi la réponse de Parison, professeur de physique au collège d'Épinal et chargé de l'expertise pour les Vosges. Il parle comme Rauch des arbres comme de siphons, et de la sinistre perspective d'une France transformée à l'image des grands déserts d'Afrique et d'Asie. Dossier « Haute-Garonne », fonds Météo France et « Vosges », fonds Académie.

40. Lettre du préfet du Jura au ministre de l'Intérieur du 9 mai 1822. Dossier « Jura », fonds Météo France.

41. Lettre du préfet de l'Aube au ministre de l'Intérieur du 3 avril 1822. Dossier « Aube », fonds Météo France.

42. Dans certains cas, on exhume des données anciennes : cf., par exemple, le dossier « Ariège », fonds Académie des sciences.

43. Copie d'une lettre de la société au préfet de la Charente-Inférieure, s.d., dossier « Charente-Inférieure », fonds Météo France.

44. Mémoire de Girou de Buzareingues, transmis par le secrétaire général de l'Aveyron au baron Cuvier, le 27 octobre 1821. Dossier « Aveyron », fonds Académie des sciences.

45. Parmi les rares données discutées, d'ailleurs, des mesures de température réalisées à l'observatoire de Paris dans les années 1800 et 1810. A.J.B.L. Doulcet, *Mémoire sur la destruction des forêts, sur les effets qui en résultent, et sur les moyens de retarder et de réparer leurs pertes*, Auxerre, Imprimerie Le Coq, 1821, p. 13-14.

46. Fabien Locher, *Le Savant et la Tempête, op. cit.*, p. 13-27, 63-79.

47. Sur ces forestiers, dont certains rentrent d'exil, voir Andrée Corvol, *L'Homme aux bois. Histoire des relations de l'homme et de la forêt (XVIIe-XXe siècle)*, Paris, Fayard, 1987, p. 245.

48. Jean-Pierre Peter, « Une enquête de la Société royale de médecine sur les épidémies, 1774-1794 », *Annales ESC*, 22(4), 1967, p. 711-751 ; Jean-Paul Desaive *et al.*, *Médecins, Climat et épidémies à la fin du XVIIIe siècle*, *op. cit.*

49. Fabien Locher, « Le rentier et le baromètre : météorologie savante et météorologie profane au XIXe siècle », *Ethnologie française*, 39, 2009, p. 645-655.

50. Jean-Paul Desaive *et al.*, *Médecins, climat et épidémies à la fin du XVIIIe siècle*, *op. cit.*, p. 9.

51. « Note sur les causes qui ont pu amener des refroidissements sensibles… », s.d., dossier « Corse », fonds Météo France.

52. « Réponses aux questions proposées par son excellence le ministre de l'Intérieur… », 14 mars 1823. Dossier « Var », fonds Météo France.

53. Lettre du conseiller de préfecture du Gers au ministre de l'Intérieur du 18 novembre 1821. Dossier « Gers », fonds Académie des sciences.

54. Lettre du sous-préfet de Tournon à Rauch, publiée dans les *Annales européennes*, t. 3, 1821, p. 383-392 (p. 391).

55. *Annales européennes*, t. 9, 1825, p. 395-396.

56. Lettre du préfet d'Eure-et-Loir au ministre de l'Intérieur du 25 mai 1822. Dossier « Eure-et-Loir », fonds Académie des sciences. On retrouve cette mention à une ancienne prospérité du châtaignier, visible dans les poutres anciennes, dans les réponses venues du Lot et du Loiret. Cet arbre, comme ailleurs l'olivier, la vigne et l'oranger, est pour les acteurs un marqueur privilégié du climat.

57. Dossier « Yonne », fonds Académie des sciences.

58. Mémoire du baron de Malaret, du 28 mai 1822. Dossier « Haute-Garonne », fonds Académie des sciences.

59. « Rapport – Ardèche » du 10 décembre 1821 (sous-section « arrondissement de Privas »). Dossier « Ardèche », fonds Académie des sciences.

60. « Variations atmosphériques. Département des Landes », mémoire du 19 novembre 1821. Dossier « Landes », fonds Météo France.

61. Lettre de Guérin d'Ogonière au préfet du Loir-et-Cher du 19 mai 1822. Dossier « Loir-et-Cher », fonds Météo France.

62. Lettre du préfet du Pas-de-Calais au ministre de l'Intérieur du 26 février 1822. Dossier « Pas-de-Calais », fonds Météo France.

63. « Observations générales » datées du 18 juin 1822. Dossier « Somme », fonds Météo France.

64. Lettre du préfet d'Eure-et-Loir au ministre de l'Intérieur du 25 mai 1822. Dossier « Eure-et-Loir », fonds Académie des sciences.

65. Tableau-réponse de la préfecture de Charente (1822). Dossier « Charente », fonds Météo France.

66. Lettre du conseiller de préfecture du Gers au ministre de l'Intérieur du 18 novembre 1821. Dossier « Gers », fonds Académie des sciences.

67. Rapport du préfet de Vendée du 18 juin 1822. Dossier « Vendée », fonds Météo France.

68. « Protocole des séances de l'Académie royale des sciences et belles-lettres de Bruxelles », registre manuscrit, séance du 5 mai 1823, Archives de l'Académie, Bruxelles.

69. *Ibid.*, séance du 4 mai 1823. Sur ces ventes, voir Pierre-Alain Tallier, « Ces forêts domaniales qui firent la Société générale (1822-1864) », *Revue belge de philologie et d'histoire*, 80(4), 2002, p. 1243-1274.

70. « Protocole des séances de l'Académie royale des sciences et belles-lettres de Bruxelles », registre manuscrit, séances des 6 et 21 mai 1825, Archives de l'Académie, Bruxelles. Alexandre Moreau de Jonnès, « Premier mémoire en réponse à cette question : quels sont les changements que peut occasionner le déboisement de forêts [...] », *Mémoires de l'Académie de Bruxelles*, t. 5, 1825, p. 1-207. Un pharmacien de Mantes, Auguste-Antoine Bosson, obtient aussi un accessit avec une paraphrase de Rauch.

71. Alexandre Moreau de Jonnès, *Notice sur les travaux scientifiques d'Alexandre Moreau de Jonnès*, Paris, Bourgogne et Martinet, 1842. Il a publié sur le climat des Antilles : *Tableau du climat des Antilles et des phénomènes de son influence sur les plantes, les animaux, et l'espèce humaine*, Paris, Migneret, 1817.

72. Alexandre Humboldt, « Des lignes isothermes et de la distribution de la chaleur sur le globe », *Mémoires de physique et de chimie de la société d'Arcueil*, t. 3, 1817, p. 462-602. La carte est dans Alexandre Humboldt, « Sur les lignes isothermes », *Annales de chimie et physique*, 2e série, t. 5, 1817, p. 102-113 (p. 112-113). Sur la cartographie climatologique, voir la synthèse récente (et la bibliographie afférente) dans Sebastian Grevsmühl, « Visualising Climate and Climate Change. A *Longue Durée* Perspective », *in* Giuseppe Feola, Hilary Geoghegan et Alex Arnall (ed.), *Climate and Culture. Multidisciplinary Perspectives on a Warming World,* Cambridge, Cambridge University Press, 2019, p. 46-67.

73. Alexandre Moreau de Jonnès, « Premier mémoire… », art. cit., p. 30.

74. *Ibid.*, p. 182.

75. *Procès-verbaux des séances de l'Académie des sciences de Paris*, t. 8, 1824-1827, p. 26-28.

76. Archives nationales, F0/4462.

77. Alp Yücel Kaya, « Le bureau de la statistique générale de France et l'institutionnalisation des statistiques agricoles : l'Enquête agricole de 1836 », *Œconomia*, 3(3), 2013, p. 421-457.

78. Valentin Pelosse, « Observation météorologique et sociétés savantes de province, ou la désignation du bon objet scientifique (1821-1878) », *Études rurales*, 118-119, 1990, p. 69-82.

79. Bernadette Bensaude-Vincent, *L'Opinion publique et la Science*, Paris, Sanofi-Synthélabo, Les Empêcheurs de penser en rond, 2000.

Chapitre 12 : Le pouvoir des forêts

1. Paolo Grossi, *Un altro modo di possedere : l'emersione di forme alternative di proprietà alla coscienza giuridica postunitaria*, Milan, Giuffrè, 1977.

2. Andrée Corvol, *L'Homme aux bois... op.cit.* Pour un exemple liant affirmation du pouvoir royal, enjeux stratégiques et forêts, voir Daniel Dessert, *La Royale, vaisseaux et marins du Roi-Soleil*, Paris, Fayard, 1996, chap. 8.

3. Cette décision s'inscrit dans un processus plus vaste de réaffirmation de l'État dans le domaine des forêts : loi du 16 nivôse an IX reconstituant un corps d'agents forestiers autonome ; arrêté du 19 ventôse an X soumettant les forêts des communes au « régime forestier », c'est-à-dire à une régulation stricte. Georges-André Morin, « La continuité de la gestion des forêts françaises de l'Ancien Régime à nos jours, ou comment l'État a-t-il pris en compte le long terme ? », *Revue française d'administration publique*, 134, 2010/2, p. 233-248 ; Andrée Corvol, *L'Homme aux bois, op. cit.*, p. 239-243.

4. « Loi relative au régime des bois appartenant aux particuliers, aux communes, ou à des établissements publics (du 9 floréal an VI) », *Mémorial forestier*, an XI, p. 162-167.

5. Sont exceptés les bois de petites dimensions (moins de deux hectares, et à condition qu'ils ne se trouvent pas en montagne) et ceux annexés à une habitation.

6. Guillaume Decoq, Bernard Kalaora, Chloé Vlassopoulos, *La Forêt salvatrice... op. cit.*, Introduction. Sur les débats entourant l'adoption du code forestier, voir Kieko Matteson, *Forests in Revolutionary France..., op. cit.*, p. 187-206.

7. Peter Sahlins, *Forest Rites : the War of the Demoiselles in Nineteenth-Century France,* Cambridge Ms., Harvard University Press, 1994.

8. Kieko Matteson, *Forests in Revolutionary France..., op. cit.*, p. 197. Andrée Corvol insiste à la fois sur cette place laissée au propriétaire privé et

sur le renforcement de l'administration forestière qu'implique le code : Andrée Corvol, *L'Homme aux bois*, *op. cit.*, p. 259-260, 293.

9. *Code forestier*, Paris, Mme Ve J. Dècle, 1827, p. 72-73.

10. Jacques Curasson, *Le Code forestier conféré et mis en rapport avec la législation qui régit les différens propriétaires et usagers dans les bois*, t. 2, Paris, Gauthier frères et Cie, 1828, p. 193-194.

11. Malheureusement, aucune donnée plus précise n'a été conservée concernant ces refus.

12. 116 780 hectares dont la vente est organisée par une loi du 25 mars 1831.

13. Alexandre Anisson-Duperron est l'auteur d'un *vade-mecum* du libre-échangisme : *De l'affranchissement du commerce et de l'industrie*, Paris, Librairie universelle de P. Mongie, 1829. Il participe dans les années 1840 à l'Association pour la liberté des échanges de Frédéric Bastiat et Michel Chevalier.

14. *Journal des débats* du 20 février 1834, des 4, 6 et 25 mai 1834.

15. Charles Comte, *Traité de la propriété*, Paris, Chamerot/Ducollet, 1834, 2 vol.

16. *Ibid.*, t. 1, p. 220.

17. De telles mesures favorisent selon lui arbitrairement les intérêts des consommateurs au détriment de ceux des propriétaires.

18. Charles Comte, *Traité de la propriété*, *op. cit.*, t. 1, p. 233-234.

19. *Ibid.*, p. 249-250.

20. Charles Dunoyer, *De la liberté du travail*, t. 2, Paris, Guillaumin et Cie, 1845, p. 452-453.

21. Michel Chevalier, *Des intérêts matériels de la France*, Paris, Gosselin et Coquebert, 1838, p. 191-193. Voir aussi son *Cours d'économie politique fait au Collège de France. Deuxième année (1842-1843)*, Paris, Capelle, 1844, p. 422-425.

22. « France. Travaux des ingénieurs des mines (compte rendu de 1837) », *La France industrielle, manufacturière, agricole et commerciale* du 16 septembre 1838.

23. Cette faible rentabilité est notamment liée à la concurrence croissante de la houille et aux difficultés de transport. Raymond Lefebvre *et al.*, *Les Eaux et Forêts du XIIe au XXe siècle*, Paris, Éd. du CNRS, 1987, p. 493.

24. *Journal des débats* des 22, 23 et 24 janvier 1835. Anisson-Duperron propose cette fois une réforme qui cantonne l'article 219 à une liste fermée de situations : celles où l'administration pourrait *prouver* que se posent des problèmes d'érosion des sols, de conservation des sources, de défense contre les vents, les sables, les torrents ou les avalanches.

25. *Notice biographique sur le Baron de Ladoucette. Société nationale et centrale d'agriculture*, Paris, Imprimerie de Mme Vve Bouchard-Huzard, s.d.

26. *Journal des débats* du 28 février 1836. Les débats ont été relancés par une nouvelle proposition de réforme de l'article 219.

27. *Ibid.*

28. *Ibid.*

29. Ordonnance du roi du 29 mars 1836, *Bulletin des lois*, IXe série, t. 12, 1836, p. 104-105.

30. « Physique du globe. Questions relatives aux effets des défrichements », *Comptes rendus de l'Académie des sciences de Paris*, t. 3, 1836, p. 398-399 (séance du 26 septembre 1836).

31. « Physique du globe. Influence des défrichements », *ibid.*, p. 768 (séance du 19 décembre 1836).

32. *La Presse*, 4 mars 1838.

33. *Ibid.*, 6 mars 1838.

34. *Ibid.*

35. François Arago, *Œuvres complètes. Mélanges*, Paris, Gide, 1859, p. 442.

36. *Journal des débats* du 6 mars 1838.

37. *Ibid.* Maurice Crosland évoque l'influence que le statut de propriétaire terrien de Gay-Lussac a pu avoir sur sa position : *Gay-Lussac. Scientist and Bourgeois,* Cambridge, Cambridge University Press, 1978, p. 246-247.

38. « Correspondance », *Comptes rendus de l'Académie des sciences de Paris*, t. 19, 1844, p. 403 (séance du 19 août 1844).

39. François Arago, « Tables des températures extrêmes observées à Paris et dans d'autres lieux du globe », *Annuaire du Bureau des longitudes* pour 1825, p. 164-178 (p. 164). Il livrait alors un tableau des extrêmes de température à Paris de 1665 à 1823, comme étalon rationnel sur lequel se baser pour adopter une opinion – saine, car scientifique et quantitative – des saisons.

40. François Arago, « Sur l'état thermométrique du globe terrestre », *Annuaire du Bureau des longitudes* pour 1834, p. 171-240.

41. Dans le Vivarais, les vendanges étaient jadis plus précoces, le vignoble plus étendu sur les coteaux.

42. François Arago, « Sur l'état thermométrique du globe terrestre », art. cit.

43. Bruno Belhoste, « Arago, les journalistes et l'Académie des sciences dans les années 1830 », *in* Patrick Harismendy (dir.), *La France des années 1830 et l'Esprit de réforme*, Rennes, Presses universitaires de Rennes, coll. « Carnot », 2006, p. 253-266.

44. Sur Arago homme public, voir Theresa Levitt, « *"I thought this might be of interest..."* : The Observatory as Public Entreprise », *in* David Aubin, Charlotte Bigg, Otto Sibum (ed.), *The Heavens on Earth : Observatories and Astronomy in Nineteenth-Century Science and Culture*, Durham, Duke University Press, p. 285-304.

45. Frederick McCosh, *Boussingault Chemist and Agriculturist*, Dordrecht/Boston/Lancaster, D. Reidel, 1984, p. 24-25.

46. Sur Boussingault, voir *ibid.* ; Jean Boulaine, « Boussingault », in *Dictionnaire des professeurs du Conservatoire des arts et métiers*, t. 1, Paris, CNAM, 1994, p. 246-263 ; Gregory Cushman, *Guano and the Opening of the Pacific World*, Cambridge, Cambridge University Press, 2013, p. 33-40 ;

dossier « Jean-Baptiste Boussingault » aux archives de l'Académie des sciences de Paris.

47. *Voyage de Humboldt et Bonpland. Première partie. Relation historique*, t. 2, Paris, N. Maze, 1819, p. 67-77, et Alexandre Humboldt, *Voyages aux régions équinoxiales*, t. 5, Paris, N. Maze, 1820, p. 162-186. Sur Humboldt et les liens entre arbres, climat et cycle de l'eau, voir Engelhard Weigl, « Wald und Klima : Ein Mythos aus dem 19. Jahrhundert », *HiN. Internationale Zeitschrift für Humboldt-Studien*, V, 9, 2004, p. 80-99 ; Gregory T. Cushman, « Humboldtian Science, Creole Meteorology, and the Discovery of Human-Caused Climate Change in South America », *Osiris*, 26(1), 2011, p. 16-44 ; Frank Holl, « Alexander von Humboldt und der Klimawandel – Mythen und Fakten », *HiN. Internationale Zeitschrift für Humboldt-Studien*, XIX, 37, 2019, p. 37-56.

48. Alexandre Humboldt, *Essai politique sur le royaume de Nouvelle-Espagne*, t. 1, Paris, F. Schoell, 1811, livre III, chap. 8.

49. Cité par Gregory T. Cushman, « Humboldtian Science », art. cit., p. 30.

50. Gaspard de Prony, *Des marais pontins*, Paris, Imprimerie nationale, 1818 (p. 325).

51. Sur son expérience à Marmato, cf. Jean-Baptiste Boussingault, *Mémoires*, t. 4 (1824-1830), Paris, Chamerot et Renouard, 1903.

52. Jean-Baptiste Boussingault, « Mémoire sur l'influence des défrichemens dans la diminution des cours d'eau », *Annales de chimie et de physique*, 64, 1837, p. 113-141 ; « Memoir Concerning the Effect which the Clearing of Land Has in Diminishing the Quantity of Water in the Streams of a District », *The Edinburgh New Philosophical Journal*, 24, 1838, p. 85-106.

53. *Ibid.*, p. 136-138.

54. *Ibid.*, p. 141.

55. Jean-Baptiste Boussingault, *Économie rurale : considérée dans ses rapports avec la chimie, la physique et la météorologie*, Paris, Béchet Jeune, t. 2, 1844, p. 701-736 (traduit en anglais en 1845, en italien en 1846, en allemand en 1851).

56. Alexandre Humboldt, *Asie centrale. Recherches sur les chaînes de montagnes et la climatologie comparée*, t. 3, Paris, Gide, 1843, p. 198-206. Voir aussi dès 1831, mais avec un bémol sur l'existence d'un effet à une échelle supra-locale : Alexandre Humboldt, *Fragmens de géologie et de climatologie asiatiques*, Paris, Gide, t. 2, 1831, p. 550-556.

57. Cf. chap. 15.

58. La disposition est reconduite lors de débats et de votes successifs au Parlement en 1847, 1850, 1851, 1853, 1856. *Journal des débats* du 22 juillet 1847, du 23 juillet 1850, des 23 et 24 juillet 1851, du 12 mai 1853, du 23 juin 1856.

59. Jacques-Joseph Baudrillart, *Nouveau manuel forestier : à l'usage des agens forestiers de tous grades*, Paris, Arthus-Bertrand, 1808, t. 2, p. 403-405 ; *id.*, « Notice historique sur les forêts », *Annales forestières*, t. 24, avril 1810,

p. 168-181 ; *id.,* « Mémoires sur l'aménagement des forêts », *Annales forestières*, t. 44, décembre 1811, p. 529-568.

60. Sur ce « virage technicien » avec la création de l'École forestière de Nancy, cf. Andrée Corvol, *L'Homme aux bois, op. cit.*, p. 246.

61. Voir le cours classique de Bernard Lorentz et Louis Parade, les deux premiers directeurs de l'école. Bernard Lorentz et Louis Parade, *Cours élémentaire de culture des bois*, Paris, Huzard et Nancy, George-Grimblot, 1837, p. 15-17, puis édition de 1855, p. 17-20, et 1867, p. 21-24.

62. Selon l'expression de Jérôme Buridant. C'est-à-dire une source d'énergie majeure et un matériau de construction indispensable.

Chapitre 13 : L'horizon s'éclaircit

1. Pour une autre lecture de ces désastres, lus à l'aune de l'émergence d'une conscience environnementale dans la France du XIXe siècle, voir Caroline Ford, *Natural Interests, op. cit.*, chap. 3.

2. Denis Cœur, « Les inondations de mai-juin 1856 en France : Dommages et conséquences », *La Houille blanche. Revue internationale de l'eau*, 2, 2007, p. 44-51 ; Jacques Bethemont, « 1856 : De la gestion d'une catastrophe au bon usage d'une crise », *La Houille blanche. Revue internationale de l'eau*, 1, 2007, p. 22-32 ; Annie Méjean, « Utilisation politique d'une catastrophe : le voyage de Napoléon III en Provence durant la grande crue de 1856 », *Revue historique*, 597, 1996, p. 133-152.

3. Et d'abord en aval de Lyon pour la Saône : Dr Lortet, « Notice sur la commission hydrométrique de Lyon », *Annuaire météorologique de la France*, 1849, p. 362-366.

4. Pour rassurer, Napoléon III se rend aussi auprès des sinistrés et le fait savoir bruyamment. Sur ces aspects, voir Annie Méjean, « Utilisation politique d'une catastrophe... », art. cit.

5. *Journal historique et littéraire*, t. 23, 1856-1857, p. 541 (« Discours prononcé par l'empereur des Français »).

6. « Des inondations de la Loire », *L'Univers* des 1er, 3 et 6 novembre 1846.

7. *Le Spectateur* de Dijon du 19 novembre 1846.

8. Raudot, « Les inondations », *Journal d'agriculture pratique*, octobre 1856, p. 269-276.

9. Voir, par exemple, Aristide Dumont (ingénieur des Ponts), « Des inondations et des moyens de les prévenir », *La Presse* du 21 novembre 1846 ; François Vallès (ingénieur des Ponts), *Études sur les inondations, leurs causes et leurs effets*, Paris, V. Valmont, 1857.

10. Aristide Dumont, « Des inondations et des moyens de les prévenir », art. cit.

11. Voir, par exemple, Jacques Valserres, « Les inondations », *Annales forestières*, janvier 1856, p. 21-25 ; L. Hun, *Des inondations et des moyens de*

les prévenir, Paris, bureau des Annales forestières, 1856 ; Auguste de Gasparin, « La question du reboisement et des barrages », *Journal d'agriculture pratique*, novembre 1856, p. 353-356.

12. A.F. d'Héricourt, « Les inondations et le livre de M. Vallès », *Annales forestières*, décembre 1857, p. 310-321.

13. Eugène Huzar, *La Fin du monde par la science*, Paris, E. Dentu, 1855. Cf. Jean-Baptiste Fressoz, « Eugène Huzar et l'invention du catastrophisme technologique », *Romantisme,* 150, 2010/4, p. 97-103.

14. Eugène Huzar, *L'Arbre de la science*, Paris, E. Dentu, 1857.

15. Élie-Abel Carrière, *Les Hommes et les Choses*, Paris, Chez l'auteur, 1857.

16. Citations tirées de la page de garde d'Élie-Abel Carrière, *ibid.*

17. « L'Empereur adresse la lettre suivante au ministre des Travaux publics… », de Plombières le 19 juillet 1856. *Le Moniteur universel* du 21 juillet 1856. La lettre est aussi reproduite dans la presse locale.

18. Sur l'action des forestiers en montagne, l'historiographie est abondante : voir Guillaume Decoq, Bernard Kalaora, Chloé Vlassopoulos, *La Forêt salvatrice : Reboisement, société et catastrophe au prisme de l'histoire*, Seyssel, Champ Vallon, 2016 ; Tamara Whited, *Forests and Peasant Politics in Modern France*, New Haven, Yale University Press, 2000 ; Raymond Lefebvre *et al.*, *Les Eaux et Forêts du XIIe au XXe siècle, op. cit.* ; Andrée Corvol, *L'Homme aux bois, op. cit.*

19. Martine Chalvet, « Reboiser la forêt provençale. L'instrumentalisation de Surell par les élites provençales », *Annales des Ponts et chaussées*, 103, 2002, p. 44-50.

20. Elle est complétée d'une loi sur le gazonnement du 8 juin 1864.

21. Loi du 4 avril 1882 sur la restauration et la conservation des terrains en montagne.

22. Guillaume Decoq, Bernard Kalaora, Chloé Vlassopoulos, *La Forêt salvatrice, op. cit.*

23. Raymond Lefebvre *et al.*, *Les Eaux et Forêts du XIIe au XXe siècle, op. cit.*, p. 582.

24. Alexandre Surell, *Étude sur les torrents des Hautes-Alpes,* Paris, Carilian-Goeury et V. Dalmont, 1841, p. 145, 203. Sur l'importance de Surell dans la prise en compte du risque érosif, voir Andrée Corvol, *L'Homme aux bois*, *op. cit.*, p. 272-279.

25. Il s'agit au départ de répondre aux mises en cause d'Eugène Belgrand, « De l'influence des forêts sur l'écoulement des eaux pluviales », *Annales des Ponts et chaussées*, 1er semestre 1854, p. 1-27, et François Vallès, *Études sur les inondations, op. cit.*

26. Vazken Andréassian, « Waters and Forests : From Historical Controversy to Scientific Debate », *Journal of Hydrology*, 291, 2004, p. 1-27, et Vazken Andréassian, « Impact de l'évolution du couvert forestier sur le comportement hydrologique des bassins versants », thèse de l'ENGREF, 2002, t. 1, p. 31-33.

Voir aussi Brett M. Bennett et Gregory A. Barton, « The Enduring Link Between Forest Cover and Rainfall : A Historical Perspective on Science and Policy Discussions », *Forest Ecosystems*, 5, 2018, article n° 5, p. 1-9.

27. Ernst Ebermayer, *Die physikalischen Einwirkungen des Waldes auf Luft und Boden und seine klimatologische und hygienische Bedeutung*, Aschaffenburg, C. Krebs, 1873. Pour le même type de recherches dans l'Empire austro-hongrois, un peu plus tard dans le siècle, avec des résultats minimisant l'action climatique possible des forêts, cf. Deborah R. Coen, *Climate in Motion*, *op. cit.*, p. 269-270.

28. Auguste Mathieu, *Météorologie comparée agricole et forestière*, Paris, Imprimerie nationale, 1878. Voir aussi Léon Fautrat, *Observations météorologiques faites de 1874 à 1878*, Paris, Imprimerie nationale, 1878.

29. Eduard Brückner, « Climate Change Since 1790 », *in* Nico Stehr, Hans von Storch (ed.), *Eduard Brückner. The Sources and Consequences of Climate Change and Climate Variability in Historical Times*, Dordrecht, Springer, 2000, p. 77-191 (p. 99). En 1910 encore, Gustave Huffel doit répondre par avance aux critiques méthodologiques de ceux qui contestent les données de base sur l'action des arbres : Gustave Huffel, *Économie forestière*, 2e éd., Paris, Lucien Laveur, 1910, t. 1, p. 72-73.

30. *Journal des débats* du 21 juin 1851.

31. Une loi votée le 18 juin 1859 limite l'interdiction à une liste fermée de situations : lutte contre l'érosion, protection des sources et des côtes, salubrité publique et défense du territoire. *Lois annotées, ou Lois, décrets, ordonnances, avis du Conseil d'État*, année 1859, Paris, Bureaux de l'administration, 1860, p. 145.

32. 30 990 hectares entre 1860 et 1868. Lois du du 20 juillet 1860, 19 mai 1863, 8 juin 1864, 18 juillet 1866 et 2 août 1868.

33. Jules Clavé, « L'aliénation des forêts de l'État », art. cit., p. 197-214 ; *id.*, *Études sur l'économie forestière*, Paris, Guillaumin et Cie, 1862.

34. J. Rothschild (dir.), *L'Aliénation des forêts de l'État devant l'opinion publique*, Paris, J. Rothschild, 1865.

35. *Revue des eaux et forêts* du 10 avril 1865 ; *L'Opinion nationale* du 4 juin 1865.

36. Henri Decencière Ferrandière, « Origine des forêts domaniales », *Revue forestière française*, n° 4, avril 1960, p. 237-249.

37. C'est-à-dire qu'elles n'ont plus concerné que des surfaces marginales, à des fins d'aménagement ou de gestion à l'échelle microlocale. « Un siècle d'expansion des forêts françaises. De la statistique Daubrée à l'inventaire forestier de l'IGN », *L'Information forestière*, 31, mai 2013, p. 1-8.

38. Ce qui n'empêche pas certains auteurs de continuer à révérer les actions climatiques des arbres. Cf., par exemple, Joachim-Mathieu Reynard, *L'Arbre*, Clermont-Ferrand, G. Mont-Louis, 1904, ou André Jacquot, *La Forêt et son rôle dans la nature et la société*, Paris, Berger-Levrault, 1911. Guillaume Decoq, Bernard Kalaora, Chloé Vlassopoulos, *La Forêt salvatrice*, *op. cit.*

39. Statistique annuelle moyenne par habitant. Maurice Agulhon, Gabriel Désert, Robert Specklin (dir.), *Histoire de la France rurale,* t. 3. *Apogée et crise de la civilisation paysanne : 1789-1914*, Paris, Seuil, 1re éd. 1976, 1987, p. 210.

40. Nicolas Bourguignat, *Les Grains du désordre : l'État face aux violences frumentaires dans la première moitié du XIXe siècle*, Paris, Éd. de l'EHESS, 2001.

41. Laurent Herment, « Les communautés rurales de Seine-et-Oise face à la crise frumentaire de 1853-1856 », *Histoire et Mesure*, 26(1), 2011, p. 187-220.

42. Roger Price, *The Modernization of Rural France : Communication Networks and Agricultural Market Structures in Nineteenth-Century France*, Londres/Melbourne/Sydney, Hutchinson, 1983, p. 197.

43. *Ibid.*, p. 241.

44. Pour un indice 100 en 1913, les céréales et la farine acheminées par rail représentent 0,61 en 1854, 44 en 1884, 51 en 1894, 71 en 1904 ; les têtes de bétail 39 en 1866, 43 en 1874, 69 en 1884, 73 en 1894, 92 en 1904. *Ibid.*, p. 242, 246.

45. Roger Price, *The Modernization of Rural France*, *op. cit.*, p. 242-243.

46. Wilhelm Abel, *Crises agraires en Europe : XIIIe-XXe siècle*, Paris, Flammarion, 1974, p. 38.

47. Emmanuel Le Roy Ladurie, *Histoire humaine et comparée du climat*, *op. cit.*, t. 3, et notamment p. 13-55.

48. Exception faite d'une inversion temporaire de tendance entre 1950 et 1975 environ. Au cours des dernières décennies, le réchauffement anthropique causé par le CO_2 a brutalement accentué cette tendance autogénique au chaud.

49. Fabien Locher, *Le Savant et la Tempête, op. cit.* ; Alfred Fierro, *Histoire de la météorologie, op. cit.*

Chapitre 14 : Les énigmes du passé climatique

1. Philipp N. Lehmann, « Whither Climatology ? Brückner's Climate Oscillations, Data Debates, and Dynamic Climatology », *History of Meteorology*, 7, 2015, p. 49-70 ; Deborah R. Coen, « The Advent of Climate Science », *Oxford Research Encyclopedia of Climate Science* : https://oxfordre.com/climatescience/view/10.1093/acrefore/9780190228620.001.0001/acrefore-9780190228620-e-716.

2. Voir, par exemple, le travail très influent d'Augustin de Candolle, *Essai élémentaire de géographie botanique*, Strasbourg, F.G. Levrault, 1820, p. 9, ou celui de son fils Alphonse de Candolle, « Distribution géographique des plantes alimentaires », *Bibliothèque universelle de Genève*, t. 1, 1836, p. 228-260.

3. Joachim Schouw, « On the Supposed Changes in the Meteorological Constitution of the Different Parts of the Earth During the Historical Period », *The Edinburgh Jounal of Science*, t. 8, 1828, p. 311-316. Sur Schouw, voir

Theodore S. Feldman, « The Ancient Climate in the Eighteenth and Early Nineteenth Century », art. cit., p. 23-40 (p. 37-40).

4. Joachim Schouw, « On the Supposed Changes... », art. cit., p. 311 (nous traduisons).

5. Charles Martins, « Du climat de la France avant le XVIIe siècle », *Journal d'agriculture pratique*, mai 1844, 2e série, t. 1, p. 491-495.

6. Noah Webster, « On the Supposed Change in the Temperature of Winter », *A Collection of Papers on Political, Literary, and Moral Subjects,* New York, Webster & Clark, 1843, p. 119-162 (éd. originale 1810, mémoire lu en 1799). Voir James R. Fleming, *Historical Perspectives on Climate Change*, *op. cit.*, p. 47-50.

7. Samuel Forry, *The Climate of the United States and its Endemic Influences,* New York, J&H.G. Langley, 1842.

8. *Id.,* « Researches in Elucidation of the Distribution of Heat over the Globe, and Especially of the Climatic Features Peculiar to the Region of the United States », *American Journal of Science*, 47, 1844, p. 18-50, 221-241.

9. Ludovic Lalanne, « Des changemens dans le climat de la France, histoire de ses révolutions météorologiques, par le docteur Fuster », *Revue des Deux Mondes*, 30 avril 1846, t. 14, 1846, p. 513-515.

10. Par exemple, pour la Palestine, le palmier dattier et la vigne. Joachim Schouw, « On the Supposed Changes... », art. cit., p. 315-317.

11. Parce que le début de la récolte du raisin dépend du moment où celui-ci est mûr et donc des températures estivales, ces dates peuvent servir de proxy.

12. Emmanuel Le Roy Ladurie, *Histoire du climat depuis l'an mil*, *op. cit.* (p. 8 sur sa découverte de la méthode).

13. Denis Morelot, *Statistique œnologique de l'arrondissement de Beaune*, Paris, Mme Huzard, 1825, p. 108-110 ; *id.*, *Statistique de la vigne pour la Côte-d'Or*, Dijon/Paris, Victor Lagier/Mme Huzard, 1831, p. 214-218.

14. Jean-Étienne Noirot, « Recherches sur les époques de la maturité des raisins », *Le Cultivateur* du 18 août 1836.

15. Voir, par exemple, Alexis Perrey, « Sur la période des vendanges dans la Bourgogne », *Annuaire météorologique de France* pour 1851, p. 199-206.

16. Philipp N. Lehmann, « Whither Climatology ?... », art. cit. Cela comprend des données issues du terrain, comme avec les travaux du naturaliste autrichien Anton Kerner von Marilaun qui cartographie les distributions de plantes sauvages pour inférer des évolutions climatiques remontant au dernier âge glaciaire. Deborah R. Coen, *Climate in Motion*, *op. cit.*, p. 274-311.

17. Antoine-César Becquerel, *Des climats et de l'influence qu'exercent les sols boisés et non boisés*, Paris, F. Didot frères, 1853, p. 306-362 ; *id.*, *Mémoire sur les forêts et leur influence climatérique*, Paris, Firmin-Didot, 1865.

18. David Moon, « The Debate Over Climate Change in the Steppe Region in Nineteenth-Century Russia », *The Russian Review*, 69, 2010, p. 251-275 ; David Moon, *The Plough that Broke the Steppes. Agriculture and Environment*

on Russia's Grasslands, 1700-1914, Oxford, Oxford University Press, 2013, p. 118-138 en particulier.

19. Marina Loskutova, « Quantifying Scarcity : Deforestation in the Upper Volga Region and Early Debates over Climate Change in Nineteenth-Century Russia », *European Review of History : Revue européenne d'histoire*, 27, 2020, p. 253-272.

20. Un condensé du livre de Becquerel paraît en russe en 1854, un an seulement après sa parution à Paris ; le *Man and Nature* de G.P. Marsh en 1866, deux ans après sa parution en anglais.

21. Deborah R. Coen, *Climate in Motion*, *op. cit.*, p. 239-273.

22. Sur Kropotkine et sa théorie, voir Mike Davis, « The Coming Desert. Kropotkin, Mars and the Pulse of Asia », *New Left Review*, 97, 2016, p. 23-43.

23. Cf., par exemple, prince Kropotkine, « The Desiccation of Eur-Asia », *The Geographical Journal*, 23(6) 1904, p. 722-734.

24. *Ibid.*, p. 734.

25. Katharine Anderson, *Predicting the Weather : Victorians and the Science of Meteorology*, Chicago, University of Chicago Press, 2005 ; Fabien Locher, *Le Savant et la Tempête*, *op. cit.* ; James R. Fleming, *Meteorology in America, 1800-1870,* Baltimore, Johns Hopkins University Press, 1990.

26. Paul Edwards, *A Vast Machine : Computer Models, Climate Data, and the Politics of Global Warming*, Cambridge Ms., MIT Press, 2010, p. 61-81.

27. Cité par James R. Fleming, *Historical Perspectives on Climate Change*, *op. cit.*, p. 53. Sur Abbe, voir Edmund P. Willis, William H. Hooke, « Cleveland Abbe and American Meteorology, 1871-1901 », *Bulletin of the American Meteorological Society*, 87(3), 2006, p. 315-326. Pour un essai récent d'interprétation du paradigme du climat « fixe » promu par la climatologie d'État aux USA, voir Zeke Baker, « Agricultural capitalism, climatology and the "Stabilization" of Climate in the United States, 1850-1920 », *British Journal of Sociology*, DOI : 10.1111/1468-4446.12762 (accédé le 5 juin 2020).

28. En revanche, Moore croit aux évolutions climatiques autogéniques à l'échelle du millénaire, voire du siècle. Willis Moore, *A Report on the Influence of Forests on Climate and on Floods*, Washington, Government Printing Office, 1910.

29. Alfred Angot, *Traité élémentaire de météorologie*, Paris, Gauthier-Villars, 1899, p. 409-410.

30. Zentralanstalt für Meteorologie und Geodynamik.

31. Deborah R. Coen, *Climate in Motion*, *op. cit.*, en particulier p. 171-236 ; *id.*, « The Advent of Climate Science », art. cit.

32. Avec les travaux de l'Italo-Autrichien Albert Defant étudiés par Deborah R. Coen, *Climate in Motion*, *op. cit.*, p. 228-233.

33. Et ce, alors même que ce type d'application avait été promu par Wilhelm Schmidt, l'un des inititateurs de ces approches. Deborah R. Coen, *Climate in Motion, op. cit.*, p. 226-227.

34. Sur l'essor d'une théorie mathématisée des processus atmosphériques, voir Robert M. Friedman, *Appropriating the Weather : Vilhelm Bjerknes and the Construction of a Modern Meteorology*, Ithaca, Cornell University Press, 1989, et Paul Edwards, *A Vast Machine…, op. cit.*

35. Eduard Brückner, *Klimaschwankungen seit 1700. Nebst Bemerkungen über die Klimaschwankungen der Diluvialzeit*, Vienne et Olmütz, Hölzel, 1890. Nous avons consulté la traduction anglaise dans Nico Stehr, Hans von Storch (ed.), *Eduard Brückner, op. cit.*, p. 77-125. Sur Brückner, voir *ibid.* et Philipp N. Lehmann, « Whither Climatology ?… », art. cit.

36. Nico Stehr, Hans von Storch (ed.), *Eduard Brückner, op. cit.*, p. 115-116 (nous traduisons).

37. *Ibid.*, p. 78 (nous traduisons).

38. Julius Ferdinand von Hann, *Handbook of Climatology*, New York/ Londres, Macmillan Company, 1903, p. 401-402 (traduction du premier volume de l'édition de 1897. La première édition est de 1883).

39. Ivor Grattan-Guinness, *Joseph Fourier. 1768-1830*, Cambridge Ms./ Londres, MIT Press, 1972 ; John Herivel, *Joseph Fourier : the Man and the Physicist*, Oxford, Clarendon Press, 1975 ; Jean Dhombres, Jean-Bernard Robert, *Fourier, créateur de la physique mathématique*, Paris, Belin, 1998.

40. Ce travail est publié bien plus tard : Jean-Baptiste Joseph Fourier, « Théorie du mouvement de la chaleur dans les corps solides (suite) », *Mémoires de l'Académie des sciences*, t. 5 (1821-1822), 1826, p. 153-246.

41. Jean-Baptiste Joseph Fourier, « Extrait d'un Mémoire sur le Refroidissement séculaire du globe terrestre », *Annales de chimie et de physique*, t. 13, 1820, p. 418-438 (p. 420).

42. François Arago, *Éloge historique de Joseph Fourier*, Paris, Firmin-Didot, 1833, p. 51, 54.

43. Sur l'émergence de la paléobotanique et des théories du carbonifère, voir Martin J.S. Rudwick, *Worlds Before Adam : The Reconstruction of Geohistory in the Age of Reform*, Chicago, Chicago University Press, 2008, p. 55-57, 167-172.

44. Adolphe Brongniart, « Sur la classification et la distribution des végétaux fossiles en général, et sur ceux des terrains de sédiment supérieur en particulier », *Mémoires du Muséum d'histoire naturelle*, t. 8, 1822, p. 203-240, 297-348.

45. Adolphe Brongniart, *Prodrome d'une histoire des végétaux fossiles*, Paris, Levrault, 1828, p. 183-188, 217-223.

46. Brongniart pense aussi qu'ont pu s'y superposer des épisodes de changement plus brutaux, à l'image de ceux envisagés par Cuvier. Martin J.S. Rudwick, *Worlds Before Adam…, op. cit.*, p. 172.

47. Fredrik Albritton Jonsson, « The Holocene by Gaslight : Geology and Civilisation in Victorian Britain » (à paraître). Merci à F. Albritton Jonsson de nous avoir permis de citer son texte à paraître.

48. Sur l'histoire de la théorie des âges glaciaires, la littérature est très abondante. Citons John Imbrie et Katherine Palmer Imbrie, *Ice Ages : Solving the*

Mystery, Cambridge Ms., Harvard University Press, 1986 ; Martin J.S. Rudwick, *Worlds Before Adam…, op. cit.* ; Tobias Krüger, *Discovering the Ice Ages : International Reception and Consequences for a Historical Understanding of Climate*, Leiden, Brill, 2013.

49. Louis Agassiz, « Discours prononcé à l'ouverture des séances de la Société helvétique des sciences naturelles, à Neuchâtel le 24 juillet 1837 », *Actes de la Société helvétique des sciences naturelles,* 22e session (1837), p. V-XXXII.

50. Joseph-Alphonse Adhémar, *Révolutions de la mer. Déluges périodiques*, Paris, Carilian-Goeury et V. Dalmont, 1842.

51. James Croll, « On the Physical Cause of the Change of Climate During Geological Epochs », *Philosophical Magazine*, 28, 1864, p. 121-37. Sur Croll et sa théorie, voir James R. Fleming, « James Croll in Context : The Encounter Between Climate Dynamics and Geology in the Second Half of the Nineteenth Century », *History of Meteorology*, 3, 2006, p. 43-53.

52. Paul Gervais, « Sur la répartition des mammifères fossiles entre les différents étages tertiaires qui concourent à former le sol de la France », *Mémoires de la section des sciences de l'Académie des sciences et lettres de Montpellier*, 1850, p. 399-413 (p. 413).

53. Paul Gervais, « Nouvelles remarques concernant la répartition des mammifères entre les différents étages tertiaires (2e partie) », *Comptes rendus de l'Académie des sciences de Paris*, 34, 1852, p. 520-524 (p. 523 : « Âge holocène »).

54. Eugène Renevier, *Chronographe géologique*, Lausanne, G. Bridel, 1897.

55. Fredrik Albritton Jonsson, « The Holocene by Gaslight… », art. cit. ; James Giekie, *The Great Ice Age, and Its Relation to the Antiquity of Man*, NYC, D. Appleton & Co, 1874. Pour un autre exemple de théorie liant dynamiques climatiques et histoire de l'homme à la préhistoire : Henri Le Hon, *L'Homme fossile en Europe son industrie, ses mœurs, ses œuvres d'art*, Paris, C. Reinwald, 1867.

56. Fernand Braudel, *La Méditerranée et le Monde méditerranéen à l'époque de Philippe II*, Paris, Armand Colin, 1990 (1re éd. 1949), tome 1, p. 245-249. Il cite à propos des cycles climatiques Emmanuel de Martonne, *La France. Première partie France physique*, Paris, Armand Colin, 1942, p. 140, lui-même inspiré par Brückner.

Chapitre 15 : Restaurer le monde, gouverner les empires

1. Mike Davis, *Génocides tropicaux : catastrophes naturelles et famines coloniales (1870-1900)*, Paris, La Découverte, 2003 ; Brock Cutler, « Evoking the State Environmental Policy and Colonial Disaster in Algeria, 1840-1870 », PhD, University of California-Irvine, 2011.

2. Diana K. Davis, *Les Mythes environnementaux de la colonisation française au Maghreb*, Seyssel, Champ Vallon, 2012 (éd. originale anglaise 2007).

3. Baron Jean-Jacques Baude, *L'Algérie*, Paris, Arthus Bertrand, 1841, t. 1.

4. *Ibid.*, p. 113.

5. *Ibid.*, p. 116.

6. Jean-André Napoléon Périer, « De l'hygiène de l'Algérie », *Exploration scientifique de l'Algérie. Sciences médicales*, Paris, Imprimerie royale, t. 1, 1847.

7. Voir Diana K. Davis, *Les Mythes environnementaux…*, *op. cit.*, qui en a retracé le fil et en donne une vaste recension.

8. Bernardin de Saint-Pierre, *Études de la nature*, *op. cit.*, t. 2, p. 324 ; *Archives parlementaires*, 21 mars 1817 ; Charles-François de Brisseau de Mirbel, *Éléments de physiologie végétale et de botanique*, *op. cit.*, p. 452 ; voir aussi Jacques-Joseph Baudrillart, *Traité général des eaux et forêts…*, *op. cit.*, t. 1, p. 27.

9. François-Antoine Rauch, *Harmonie hydrovégétale et météorologique… op. cit.*, t. 1, p. 45, et *Annales européennes*, t. 1, 1821, p. 105-106, 110.

10. Diana K. Davis insiste sur la mise en cause du mode de vie nomade, qui est lié dans le discours colonial au dédain de la propriété et de la « mise en valeur ». Diana K. Davis, *Les Mythes environnementaux…*, *op. cit.*

11. Caroline Ford, « Reforestation, Landscape Conservation, and the Anxieties of Empire in French Colonial Algeria », *The American Historical Review*, 113(2), 2008, p. 341–362 ; Diana K. Davis, « Restoring Roman Nature : North African Environmental History », *in* Diana K. Davis, Edmund Burke III (ed.), *Environmental Imaginaries of the Middle East and North Africa*, Athens, Ohio University Press, 2011, p. 60-87 ; Patricia M.E. Lorcin, « Rome and France in Africa. Recovering Algeria's Latin Past », *French Historical Studies*, 25(2), 2002, p. 295-329.

12. Caroline Ford, « Reforestation, Landscape Conservation… », art. cit.

13. *Annales forestières*, t. 9, 1850, p. 100.

14. Diana K. Davis, *Les Mythes environnementaux…*, *op. cit.* ; Rodolphe Dareste de La Chavanne, *De la propriété en Algérie*, 2e éd. revue, Paris, A. Durand, 1864.

15. Augustin Warnier, *L'Algérie devant l'opinion publique*, Alger, Molot, 1864, p. 166, et *L'Algérie devant le Sénat*, Paris, Dubuisson, 1863, p. 46-50. Ce lobbying paie : les mesures décidées finissent par être remplacées par une législation taillée sur mesure pour les colons. Diana K. Davis, *Les Mythes environnementaux…*, *op. cit.*, p. 128-129.

16. Brock Cutler, « Evoking the State Environmental Policy… », thèse citée.

17. Frédéric Robiou de La Tréhonnais, « L'agriculture en Algérie », *Journal d'agriculture de la ferme*, 5 novembre 1867, p. 394-417 (p. 395-401).

18. Henri Verne, « La France en Algérie », in *Le Correspondant*, Paris, Charles Douniol, 1869, p. 1047-1048. Cette opposition sociale par le feu se

retrouve au XIXe siècle dans l'Hexagone où, en plus d'être partie prenante des grands épisodes révolutionnaires, c'est une arme pour la paysannerie et le salariat agricole confrontés à une criminalisation des usages collectifs de la nature et à la concurrence de la mécanisation. Jean-Claude Caron, *Les Feux de la discorde. Conflits et incendies dans la France du XIXe siècle*, Paris, Hachette, 2006.

19. Raymond Lefebvre *et al.*, *Les Eaux et Forêts du XIIe au XXe siècle*, *op. cit.*, p. 496, p. 525-526, 558-560.

20. *Ibid.*, p. 560.

21. Anne Bergeret, « Discours et politiques forestières coloniales en Afrique et à Madagascar », *Revue française d'histoire d'outre-mer*, 80 (298), 1993, p. 23-47.

22. François Trottier, *Boisement et colonisation*, Alger, Association ouvrière, 1876, cité par Anne Bergeret, « Discours et politiques forestières coloniales », art. cit., p. 26.

23. Paulin Trolard, *La Colonisation et la Question forestière*, Alger, Imprimerie Casabianca, 1891, p. 80.

24. *Ibid.*

25. Cela a été bien étudié par Richard Grove, *Green Imperialism*, *op. cit.*, et Gregory Barton, *Empire Forestry and the Origins of Environmentalism*, Cambridge, Cambridge University Press, 2004 (1re éd. 2002).

26. Richard Grove, « Conserving Eden », art. cit., p. 342.

27. Jean-Baptiste Boussingault, « Memoir Concerning the Effect... », art. cit., p. 85-106.

28. Richard Grove, *Green Imperialism*, *op. cit.*, p. 428-473 ; Gregory Barton, *Empire Forestry...*, *op. cit.*, p. 47-48.

29. Richard Grove, *Green Imperialism*, *op. cit.*, p. 435.

30. Heinrich Cotta, *Grundriss Der Forstwissenschaft*, Dresde et Leipzig, Arnold, 1849, p. 2. Il se réfère à François Maurel, *Influence météorologique des montagnes et des forêts,* Foix, Pomiès, 1840.

31. Gregory Barton, *Empire Forestry...*, *op. cit.*, p. 42.

32. Berthold Ribbentrop, *Forestry in British India*, Calcutta, Office of the Superintendent of Government Printing, 1900, p. 35-40.

33. *Ibid.*, p. 36.

34. Sur le climat dans l'historiographie des États-Unis, voir le panorama très stimulant de Sam White : « Climate, History, and Culture in the United States », *Wiley Interdisciplinary Reviews : Climate Change*, 9(6), 2018 (publication en ligne : DOI : 10.1002/wcc.556), consulté le 10 janvier 2020. Sur Marsh, voir notamment David Lowenthal, *George Perkins Marsh, Prophet of Conservation*, Seattle, University of Washington Press, 2000, et Marcus Hall, « The Provincial Nature of George Perkins Marsh », *Environment and History*, 10(2), 2004, p. 191-204.

35. George Perkins Marsh, *Man and Nature, or Physical Geography as Modified by Human Action*, New York, Charles Scribner, 1864.

36. Le livre, en retour, est connu en France grâce au géographe Élisée Reclus, « De l'action humaine sur la géographie physique », *Revue des Deux Mondes* du 15 décembre 1864, p. 762-771. Voir aussi Élisée Reclus, *La Terre : description des phénomènes de la vie du globe*, Paris, Hachette, 1876, t. 2, p. 732-734.

37. Henry Nash Smith, « Rain Follows the Plow : The Notion of Increased Rainfall for the Great Plains, 1844-1880 », *Huntington Library Quarterly*, 10(2), 1947, p. 169-193.

38. Ferdinand V. Hayden, *First Annual Report of the United States Geological Survey of the Territories, Embracing Nebraska*, Washington D.C., US Government Printing Office, 1867, p. 14-16.

39. Laurence Culver, « Manifest Destiny and Manifest Disaster : Climate Perceptions and Realities in United States Territorial Expansion », *in* Christof Mauch, Sylvia Mayer (ed.) *American Environments : Climate Cultures Catastrophe*, Heidelberg, Universitätsverlag Winter, 2012, p. 7-30 ; David M. Emmons, *Garden in the Grasslands : Boomer Literature of the Central Great Plains*, Lincoln, University of Nebraska Press, 1971.

40. Charles Dana Wilber, *The Great Valleys and Prairies of Nebraska and the Northwest,* Omaha, Daily Republican Press, 1881, p. 143.

41. Les deux aspects coexistent dans le torrent d'articles qui paraissent à propos des liens entre climat et forêts, et qui puisent largement dans les écrits de Marsh. Donald J. Pisani, « Forests and Conservation, 1865-1890 », *The Journal of American History*, 72(2), 1985, p. 340-359.

42. Extrait résumant lui-même une partie de la littérature hexagonale : Franklin B. Hough, *Report on Forestry*, Washington, Government Printing Office, 1878, p. 310-333. Voir aussi Joseph Kittredge, *Forest Influences*, New York, Dover Publications, 1973 (1948), p. 9, 11 ; Vasant K. Saberwal, « Science and the Desiccationist Discourse of the 20th Century », *Environment and History*, 3, 1997, p. 309-343 (p. 314-315) ; Diana K. Davis, *The Arid Lands*, *op. cit.*, p. 135-137.

43. Vasant K. Saberwal, « Science and the Desiccationist Discourse… », art. cit., p. 315-316, 318.

44. David Lowenthal, « Marsh and Sauer : Reexamining the Rediscovery », *Geographical Review*, 103, 2013, p. 409-414.

45. Sur le paradigme du dessèchement climatique en A-OF et au Sahel, voir Aziz Ballouche, Aude Nuscia Taïbi, « Le "dessèchement" de l'Afrique sahélienne : un leitmotiv du discours d'expert revisité », *Autrepart*, 65, 2013, p. 47-66 ; Joanny Guillard, *Au service des forêts tropicales. Histoire des services forestiers français d'outre-mer 1896-1960*, Nancy, AgroParisTech, 2014 ; Aude Nuscia Taïbi, « Désertification et dégradation. Ré-interrogation des concepts à la lumière d'exemples africains », HDR en géographie, Université d'Angers, 2015 ; Diana K. Davis, *The Arid Lands, op. cit.*, p. 118-125 ; Richard Grove, « A Historical Review of Institutional and Conservationist Responses to Fears of Artificially Induced Global Climate Change : the Deforestation – Desiccation

Discourse in Europe and the Colonial Context 1500-1940 », *in* Yvon Chatelin, Christophe Bonneuil (dir.), t. 3 : *Nature et environnement, Les sciences hors d'Occident au XXe siècle*, Paris, ORSTOM, p. 155-174.

46. Auguste Chevalier, *Mission Chari-lac Tchad, 1902-1904. L'Afrique centrale française : récit du voyage de la mission*, Paris, A. Challamel, 1907.

47. *Ibid.*, p. 336-337.

48. Jean Vuillet, P. Giraud, « Mission forestière de l'Afrique-Occidentale : Rapport d'ensemble », *L'Agriculture pratique des pays chauds*, 1909/2, p. 58-74 (texte en six parties).

49. *Ibid.*, p. 66.

50. Joanny Guillard, *Au service des forêts tropicales*, *op. cit.*, p. 143.

51. Aziz Ballouche, Aude Nuscia Taïbi, « Le "dessèchement" de l'Afrique sahélienne… », art. cit.

52. Henry Hubert, « Progression du dessèchement dans les régions sénégalaises », *Annales de géographie*, 143, p. 376-385 ; *id.*, « Le dessèchement progressif en Afrique-Occidentale », *Bulletin du Comité d'études historiques et scientifiques de l'Afrique-Occidentale française*, 1920, p. 401-467.

53. Voir, par exemple, Henry Hubert, « Le dessèchement progressif en Afrique-Occidentale », art. cit., p. 444.

54. Pour un bon résumé de cet état d'esprit, voir Maurice Mangin, « Une mission forestière en Afrique-Occidentale française », *La Géographie*, 42(4), 1924, p. 449-483, 629-654. Sur Madagascar, voir Diana K. Davis, *The Arid Lands*, *op. cit.*, p. 100, 124. Pour plus d'exemples, voir Joanny Guillard, *Au service des forêts tropicales*, *op. cit.*

55. Yannick Mahrane, Frédéric Thomas, Christophe Bonneuil, « Mettre en valeur, préserver ou conserver ? Genèse et déclin du préservationnisme dans l'empire colonial français (1870-1960) », *in* Charles-François Mathis, Jean-François Mouhot (dir.), *Une protection de la nature et de l'environnement à la française ? (XIXe-XXe siècle)*, Seyssel, Champ Vallon, 2013, p. 62-80.

56. Richard Grove, Vinita Damodaran, « Imperialism, Intellectual Networks, and Environmental Change : Origins and Evolution of Global Environmental History, 1676-2000 », *Economic and Political Weekly*, 41, 2006, p. 4345-4354 (p. 4348).

57. Ernest H.L. Schwarz, *The Kalahari or Thirstland Redemption*, Cape Town/Oxford, Maskew Miller/Blackwell, 1920, p. VI.

58. Harri Olavi Siiskonen, « The Concept of Climate Improvement : Colonialism and Environment in German South West Africa », *Environment and History*, 21(2), 2015, p. 281-302.

59. Edward P. Stebbing, « The Encroaching Sahara : the Threat to the West African Colonies », *The Geographical Journal*, 85(6), 1935, p. 506-524.

60. F.S. Collier, J. Dundas, « The Arid Regions of Northern Nigeria and the French Niger Colony », *The Empire Forestry Journal*, février 1937, p. 184-193.

61. Edward P. Stebbing, « The Man-Made Desert in Africa. Erosion and Drought », *Journal of the Royal African Society*, 37(146), 1938, supplément

p. 3-40 (p. 12-14, 20) ; Brynmor Jones, « Desiccation and the West African Colonies », *The Geographical Journal*, 91(5), 1938, p. 401-423 (p. 417).

62. Cette continuité a été soulignée par Diana K. Davis, *The Arid Lands*, *op. cit.* : mais notre analyse diverge sur les évolutions ultérieures où nous identifions une vraie rupture au lieu de traditions qui perdureraient en se transformant.

63. Théodore Monod, « Autour du problème du dessèchement africain », *Bulletin de l'IFAN*, avril 1950, p. 514-523. Un autre expert influent, André Aubréville, croit lui encore aux effets climatiques du déboisement, mais se perd en circonvolutions pour expliquer qu'ils ne peuvent être prouvés empiriquement : *Climats, forêts et désertification de l'Afrique tropicale*, Paris, Éd. géographiques, maritimes et coloniales, 1949, p. 329-344.

64. Donald Worster, *Dust Bowl : The Southern Plains in the 1930s*, New York, Oxford University Press, 1979.

65. Diana K. Davis, *The Arid Lands*, *op. cit.*, p. 146-147.

66. Cité par Frank Uekötter, « The Meaning of Moving Sand. Towards a Dust Bowl Mythology », *Global Environment*, 8(2), 2015, p. 349-379.

67. Walter C. Lowdermilk, « Man-Made Deserts », *Pacific Affairs*, 8(4), 1935, p. 409-419. Sur Lowdermilk, voir Douglas Helms, « Walter Lowdermilk's Journey : Forester to Land Conservationist », *Environmental Review*, 8(2), 1984, p. 132-145.

68. Walter C. Lowdermilk, « AGU Evening General Assembly. Presidential Address. Down to Earth », June 2, 1944.

69. *Id.*, « Man-Made Deserts », art. cit., p. 410.

70. *Id.*, « AGU Evening General Assembly », art. cit., p. 207.

71. *Ibid.*, p. 208-209.

72. William Vogt, *Road to Survival*, New York, W. Sloane, 1948 ; Fairfield Osborn, *Our Plundered Planet*, Boston, Little Brown and Co, 1948 (trad. fr. : *La Planète au pillage*, Arles, Actes Sud, 2008, 1re trad. Payot, 1949). Voir Fabien Locher, « Fairfield Osborn », *in* Dominique Bourg, Alain Papaux (dir.), *Dictionnaire de la pensée écologique*, Paris, PUF, « Quadrige », 2015.

73. Vogt cite l'hypothèse d'un changement des climats africains, mais à titre d'argument accessoire, in *Road to Survival*, *op. cit.*, p. 245-248.

Chapitre 16 : Le carbone innocent du XIXe siècle

1. Charles Babbage, *On the Economy of Machinery and Manufactures*, Londres, Knight, 1832, p. 17.

2. Eugène Huzar, *L'Arbre de la science*, *op. cit.*, p. 106. Pour Huzar, l'augmentation du CO_2 est un problème hygiénique.

3. Louis-Bernard-Guiton de Morvaux, Antoine-Laurent Lavoisier, Claude-Louis Berthollet et Antoine de Fourcroy, *Méthode de nomenclature chimique*, Paris, Cuchet, 1787, p. 117.

4. Sur l'histoire de l'élucidation du cycle du carbone, voir Matthieu Emmanuel Galvez et Jérôme Gaillardet, « Historical Constraints on the Origins of the Carbon Cycle Concept », *C. R. Geoscience*, 2012, n° 344, p. 549-567.

5. Cité par Jean-Paul Deléage, *Histoire de l'écologie*. Paris, La Découverte, 1991, p. 51.

6. Le grand théologien anglais Thomas Chalmers explique : « c'est surtout grâce à la chimie que l'on découvre la beauté des processus naturels », cf. Chalmers, *On the Power, Wisdom and Goodness of God as Manifested in the Adaptation,* Londres, Pickering, t. 1, 1834, p. 193. La référence à Chalmers est fréquente. Voir, par exemple, Josiah Cooke, *Religion and Chemistry, Or Proofs of God's Plan in the Atmosphere,* New York, Scribner, 1864.

7. James Finlay Johnston, *The Chemistry of Common Life*, 1855, New York, Appelton, 1871, t. 2, p. 350 *sq*. Selon Johnston, les résidus de la vie marine passée représenteraient les 2/5 du carbone existant sur la planète.

8. *Ibid.,* p. 363.

9. *Ibid.*, p. 366.

10. George Fownes, *Chemistry, as Exemplifying the Wisdom and Beneficience of God*, 1844, New York, Moore, p. 34.

11. John Bellamy Foster, *Marx's Ecology. Materialism and Nature*. New York, Monthly Review Press, 2000 ; E. Mårald, « Everything Circulates : Agricultural Chemistry and Recycling Theories in the Second Half of the Nineteenth Century », *Environment and History*, 2002, t. 8, n° 1, p. 65-84.

12. James Johnston, *Chemistry of Common Life*, *op. cit.*, p. 631. Selon Robert Ellis, même la consommation de tabac joue un rôle dans le maintien du cycle du carbone. Cf. Robert Ellis, *The Chemistry of Creation : Being an Outline of the Chemistries of the Earth,* Londres, 1852, p. 364.

13. Bruxelles, Larcier, 1856.

14. Alexandre Humboldt et Joseph Louis Gay-Lussac, « Expériences sur les moyens eudiométriques et sur la proportion des principaux constituants de l'atmosphère », *Journal de physique*, t. 60, 1805, p. 129-167.

15. Sur cet important mémoire, voir Alexis Zimmer, *Brouillards toxiques, vallée de la Meuse, 1930, contre-enquête*, Bruxelles, Zones sensibles, 2017, p. 150-154.

16. Jean-Baptiste Boussingault et Jean-Baptiste Dumas, *Essai de statique chimique des êtres organisés,* Paris, Fortim, 1844, p. 7.

17. Boussingault et Dumas, « Recherche sur la véritable constitution de l'air atmosphérique », *Comptes rendus des séances de l'Académie des sciences*, vol. 12, 1841, p. 1021.

18. *L'Ami des sciences*, t. 1, 1855, p. 174.

19. Boussingault a analysé les « fluides élastiques » exhalés par les volcans lors de son séjour en Bolivie. Ils sont à 95 % composés d'acide carbonique. Cf. *Annales de chimie et de physique*, t. 62, 1833, p. 8. Selon Boussingault et Dumas, cette activité volcanique a pu jouer un rôle dans des époques très

éloignées, mais au cours de l'histoire de la Terre, l'action compensatrice des végétaux a abouti à un équilibre de l'atmosphère.

20. Son article fondamental de 1845 a été redécouvert il y a peu par les géochimistes Robert Berner et Jérôme Gaillardet. Je remercie ce dernier pour son éclairage précieux. Jacques-Joseph Ebelmen, « Recherches sur les produits de la décomposition des espèces minérales de la famille des silicates », *Annales des Mines,* 1845, t. 7, p. 3-66.

21. Le kaolin est une matière stratégique étudiée par de nombreux chimistes : ainsi le professeur de minéralogie de Lyon Joseph Fournet, le chimiste Davy en Angleterre ou Alexandre Brongniart et Faustino Malaguti à la Manufacture de Sèvres.

22. Jacques-Joseph Ebelmen, « Recherches sur les produits de la décomposition… », art. cit., p. 65.

23. Théophile Schlœsing, « Note sur la constance de la proportion d'acide carbonique dans l'air », *Comptes rendus de l'Académie des sciences,* 1882, t. 90, p. 1411.

24. « L'atmosphère, sa constitution, les nouveaux gaz », *Revue des Deux Mondes*, t. 149, 1898, p. 198-215.

25. Jacques-Joseph Ebelmen, « Recherches sur les produits de la décomposition… », art. cit., p. 66.

26. *Ibid.*, p. 65. Ebelmen tient sans doute cette idée de Robert Harkness, « The Climate of the Coal-Epoch », Manchester, 1843. Traduit l'année suivante dans la *Bibliothèque universelle de Genève*, 1844, t. 49, p. 358-364.

27. Gilbert N. Plass, « Effects of Carbon Dioxyde Variation on Climate », *American Scientist*, t. 44, n° 3, 1956, p. 302-316.

28. H.E. Landsberg, « Man-Made Climatic Changes : Man's Activities Have Altered the Climate of Urbanized Areas and May Affect Global Climate in the Future », *Science*, 1970, t. 170, p. 1265-1274 ; B.J. Palmer, « A Review Paper on the Effect of Carbon Dioxide and Aerosols on Climate Modification », *Environmental Letters*, 1973, t. 5, n° 4, p. 249-265.

29. James R. Fleming, *Historical Perspectives on Climate Change*, *op. cit.*, p. 55-64. Sur Fourier précurseur, voir Spencer R. Weart, *The Discovery of Global Warming*, *op. cit.*, p. 2-3 ; Jacques Grinevald, « De Carnot à Gaïa, l'histoire de l'effet de serre », *La Recherche*, 243, 1992, p. 532-538 ; *Sur les origines de l'effet de serre et du changement climatique*, Paris, Éd. La ville brûle, 2010, p. 9-50.

30. Jean-Baptiste Joseph Fourier, « Remarques générales sur les températures du globe terrestre et des espaces planétaires », *Annales de chimie et de physique*, t. 27, 1824, p. 136-167. On cite au moins autant une version postérieure retouchée : « Mémoire sur les températures du globe terrestre et des espaces planétaires », *Mémoires de l'Académie des sciences*, t. 7, 1827, p. 570-604.

31. Nous en avons identifié la première occurrence chez le physicien John H. Poynting : « *The* "Blanketing effect", *or as I prefer to call it, the "greenhouse-effect" of the atmosphere.* » John H. Poynting, « On Prof. Lowell's

Method for Evaluating the Surface-Temperatures of the Planets », *Philosophical Magazine*, 14, 1907, p. 749-760 (p. 749). On parle toutefois de la Terre comme d'une serre dès le XIXe siècle : voir Augustin Mouchot, *La Chaleur solaire et ses applications industrielles*, Paris, Gauthier-Villars, 1869, p. 2-3.

32. Jean-Baptiste Joseph Fourier, « Remarques générales... », art. cit., p. 161-162.

33. *Id.*, « Extrait d'un Mémoire sur le Refroidissement séculaire du globe terrestre », *Annales de chimie et de physique*, t. 13, 1820, p. 418-438 (p. 435).

34. John Tyndall, « On the Absorption and Radiation of Heat by Gases and Vapours, and on the Physical Connection of Radiation, Absorption, and Conduction », *Philosophical Transactions of the Royal Society of London*, 1861, t. 151, p. 1-36.

35. Joshua Howe, « Getting Past the Greenhouse : John Tyndall and the Nineteenth Century History of Climate Change », *in* B. Lightman et M. Reidy ed., *The Age of Scientific Naturalism : Tyndall and his Contemporaries,* Londres, Pickering & Chatto, 2014, p. 33-49.

36. Eunice Foote, « Circumstances Affecting the Heat of the Sun's Rays », *American Journal of Science and Arts*, 1856, t. 22, p. 382-383 ; Svante Arrhenius, « On the Influence of Carbonic Acid in the Air upon the Temperature of the Ground », *Philosophical Magazine*, series 5, 41, 1896, p. 237-276 ; Thomas C. Chamberlin, « A Group of Hypotheses Bearing on Climatic Changes », *Journal of Geology*, 5, 1897, p. 653-583.

37. Svante Arrhenius, « On the Influence of Carbonic Acid... », art. cit., p. 268-269.

38. *Id., L'Évolution des mondes,* Paris, Librairie Polytechnique, 1910, p. 58.

39. *Ibid.*, p. 69.

40. Cité par James R. Fleming, *Historical Perspectives on Climate Change, op. cit.,* p. 111.

41. Guy Stewart Callendar, « The Artificial Production of Carbon Dioxyde and its Influence on Temperature », *Journal of the Royal Meteorological Society,* 1938, t. 64, p. 223-240. Sur Guy Callendar, voir James R. Fleming, *The Callendar Effect. The Life And Work of Guy Stewart Callendar,* American Meteorological Society, 2007.

42. En 1966, Roger Revelle est d'ailleurs encore relativement optimiste : « l'augmentation du CO_2, explique-t-il, doit susciter plus de curiosité que d'appréhension », cf.https://history.aip.org/climate/Revelle.htm.

43. Gilbert Plass, « The Carbon Dioxide Theory of Climatic Change », *Tellus,* t.8, 1956, p. 140-154. Le *New York Times* rend compte de cet article (28 octobre 1956). Benjamin Franta, « Early Oil Industry Knowledge of CO_2 and Global Warming », *Nature Climate Change,* 8, 2018, p. 1024–1025.

44. Spencer R. Weart, *The Discovery of Global Warming*, *op. cit.*

45. Ron Doel, « Quelle place pour les sciences de l'environnement physique dans l'histoire environnementale ? », *Revue d'histoire moderne et contemporaine*, 56-4, décembre 2009, p. 137-164.

46. Le service météorologique de l'US Air force compte, par exemple, 11 500 employés dans les années 1950.

47. James R. Fleming, *Fixing the Sky : The Checkered History of Weather and Climate Control*, New York, Columbia University Press, 2010.

Index

Table et crédits des illustrations

Table

Des mêmes auteurs

JEAN-BAPTISTE FRESSOZ

L'Apocalypse joyeuse
Une histoire du risque technologique
Seuil, « L'Univers historique », 2012 ; « Points Histoire », 2020

L'Événement anthropocène
La Terre, l'histoire et nous
(avec Christophe Bonneuil)
Seuil, « Anthropocène », 2013 ; « Points Histoire », 2016

Introduction à l'histoire environnementale
(avec Frédéric Graber, Fabien Locher et Grégory Quenet)
La Découverte, « Repères », 2014

FABIEN LOCHER

Le Savant et la Tempête
Étudier l'atmosphère et prévoir le temps au XIXe siècle
Presses universitaires de Rennes, 2008

Introduction à l'histoire environnementale
(avec Jean-Baptiste Fressoz, Frédéric Graber et Grégory Quenet)
La Découverte, « Repères », 2014

Posséder la nature
Environnement et propriété dans l'histoire
(direction avec Frédéric Graber)
Amsterdam, 2018

La Nature en communs
Ressources, environnement et communautés
France et Empire français (XVIIe-XXIe siècle)
(direction)
Champ Vallon, 2020

DANS LA COLLECTION
L'UNIVERS HISTORIQUE
(derniers titres parus)

À bord du négrier
Une histoire atlantique de la traite
par Marcus Rediker
2013

Tous unis dans la tranchée ?
1914-1918, les intellectuels rencontrent le peuple
par Nicolas Mariot
2013

Du changement dans l'école
Les réformes de l'éducation de 1936 à nos jours
par Antoine Prost
2013

La France à l'heure du monde
De 1981 à nos jours
par Ludivine Bantigny
2013

Croissance et contestations
1958-1981
par Jean Vigreux
2014

À toutes voiles vers la vérité
Une autre histoire de la philosophie au temps des Lumières
par Stéphane Van Damme
2014

Le Génocide au village
Le massacre des Tutsi au Rwanda
par Hélène Dumas
2014

Les Tyrannicides d'Athènes
Vie et mort de deux statues
par Vincent Azoulay
2014

Des GI et des femmes
Amours, viols et prostitution à la Libération
par Mary Louise Roberts
2014

Le Sentiment de soi
Histoire de la perception du corps, XVIe-XXe siècle
par Georges Vigarello
2014

Les Mamelouks
XIIIe-XVIe siècle
Une expérience du pouvoir dans l'Islam médiéval
par Julien Loiseau
2014

Graffitis
Inscrire son nom à Rome (XVIe-XIXe siècle)
par Charlotte Guichard
2014

Le Triomphe de la République
1871-1914
par Arnaud-Dominique Houte
2014

Les Paysans français d'Ancien Régime
Du XIVe au XVIIIe siècle
par Emmanuel Le Roy Ladurie
2015

La Mer des Califes
Une histoire de la Méditerranée musulmane
par Christophe Picard
2015

La Démocratie contre les experts
Les esclaves publics en Grèce ancienne
par Paulin Ismard
2015

Les Révoltés de l'Amistad
Une odyssée atlantique (1839-1842)
par Marcus Rediker
2015

Le Long Remords de la Conquête
Manille-Mexico-Madrid. L'Affaire Diego de Ávila (1577-1580)
par Romain Bertrand
2015

Sensible Moyen Âge
Une histoire des émotions dans l'Occident médiéval
par Damien Boquet et Piroska Nagy
2015

Gagner la paix
1914-1929
par Jean-Michel Guieu
2015

Pour une histoire des possibles
Analyses contrefactuelles et futurs non advenus
par Quentin Deluermoz et Pierre Singaravélou
2016

L'Évêque et le Territoire
L'invention médiévale de l'espace (Ve-XIIIe siècle)
par Florian Mazel
2016

Corail contre diamants
De la Méditerranée à l'océan Indien au XVIIIe siècle
par Francesca Trivellato
2016

Uranium africain
Une histoire globale
par Gabrielle Hecht
2016

L'Europe en enfer
1914-1949
par Ian Kershaw
2016

Dénaturalisés
Les retraits de nationalité sous Vichy
par Claire Zalc
2016

La Promesse de l'Est
Espérance nazie et génocide (1939-1943)
par Christian Ingrao
2016

Histoire des émotions
I : De l'Antiquité aux Lumières
II : Des Lumières à la fin du XIXe siècle
III : De la fin du XIXe siècle à nos jours
sous la direction d'Alain Corbin, Jean-Jacques Courtine, Georges Vigarello
2016-2017

Histoire d'un sacrifice
Robert, Alice et la guerre
par Nicolas Mariot
2017

Le Médecin qui voulut être roi
Sur les traces d'une utopie coloniale
par Guillaume Lachenal
2017

Biographies animales
Des vies retrouvées
par Éric Baratay
2017

Tianjin Cosmopolis
Une autre histoire de la mondialisation
par Pierre Singaravélou
2017

Les Hors-la-loi de l'Atlantique
Pirates, mutins et flibustiers
par Marcus Rediker
2017

À la recherche du sauvage idéal
par François-Xavier Fauvelle
2017

Les Vaincus
Violences et guerres civiles
sur les décombres des empires (1917-1923)
par Robert Gerwarth
2017

La Contamination du monde
Une histoire des pollutions à l'âge industriel
par François Jarrige et Thomas Le Roux
2017

1968
De grands soirs en petits matins
par Ludivine Bantigny
2018

Le Pays des Celtes
Mémoires de la Gaule
par Laurent Olivier
2018

Journal de la commune étudiante
Novembre 1967-juin 1968
par Alain Schnapp et Pierre Vidal-Naquet
2018

Anatomie de la Terreur
Le processus révolutionnaire (1788-1793)
par Timothy Tackett
2018

Les Enfants de Staline
La guerre des partisans soviétiques (1941-1944)
par Masha Cerovic
2018

L'Or, l'Empire et le Sang
La guerre anglo-boer (1899-1902)
par Martin Bossenbroek
2018

Une histoire de la guerre
Du XIXe siècle à nos jours
sous la direction de Bruno Cabanes
coordination : Thomas Dodman, Hervé Mazurel, Gene Tempest
2018

La Griffe du peintre
La valeur de l'art (1730-1820)
par Charlotte Guichard
2018

La Trace et l'Aura
Vies posthumes d'Ambroise de Milan (IVe-XVIe siècle)
par Patrick Boucheron
2019

La Lutte et l'Entraide
L'Âge des solidarités ouvrières
par Nicolas Delalande
2019

Une mer jalousée
Contribution à l'histoire de la souveraineté
(Méditerranée, XVIIe siècle)
par Guillaume Calafat
2019

Naples, 1343
Aux origines médiévales d'un système criminel
par Amedeo Feniello
2019

Le Détail du monde
L'art perdu de la description de la nature
par Romain Bertrand
2019

Un activiste des Lumières
Le destin singulier de Benjamin Lay
par Marcus Rediker
2019

La Cité et ses esclaves
Institution, fictions, expériences
par Paulin Ismard
2019

L'Exploration du monde
Une autre histoire des Grandes Découvertes
sous la direction de Romain Bertrand
coordination : Hélène Blais, Guillaume Calafat
et Isabelle Heullant-Donat
2019

L'Âge global
L'Europe de 1950 à nos jours
par Ian Kershaw
2020

La Parisienne
Histoire d'un mythe. Du siècle des Lumières à nos jours
par Emmanuelle Retaillaud
2020

Tant de choses à savoir
Comment maîtriser l'information à l'époque moderne
par Ann Blair
avec une préface de Roger Chartier
2020

Histoire de la fatigue
Du Moyen Âge à nos jours
par Georges Vigarello
2020

Commune(s), 1870-1871
Une traversée des mondes au XIXe siècle
par Quentin Deluermoz
2020

RÉALISATION : NORD COMPO À VILLENEUVE-D'ASCQ
IMPRESSION : NORMANDIE ROTO IMPRESSION S.A.S. À LONRAI
DÉPÔT LÉGAL : OCTOBRE 2020. N° 105814 (2003144)
IMPRIMÉ EN FRANCE